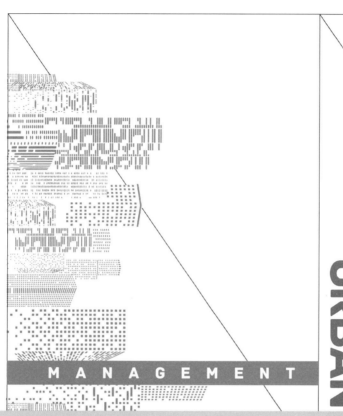

现代城市管理导论

INTRODUCTION TO MODERN URBAN MANAGEMENT

田艳平 编著

图书在版编目（CIP）数据

现代城市管理导论/田艳平编著. —北京：北京大学出版社，2024.2
ISBN 978-7-301-34823-9

Ⅰ.①现… Ⅱ.①田… Ⅲ.①城市管理—高等学校—教材 Ⅳ.①F293

中国国家版本馆 CIP 数据核字（2024）第 014761 号

书　　　名	现代城市管理导论 XIANDAI CHENGSHI GUANLI DAOLUN
著作责任者	田艳平　编著
责 任 编 辑	刘冬寒　闫静雅
标 准 书 号	ISBN 978-7-301-34823-9
出 版 发 行	北京大学出版社
地　　　址	北京市海淀区成府路 205 号　100871
网　　　址	http://www.pup.cn
微信公众号	北京大学经管书苑（pupembook）
电 子 邮 箱	编辑部 em@pup.cn　总编室 zpup@pup.cn
电　　　话	邮购部 010-62752015　发行部 010-62750672　编辑部 010-62752926
印 刷 者	北京鑫海金澳胶印有限公司
经 销 者	新华书店 789 毫米×1092 毫米　16 开本　15.5 印张　355 千字 2024 年 2 月第 1 版　2024 年 2 月第 1 次印刷
定　　　价	52.00 元

未经许可，不得以任何方式复制或抄袭本书之部分或全部内容。
版权所有，侵权必究
举报电话：010-62752024　电子邮箱：fd@pup.cn
图书如有印装质量问题，请与出版部联系，电话：010-62756370

前　言

如今，距城市管理学科在我国产生已有二十余年。国内较早设置城市管理本科专业的有北京大学、云南大学等少数几所高校，至今设置并正在招收城市管理本科专业学生的高校也不多。早期在研究生阶段开设城市经济管理相关专业的高校也只有北京理工大学等少数几所。城市管理本科专业设置之初尚处于教育部1998年颁布的普通高校本科专业目录之外（专业代码：110308W），2011年教育部组织修订普通高校本科专业目录时已将其纳入目录之内（专业代码：120405），这也反映出教育部对城市管理专业发展的重视。然而，正因为它是一门新兴学科，开设高校又不多，教育部还没有成立相应的专业指导委员会，城市管理专业的学科定位、学科发展与人才培养模式尚无具体的方向和目标。目前有关院校基本上是针对自身的特点，进行一些探索式的学科建设，有的学校在城市学院或城市建设与管理学院设城市管理专业，有的学校在公共管理学院或经济与管理学院中设城市管理专业，有的学校在文法、政法、人文或政府管理学院设城市管理专业，还有的学校只是在公共管理相关专业中设城市管理方向。

相较于已经成熟的公共管理类其他学科，城市管理学科尚没有一个比较成熟的人才培养体系，有关专家对城市管理专业人才应掌握的知识与技能进行了一些探索，如饶会林和董藩提出城市管理专业人才的培养要追求综合性：既要将经济学内部相关知识结合起来，将经济学知识和管理学知识结合起来，又要将社会科学知识与人文科学知识结合起来，还应涉及地理学、建筑学、规划学、环境科学、现代科学技术等理工科知识。[1] 王建廷提出城市管理专业的教学要体现多学科的交融：在经济学的综合性方面，既要讲授微观、宏观经济学，又要重点讲授中观经济学；在文理渗透方面，既要综合讲授文科知识，又要结合城市特点讲授地理学、规划学、环境科学等理科知识。[2] 现代城市不仅是一个经济、政治、文化、艺术、技术、信息、人力等多种资源要素的集成系统，同时也是一个人力资源密集、知识密集、资本密集的大系统。因此，要管理这样一个复杂的系统，就需要多种知识的供给和各类专家的参与。作为现代城市的管理者，没有必要也不可能成为拥有多种知识的专家，但应该具备合理的知识结构，且博学、好学。

总之，由于城市问题的多样性、复杂性，以处理城市问题为主旨、以引导城市可持续发展为目标的城市管理理论内涵十分丰富，实际内容比较专业。从城市管理所覆盖的领域

---

[1] 饶会林，董藩，2002. 加快城市管理人才的培养 [J]. 城市管理与科技（3）：3-4.
[2] 王建廷，2003. 21世纪中国城市化进程与城市人才培养的战略研究 [J]. 城市（1）：3-11.

看，它涉及的每一项内容，如供水、排水等公用事业，道路、路灯等市政设施，园林绿化养护，交通和环境问题的治理等，都依赖专业化的管理。这对城市管理提出了很高的要求，需要专业的管理队伍、规章制度、操作流程和管理模式。而我国目前的实际情况是，城市管理领域的专业技术人员缺乏管理的知识与经验，管理人员则缺乏对该领域专业技术的了解，管理过程和实际操作都不够专业。城市管理专业化要求城市管理人员既懂技术又懂管理，还要掌握城市发展相关领域的知识。由于城市管理的综合性，城市管理者应该是一种复合型人才。

城市管理的综合性表现在城市管理是对城市生活各个方面的综合管理，在管理的方法上也要综合运用多种管理方法和手段。城市管理的综合性还表现在管理的效果上，要兼顾经济效益、社会效益和环境效益三者的协调发展。城市管理的综合性对城市管理者提出了更多的目标和要求，其不仅要具备社会科学知识、人文科学知识，还要具备自然科学（如城市地理、建筑工程、空间规划、环境科学等）方面的知识；不仅要有经济学（如城市经济学、区域经济学等）方面的知识，还要有专业管理（如土地管理、交通管理、社会管理、环境管理等）方面的知识。此外，城市管理者还特别需要掌握城市科学方面的知识，以便清楚地认识与理解作为管理对象的城市所具有的特点和发展规律。城市管理在本质上是解决城市问题的过程，它必然要求城市管理者不仅要具有城市宏观政策与问题的研究分析能力，而且要具有与公众进行良好沟通和协调的能力、语言和文字表达能力，以及强烈的社会责任感、正义感。因此，专门培养城市管理人才的城市管理教育是现有其他任何一种类型的管理教育都难以替代的。[①]

近年来，我国已开始重视对城市管理专业人才的培养，一些高校开设城市管理本科专业，着手培养专业化人才队伍。但从目前来看，问题还比较多，比如学科没有得到应有的重视，社会认同度较低；专业化人才培养队伍还不健全，"半路出家"者较为常见。此外，城市管理人才培养缺乏系统的理论和模式，基本上是游荡在社会需求和制度设计冲突之间的一种社会变迁的历史性产物。党的二十大报告指出，"坚持人民城市人民建、人民城市为人民，提高城市规划、建设、治理水平，加快转变超大特大城市发展方式，实施城市更新行动，加强城市基础设施建设，打造宜居、韧性、智慧城市。"为城市管理工作提供了根本遵循。

从学生和家长的角度看，他们比较关心的是学生毕业后的就业去向，以及具体能从事什么工作。城市管理专业本科生目前的就业去向大体分为五类：一是城市建设、城市管理等政府部门，涵盖面较广，如城市规划部门、城市综合管理局、国土资源局、房地产管理局等；二是基层社会管理部门，如社区管理与服务部门、物业管理部门等；三是城市社会团体，主要是一些非政府组织、民间团体、行业协会、咨询服务组织等；四是企事业单位，如房地产开发与经营企业，水、电、气、邮电、通信、金融等公共资源部门；五是科研、教学机构。在城市建设、城市管理等政府部门可从事的具体工作包括城市发展规划、城市发展战略决策、各专业部门管理以及综合管理等；在基层社会管理部门可从事的具体

---

① 钱玉英，钱振民，2011. 城市管理专业的人才培养目标与模式［J］. 中国行政管理（12）：84-87.

工作包括社区社会管理、社区物业管理、社区信息化管理、社区数字化建设等；在城市社会团体可从事的具体工作包括开展社会调查、提供咨询决策、综合分析与评价等；在企事业单位可从事的具体工作包括投资决策分析、网络及管理信息系统的建设与维护、大型企业行政管理、人力资源管理等；在科研机构则主要从事研究工作。

作为城市管理学科的建设者和相关知识的传授者，许多学校的教师们都在思考同样的问题：城市管理学科如何定位？课程体系如何设置？教学如何实施？虽然对于此类问题，目前是仁者见仁、智者见智，但比较迫切的问题是，如何使学生在学习的初期便对城市管理学科有一个整体的、全面的了解？如何使学生对城市管理学科的性质、学习内容、发展方向有一个初步的接触和认识，以便其明确在将来的学习中学什么、为何学和怎样学？

由此，便产生了本教材的编写初衷和目的，即通过课程学习的形式，将城市管理学科的知识体系及其主干课程的内容介绍给学生，使学生一开始便了解以后要学些什么，为什么要学，所学内容之间存在什么内在的联系，学成后有哪些发展路径，等等。

目前，国内以城市管理学为主题的教材已有不少。从已有教材来看，不同学者基于各自的专业背景，从不同视角论证，力图使教材具有自己的特色。由于立足点及导向不同，已有教材的侧重点各有不同。有的侧重介绍政府部门的城市管理，其导向具有较强的计划经济色彩；有的基于国外城市发展特点，着重介绍国外城市领域管理理念与方式方法，不太符合我国新时代城市发展的要求；有的则是在以前市政学或市政管理学的基础上加以调整，以传统的市政工程管理相关内容为主，显得较为陈旧；有的学术性太强，具有一定的深度，不太适合刚刚接触这个学科的本科生学习。因此，根据我国社会经济发展的新形势，尤其是为了切合我国由传统农业社会向现代城市社会转型，以及中国特色社会主义进入新时代的背景，聚焦具有城市属性的公共事务，编写通俗易懂、增强学习者兴趣的新教材尤其必要。而且，党的十八大以后出版的相关教材数量不多，我国城市管理学科发展也进入一个新阶段，这也为本教材的出版提供了契机。

本教材的特色主要体现在四个方面：一是时效性。在编写过程中我们尽可能查阅国内外相关文献，将城市管理前沿问题与研究写进教材，尤其是随着中国特色社会主义进入新时代，本教材突出新时代中国特色城市治理思想内涵的解读与介绍，着重论述城市管理在中国的发展、具有中国特色的城市管理理论等。这是本教材区别于其他城市管理学教材的主要特点之一。二是系统性。本教材的主要内容除了包括相关基本概念、理论、方法，还力图涵盖国内外城市管理研究的绝大部分重要领域。此外，本教材还系统梳理了国际城市管理学理论形成的经济背景及其过程，特别是中国特色城市管理学理论的形成过程，以便学生全面、科学地认识和理解我国城市管理学理论的发展方向与趋势。三是实践性。本教材从中国改革开放实践出发，根据城市经济发展的内在规律，利用先进的经济学研究方法分析中国城市问题。本教材密切联系中国新时期城市发展的实际，以城市经济与管理领域的重大问题（如城市公共服务、城市公共经济、城市社会管理、新型城镇化等）为导向，对城市管理学面临的一系列理论问题和实践难题进行了探索与阐述，既为城市管理学这个新兴学科的理论建设、理论体系完善和方法论创新做出了贡献，又为城市经济与管理领域的实践活动提供了重要的理论依据。四是适应性。本教材是城市管理专业本科生和公共管理硕士（MPA）的核心课程教材，教材难易适中，内容丰富，注重理论与实践的结合，有助于学生深入理解与把握城市管理学的基本理论和研究方法，认识当前的国际性城市发展问题，分析现实中的城市经济现象。

本教材广泛吸收同类教材的营养，借鉴本领域众多专家学者的观点和见解，简单、概括地介绍城市管理的基本概念、基本理念、基本原理、基本方法和基本内容，强调在社会主义市场经济条件下的城市管理如何促进城市经济社会的可持续发展，使学生对学科知识的全貌有一个初步认识，为今后学习打下基础。一方面，由于城市管理学科在我国还处于起步阶段，对学科发展定位等有关问题尚未达成共识，可借鉴的素材也较为欠缺；另一方面，由于我国正处在社会经济转型时期，城市管理的相关研究很容易带有计划经济的色彩。为此，本教材的编写有以下三个基本原则：一是跳出计划经济的框架，明确市场经济的分析框架与方法；二是跳出政策附属物的框架，讲求学术规范；三是适当反映城市管理理论和方法的新动态与新进展。

基于以上考虑，本教材内容安排为：导论部分重点阐述我国城市管理学科产生的社会经济背景及现代城市管理的概念内涵；第一章介绍与城市管理学科有关的基本概念；第二章为城市管理的主客体辨析；第三章为城市管理的理论及实践；第四章为城市管理体制；第五章为现代城市管理应遵循的基本理念；第六章、第七章为现代城市管理所采用的人文手段、方法与技术。以上部分构成专业知识学习的基础。第八章至第十一章为现代城市管理的重要内容。不同于传统重视物质层面的管理，第八章至第十一章所介绍的属于城市经济与社会领域的管理，也是当前我国城市管理领域迫切需要关注和解决的问题。第十二章介绍新时代中国特色城市治理思想的形成逻辑、核心内涵与时代价值。

本教材由田艳平负责全书的构思和统稿，并编写了教材各章节的主要内容。张盼、何雄参与了第一章的编写；徐玮参与了第二章的编写；汪浩洋参与了第三章的编写；刘长秀参与了第四章的编写；马莉、穆婷婷参与了第五章的编写；韩彻驹、程广帅参与了第六章的编写；王舒然参与了第七章的编写；向雪风、张翊红参与了第九章的编写；孔腾广、程广帅参与了第十章的编写；李佳锶、石智雷参与了第十一章的编写；韩彻驹、范纯琍参与了第十二章的编写。此外，李波平提供了部分资料，王佳、吕琼琼、赵颖智、王玥参与了教材的前期整理工作。

由于写作时间和作者水平有限、城市管理学科的复合型特点、我国城市管理领域发展的日新月异，本教材从一个新的角度和结构来编写，不可避免地存在不足和缺陷，恳请读者批评指正。

本教材的出版要感谢北京大学出版社编辑们的辛苦工作，他们对城市管理学科建设给予大力支持，提倡编写特色系列教材，这才使我们在市面上已有许多城市管理相关教材的情况下，产生了写作的动机，做了一次尝试。本教材出版受中南财经政法大学教务部本科教材立项资助，一并表示感谢。在教材的编写过程中，我们参照了大量中外相关文献资料，在此对文献资料的作者表示诚挚的谢意。

田艳平

2024 年 2 月

目　　录

导论 ··· 1

第一章　城市管理的基本概念 ··· 8
第一节　城市的产生与发展 ··· 8
第二节　城市规模 ·· 14
第三节　城市结构和功能 ··· 18
第四节　城市化 ··· 24

第二章　城市管理的主客体 ·· 32
第一节　城市管理的主体 ··· 32
第二节　不同主体在城市管理中的作用 ··· 34
第三节　我国城市管理主体的构成 ·· 44
第四节　城市管理的客体 ··· 48

第三章　城市管理理论及实践 ·· 54
第一节　城市管理理论体系 ··· 54
第二节　城市管理理论的历史演进 ·· 59
第三节　城市管理的实践特征 ·· 67

第四章　城市管理体制 ··· 73
第一节　城市管理体制的内涵 ·· 73
第二节　国外城市政府体制 ··· 76
第三节　我国的城市管理体制 ·· 82

第五章　城市管理的基本理念 ·· 91
第一节　以人为本的理念 ··· 91
第二节　遵循城市发展规律的理念 ·· 93
第三节　由后果导向到原因导向转变的理念 ··· 100
第四节　城市可持续发展的理念 ·· 105

第六章　城市管理的人文手段 …… 114
- 第一节　城市管理职能 …… 114
- 第二节　城市管理中的行政手段 …… 126
- 第三节　城市管理中的法治手段 …… 127
- 第四节　城市管理中的经济手段 …… 128

第七章　城市管理方法与技术 …… 133
- 第一节　城市管理常用方法与技术 …… 133
- 第二节　城市项目管理 …… 136
- 第三节　城市规划管理 …… 139
- 第四节　数字化城市管理与智慧城市 …… 144

第八章　城市经济管理 …… 153
- 第一节　城市经济管理概述 …… 153
- 第二节　城市公共经济管理 …… 156
- 第三节　城市公共财政管理 …… 165

第九章　城市公共服务管理 …… 174
- 第一节　公共服务的概念 …… 174
- 第二节　政府公共服务的职责 …… 177
- 第三节　社会公平的制度安排 …… 179
- 第四节　城市公共服务均等化 …… 183

第十章　城市社会管理 …… 189
- 第一节　城市社区管理 …… 189
- 第二节　城市人口管理 …… 196
- 第三节　邻避冲突管理 …… 202

第十一章　城市应急管理 …… 207
- 第一节　城市应急管理概述 …… 207
- 第二节　城市应急管理理论与实践 …… 212
- 第三节　城市突发事件的应对 …… 221

第十二章　新时代中国特色城市治理创新 …… 224
- 第一节　新时代中国特色城市治理思想的形成逻辑 …… 224
- 第二节　新时代中国特色城市治理思想的核心内涵 …… 226
- 第三节　新时代中国特色城市治理思想的时代价值 …… 227

参考文献 …… 229

导　论

　　早在1996年，联合国伊斯坦布尔会议就提出"21世纪是城市的世纪"。城市作为一个国家或地区的政治、经济、科学、信息、教育和文化生活中心，是各种要素聚集和优化配置的最佳场所，在经济社会发展中具有非常重要的地位和作用。然而，城市的发展往往伴随着城市问题的出现。目前，无论是发展中国家还是发达国家，都遭受着城市问题的困扰。当然，这些问题的根源并不在于城市本身，而在于人类推进城市发展行为的失误，在于城市管理不能成功地应对迅速出现的变化。[①] 在我国，随着社会主义市场经济体制的确立，社会和经济格局发生了深刻的变革。这些变革受到许多世界性因素的影响，如信息化、全球化、区域一体化等大趋势，同时也受到国内社会、政治、经济体制改革的影响。由计划经济转变为市场经济，从传统社会发展到现代社会，中国在这一过程中出现了许多新的城市问题。

　　城市管理学是适应城市社会经济发展需要而出现的一门新兴学科，它于20世纪中期诞生于美国，在欧美、日本、新加坡等地区均得到较快的发展，学者主要应用主流经济学、管理学等学科理论和方法研究城市管理问题。尽管欧美等发达国家没有城市管理学（urban management 或 city management）这一学科，但有着意义更为广泛的城市学（urban science）或城市研究（urban studies）等学科。根据美国大学理事会（U. S. College Board）的界定，城市学主要研究如何使得城市文化具有独特性，城市地区如何回应复杂问题和事件，它运用社会学、经济学和其他社会科学研究城市生活、管理和服务。城市学研究涵盖城市发生的社会、经济和物理所有方面的变化，包括城市的社区、治理、卫生、住房、不平等、规划、交通和房地产等领域。[②]

　　《国际社会和行为科学百科全书》（*International Encyclopedia of the Social & Behavioral Sciences*）对城市研究是这样介绍的：城市研究是一个与理解城市有关的跨学科领域。来自历史学、社会学、地理学、经济学、政治学和人类学等社会科学与行为科学学科，以及城市规划、建筑和城市设计等专业领域的学者已经创造了绝大多数实质性的城市研究知识。城市研究关注的12个核心问题分别是：城市的演变，城市文化，城市社会，城市政治与

---

① 钱玉英，钱振民，2011. 城市管理专业的人才培养目标与模式［J］. 中国行政管理（12）：84-87.
② 孙涛，2016. 高起点、国际化的城市管理专业建设［J］. 城市管理与科技（5）：12-14.

治理，城市经济学、公共财政和区域科学，城市和大都市的空间和形式，特大城市和全球城市体系，技术和城市，城市规划、城市设计、景观建筑和建筑学，城市中的种族、民族和性别，城市问题和政策，城市未来主义。

尽管在城市发展的过程中，中西方城市的形成原因、功能定位和管理模式等方面均存在巨大差异，但在我国商业文明兴起之后，尤其是全面建设社会主义市场经济的目标确立之后，我国城市建设的目标定位和功能定位逐渐与西方接近。欧美以市场为核心的城市发展史历经古罗马和现代西方文明两次洗礼，有长达2 000年的城市管理经验积累，其城市管理理念是自发的、历史的积淀，研究领域涉及城市化、城市区域经济发展、城市经济增长与经济运行、城市现代化、城市经济结构、城市可持续发展以及城市经济管理等诸多方面，这些都是目前我国经济和社会发展必须关注的重大问题。然而，城市管理在我国还是一个全新的领域，城市管理学科的产生也有着与国外相当不同的背景与机制。因此，我们有必要探讨两个最基本的问题：为什么城市管理学科近年来才开始在我国兴起并快速发展？什么是现代城市管理？

第一节 我国城市管理学科产生的背景

工业化必然要求城市化，后工业化必然加速城市化，并对城市发展质量提出更高的要求。历史和现实都已证明，城市是生产力发展的高地和火车头，是社会发展的中心，在我国它还是推动改革开放、实现体制转轨的主战场，也是推动实现我国发展战略和长远规划的主导力量。

改革开放以来，我国经历了由计划经济体制向社会主义市场经济体制的转变，城市发展的主导力量也经历了由计划经济体制下政府干预为主向市场经济体制下市场机制为主的转变，城市建设以空前的规模和速度展开，进入了一个新的历史阶段。尤其是近年来，随着城市土地利用制度、住房制度的市场化改革，产业结构的调整，房地产业、新兴社会服务业的发展以及投资主体的多元化等，我国城市建设和发展在市场机制的作用下获得新的动力和契机。然而，城市建设涉及人口疏导、设施更新、环境改善、建筑形体空间再创造等问题，这些因素决定了它是一项复杂的系统工程，是一项长期而艰巨的任务。由于受到资源环境、社会经济和国际政治等多方面因素的影响，我国城市发展过程所面临矛盾的复杂程度、城市发展任务的艰巨性，是任何西方发达国家都未曾经历的。因此，如何调整城市的发展思路、规划方式、建设模式、管理理念，创建适合自身特点的城市发展模式和行之有效的运行机制，成为我国城市建设与管理面临的重要议题。1980—2017年，我国城市管理学科快速发展，城市化发展进程呈现出以下两个特点：

一方面，我国城市化起步较晚，发展过程中存在一些突出问题。首先，城市化滞后于工业化。按照城市化、工业化发展规律，城市化要与工业化发展相适应，但实际上我国城市化水平一直落后于工业化水平。1952 年，我国城市化率落后工业化率①7 个百分点，而后随着工业化水平的提高，二者差距不断扩大，1978 年二者差距达到 27 个百分点。改革开放以来，虽然二者差距有所缩小，但 2000 年城市化率仍滞后于工业化率 14.3 个百分点。根据霍利斯·B. 钱纳里（Hollis B. Chenery）的世界标准模型，当工业化率为 37.9% 时，城市化率应为 65.8%。我国 1971 年工业化率就已达到 38.2%，而当年城市化率仅为 17.3%，滞后钱纳里世界标准模型约 48 个百分点。其次，城市化落后于经济发展水平。根据世界银行的统计资料，1997 年我国人均国内生产总值（GDP）为 860 美元，城市化率为 29.9%，而同年人均 GDP 为 630—1 090 美元的 12 个国家平均的城市化率为 41.3%，我国城市化率要低 11.4 个百分点；按世界银行购买力平价（PPP）计算的我国人均 GDP 为 3 570 美元，同年人均 GDP 为 2 040—4 840 美元的 28 个国家平均的城市化率为 52.6%，我国城市化率要低 22.7 个百分点。根据世界银行《2000—2001 年世界发展报告》，1999 年我国已进入下中等国家行列，而下中等国家平均城市化率为 43%，比我国高出约 12 个百分点。②

另一方面，在 1980 年改革开放初期，我国城市化率只有 19.4%，比同期世界平均城市化率低 20.1 个百分点；10 年后的 1990 年，我国城市化率与世界平均水平的差距缩小为 17 个百分点；20 年后的 2000 年，差距进一步缩小为 11 个百分点；30 年后的 2010 年，差距进一步缩小为 1.2 个百分点；到 2013 年，我国城市化率首次超过世界平均城市化率 0.3 个百分点，到 2017 年超过 3.72 个百分点。1980—2017 年，我国城市化率翻了 1.5 番，平均每年增长 1.06 个百分点，比同期世界平均增长率高 0.65 个百分点；1980—2017 年的年平均增长速度为 3%，比世界平均增长速度（0.82%）要快 2.18 个百分点（见图 0-1）③。

我国的城市化不仅决定着中国的未来，而且决定着世界的城市化发展进程。正如 2001 年诺贝尔经济学奖获得者、美国哥伦比亚大学约瑟夫·E. 斯蒂格利茨（Joseph E. Stiglitz）教授所指出的，影响 21 世纪人类社会进程两件最深刻的事情：一是以美国为首的新技术革命，二是中国的城市化。④

城市化率的快速增长在给我们带来巨大经济效益的同时，也造成一系列的城市问题（或称"城市病"）。这些问题大致可归纳为四类：一是人口膨胀。人口的增长超过了城市自然环境的承载能力，城市的自然环境受到人类活动的强烈干扰和破坏，造成城市生态平衡失调，使得城市的基础设施和房屋越建越多，城市超负荷运转，人与自然环境的矛盾日益尖锐，人工环境不堪重负；加上老龄化时代的提前到来，失业现象的加重，人口问题日益严重。二是资源短缺。城市人口过度聚集，对资源（包括土地、水、空气、森林、矿产、动植物）的需求与消耗与日俱增，加上使用不当、浪费严重，导致城市资源供不应求、房地产价格不断上涨、水资源和食物供给不足、清洁空气稀少等问题。三是环境问题。城市人口密集、工业集中、交通拥挤、各种废弃物大量排放造成水体污染、空气污

---

① 工业化率一般是指制造业增加值占 GDP 的比重。
② 国家统计局课题组，2002. 我国城市化战略研究 [J]. 经济研究参考（35）：14-25.
③ 方创琳，2018. 改革开放 40 年来中国城市化与城市群取得的重要进展与展望 [J]. 经济地理（9）：1-9.
④ 仇保兴，2003. 我国城市化高速发展期面临的若干挑战 [J]. 城市发展研究（6）：1-15.

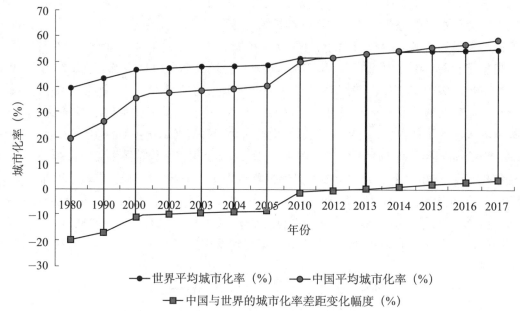

图 0-1 我国平均城市化率与世界平均城市化率的比较

染、垃圾遍地、环境恶化，严重危害人体健康。四是社会问题。由于城市人口过多，竞争过度，失业现象严重，人们的生活压力过重，造成城市人口心理失衡、群体关系淡漠、社会责任感降低，整个城市社会发育不健全、不健康，犯罪率上升。面对越来越突出的城市问题，加强城市管理的呼声日益增多。

随着我国城市化进程的加速，城市社会的经济发展将会受到更为深刻的影响。城市化率大幅提高，意味着将有大量的人从农村转移到城市。在我国城市数量不太可能大量增加的情况下，只能用现有城市去容纳这些人，城市规模将会进一步扩大，各种城市问题将会更加突出，城市发展也会面临更大的压力，因此我国的城市管理显得尤为重要。

任何学科的产生与社会经济发展都密不可分。规划、建设、管理是城市发展的灵魂。长期以来，城市"重建设、轻管理"被视为很多城市问题的根源。在我国城市管理工作中，一些地方"重建设、轻管理"的问题一直没有被妥善解决，似乎发展是硬道理，管理是软指标；建设是创造价值，管理是消耗财富，管理滞后带来的诸如环境污染、交通拥挤等问题已成为现代城市可持续发展的障碍。虽然有关部门一直强调要从"重建轻管"向"建管并举"转变，但"三分建、七分管"的指导思想还落实不到位，重建设轻管理、重经济效益轻社会效益、重城市建设轻环境保护、重眼前利益轻长远利益、重利益主导轻环境主导等思想还没有真正被扭转过来，在不同程度上存在管理因利益松手、规划向开发让路、环境为建设放行的问题。城市管理是促进现代化城市发展的关键，科学管理可以为城市各个系统的正常、有效运转提供动力，同时也可以解决城市发展进程中出现的各种问题。

从我国管理科学的发展历程来看，在计划经济时代，我们注重的是国家宏观层面的国民经济管理；随着社会主义市场经济体制的建立，企业在资源配置中起主导作用，我们对微观层面的企业管理关注较多，而对中观层面的城市管理则关注较少。此外，属于中观层面的城市管理具有与微观经济管理和宏观经济管理不同的性质、学科规律及研究对象。例如，微观经济管理强调通过市场以货币形式计量的"效益最大化原则"，这在城市管理中是不适用的，因为城市管理讲究经济效益、社会效益、环境效益的统一和最大化，而社会效益、环境效益是难以用货币计量的。再如，宏观经济管理所强调的总供给与总需求均衡，它无法在一个城市内部实现，城市管理必须讲究城市内部与城市外部相适应和平衡发展。目前，城市管理中的人才与科技人才相比十分匮乏，与企业微观管理、国家宏观管理的人才相比也十分奇缺。因此，加快城市管理人才的培养已经成为高等教育领域紧急且长期的重要任务。①

此外，作为单一治理主体，政府长期活跃在社会经济生活的各个领域，企业、市民群体、非政府组织等其他利益相关者被排除在公共决策之外，"全能政府"的观念导致城市政府职能错位，管了许多"不该管、管不好、管不了"的事情，给城市经济和社会发展造成了许多不良后果。因此，突破单一城市政府管理的传统窠臼，承认其他利益相关者在城市管理中的优势和作用，改革政府、构建多元主体的城市治理结构，已成为创新城市管理、追求城市可持续发展的重要路径选择。

第二节　现代城市管理

城市管理并不是一个新鲜事物，因为从客观上说，自从有了城市，就有了城市管理的实践。在我国，说起城市管理，人们首先想到的便是"城管"——一个管理城市市容、环境卫生、交通占道等诸多内容的综合行政执法机构。从历史的角度来看，设立"城管"本身是为了解决多个政府部门职能交叉和责任不清的问题。因为现代城市中的很多问题可能并不仅仅是某个部门的事务，而是涉及诸多政府部门。以日常所见的"路边摊"为例，可能涉及工商的无证经营问题、交通管理的占道经营问题、市容环卫的清洁卫生问题……如果任由多个部门对"路边摊"进行行政处罚，可能会导致"一事多罚"，从而违反现代法治"一事不再罚"的原则。同时，多个部门管理同样一件事，往往会产生"谁都管，但是谁都管不好"的情况。

或许是考虑到了这种尴尬境地，1996年通过的《中华人民共和国行政处罚法》规定了一个相对集中的行政处罚权制度，该法第十六条规定："国务院或者经国务院授权的省、自治区、直辖市人民政府可以决定一个行政机关行使有关行政机关的行政处罚权，但限制人身自由的行政处罚权只能由公安机关行使。"② 这意味着一个机构可以行使多个机构的权力，于是这就成为现在"城管"制度的法律依据。有了这个法律依据，北京市宣武区于

---

① 饶会林，董藩，2002. 加快城市管理人才的培养[J]. 城市管理与科技（3）：3-4.
② 《中华人民共和国行政处罚法》已由中华人民共和国第十三届全国人民代表大会常务委员会第二十五次会议于2021年1月22日修订通过，第十八条规定："国务院或者省、自治区、直辖市人民政府可以决定一个行政机关行使有关行政机关的行政处罚权。限制人身自由的行政处罚权只能由公安机关和法律规定的其他机关行使。"

1997年5月23日率先在全国开展了"相对集中行政处罚权"的试点工作。此后，扬州、广州等地向国务院申请开展城市管理综合执法试点工作，而后各地也纷纷向国务院申请此项试点。1999年，国务院下发《国务院关于全面推进依法行政的决定》（国发〔1999〕23号），要求"继续积极推进相对集中行政处罚权的试点工作，并在总结试点经验的基础上，扩大试点范围"。2002年8月22日，国务院下发《国务院关于进一步推进相对集中行政处罚权工作的决定》（国发〔2002〕17号），正式授权各省、自治区、直辖市人民政府自行决定开展相对集中行政处罚权工作。时至今日，几乎每个县级政府都设有"城管"部门，虽然名称有些差异，如广东称之为"城市管理行政执法局"，北京称之为"城市管理综合行政执法局"，武汉则称之为"城市管理执法局"，但是其主要职责大同小异，就是将原先分散在工商、城市规划、园林绿化、交通管理和市容环卫等部门的全部或者部分职能集中到"城管"，于是"城管"成为一个综合性的执法机构。从行政相对人的角度而言，"城管"的设立在某种程度上减轻了行政相对人的负担——此前可以被多家机构处罚的同一行为，现在只需处罚一次；从行政执法效果的角度而言，权责更加明确，以往多个部门相互推诿的现象得到明显改善。

但是，随着"城管"的权限增加，"城管"固有的一些弊病也被随之放大。如果说此前的"城管"要求"相对集中行政执法权"是为了解决执法政出多门的混乱，那么现在相对集中行政执法权在某种程度上已经影响到市民个人和其他组织的权利。如上海"城管"已经聚合了建设、市容环卫、市政工程、绿化、水务、环保、公安、工商、房地资源和规划等行政管理部门的职权，成为了包管一切的行政执法部门。北京"城管"由最初的五项基本职能，逐步扩大为八大职能，共105项处罚权，其中包括市政管理、公用事业管理、城市节水管理、停车管理、园林绿化管理等方面的全部处罚权，以及环境保护管理、施工现场管理（含拆迁工地管理）、城市河湖管理等方面的部分行政处罚权等。

上述"城管"固然属于城市管理的范畴，但是现代城市管理的内涵远非如此。传统的城市管理涉及人、财、物、生态四大要素，后又增加信息、空间两大要素；现代城市管理则涉及人、财、物、生态、信息、空间等多种要素，以及城市文化和管理方法等诸多方面。从宏观上来看，现代城市管理是把整个城市作为管理对象。2000年5月，联合国人类住区规划署指出，城市管理是个人和公私机构用于规划与管理城市公共事务的众多方法的总和，是一个调和各种冲突或彼此不同利益以及可以采取合作行动的连续过程。荷兰学者曼纳·彼得·范戴克（Meine Pieter van Dijk）认为，城市管理是将公共部门和私人部门协调与整合起来，解决城市居民面临的主要问题，建设一个更有竞争性、平等、可持续发展的城市的努力过程。① 基于不同的学科背景和角度，目前学者对城市管理的概念虽尚未形成比较一致的看法，不同学者对城市管理的界定也有不同的侧重点，但基本内涵比较接近。② 一般认为，传统的城市管理以政府为唯一主体，在管理的方法和手段上以权力控制、行政命令为主要手段，"以罚代管"是其典型表现；在管理的范围上偏重于经济领域，较

---

① 曼纳·彼得·范戴克，2006. 新兴经济中的城市管理 [M]. 姚永玲，译. 北京：中国人民大学出版社.
② 张波，刘江涛，2007. 城市管理学 [M]. 北京：北京大学出版社.

少顾及经济与社会、人与自然的协调发展,导致城市发展财力不足、可持续发展能力低、公共产品和公共服务质量差、公共管理成本高、管理效率低下、不能对外界的变化和市民的需求做出灵敏回应等问题。传统的城市管理无法应对当前环境污染、生态失衡、交通拥堵、贫困、失业等城市问题的挑战。

现代城市的内在特征主要表现为城市功能日趋多样化、城市生产活动日趋智能化、城市活动日趋社会化、城市系统日趋开放化,这些变化从根本上对城市管理的内涵提出了新的要求。第一,现代城市管理是多元化的,城市管理主体依法管理或参与管理城市地区公共事务的有效活动,它包括广泛的经济、文化、教育、基础设施、交通、环境卫生、公用事业等社会公共事务,属于公共管理范畴。第二,现代城市管理以城市的基本信息流为基础,依靠法律、行政、经济和技术等手段,及时反馈、处置、解决城市运转过程中产生的问题,以维护和强化城市功能,满足城市发展和人民生活的需要。现代城市管理的任务,就是要通过各种有效的管理手段,使城市形成经济繁荣、社会公平、生态平衡的状态,解决城市在经济、社会、环境方面存在的矛盾以及与之相关的各种各样的"城市病",使城市获得可持续发展。① 综上所述,现代城市管理是一门综合性学科,是由城市政府、非政府组织、企业、市民等多元主体共同参与的、对城市发展各方面的管理,其目的是使城市人、财、物、空间、信息等资源得到充分利用,使市民拥有更高质量的生活。现代城市管理的核心任务是使城市快速、可持续地发展,并切实提高市民生活质量。

2015年年底,中央城市工作会议召开,并出台《中共中央 国务院关于深入推进城市执法体制改革 改进城市管理工作的指导意见》,为我国城市管理学科带来前所未有的发展机遇,也标志着我国城市发展进入一个新阶段。当前我国城市管理面临的主要挑战包括:一是快速城市化进程与传统政府管理"路径依赖"之间存在矛盾,包括新型城镇化在内的城市建设要求城市管理专业化、精细化,而既有管理制度、措施和经验无法全面应对系统性城市管理的现实需求。二是在互联网时代,如何有效回应新型网络舆情环境对政府城市管理行政行为的要求尚在摸索之中。一段时间以来,国内频发的"环境邻避"事件经互联网发酵放大,政府应对迟缓,严重损害政府公信力,影响城市管理的正常秩序。② 三是需要跟上信息化的发展步伐,提升大数据在现代城市管理中的应用。

---

① 刘文俭,2008. 现代城市管理论纲 [J]. 现代城市研究 (3):79-87.
② 陈昌荣,周林意,2017. 环境群体性事件中邻避事件:研究述评及展望 [J]. 常州大学学报(社会科学版)(4):86-93.

第一章 城市管理的基本概念

> **学习目标**
> 1. 了解城市的定义与内涵
> 2. 熟悉城市产生、发展的过程,以及现代城市的特点
> 3. 掌握与城市管理有关的概念,以及本学科领域的专业术语

城市管理随着城市的产生而产生。要想建设好城市、管理好城市,首先必须了解城市、研究城市。城市是社会经济发展的产物,也是社会经济发展过程的客观体现。了解、研究城市的产生与发展、城市化问题、城市的结构与功能等,对于正确认识城市的发展规律、掌握现代城市的特点、做好城市规划建设与管理具有重要意义。

第一节 城市的产生与发展

城市大体产生于人类从野蛮社会向文明社会过渡的历史时期,是社会分工和商品交换发展的结果。世界上最早形成的城市迄今已有五六千年的历史。随着人类社会的发展,城市也在不断变化和发展。城市发展大体经历了早期城市、传统城市、近代城市、现代城市等发展阶段,目前正向未来城市发展。

一、城市的定义

城市的定义一直是一个历史悠久且存在争议的话题。城市可以被宽泛地定义为非农产业和非农人口聚集的居民点,也可以说是一片连续的建成区域,建成区域内一般不包括农村土地,但包括按国家行政建制设立的市、镇。

城市是一个复杂的综合体,是由各种经济现象聚合而成的"多棱镜"。不同的学者从不同角度观察城市,就会产生不同的描述。社会学者路易斯·沃思(Louis Wirth)曾给早

期城市下过一个定义:"城市是不同社会成员所组成的一种相对较大、密集的永久性居址"。其中"不同社会成员"的含义应指阶级差异而非民族身份不同。城市地理学者理查德·P. 格林（Richard P. Green）指出，"城市具有较高的人口密度、较拥挤的空间、较高层次的经济活动，有更多样化的劳动力供给与需求、更复杂的经济组织，蕴含都市主义和城市价值的社会特征，具有更有力和更复杂的管理。"在经济学领域，阿瑟·奥沙利文（Arthur O'Sullivan）将城市定义为"在相对狭小的面积里居住着大量人口的地理区域"。城市在有限的区域内集中了大量组织、家庭和居民，是商业、工业、金融、房地产、信息等非农产业的聚集地。不同学科对城市性质的理解具有差异性，分别凸显了城市的不同属性，导致对城市的定义也不尽相同。

关于城市的定义，《中国大百科全书》和《现代汉语词典》对"城市"的解释基本相同，即"人口集中、工商业发达、居民以非农业人口为主的地区，通常是周围地区的政治、经济、文化中心"。古汉语中，"城"和"市"是两个不同的概念。"城"是指在一定地域上用作防卫而围起来的墙垣。《说文解字》中说"城，以盛民也"；《墨子·七患》中说"城者，所以自守也"；《吴越春秋》亦指出"筑城以卫君，造郭以守民"。可见，"城"是当时的军事设施和统治中心。《孟子·公孙丑下》中说"古之为市也，以其所有，易其所无者，有司者治之耳"；《管子·小匡》中说"处商必就市井"。这些说法表明"市"的本义是交换买卖的场所，属于经济活动的范畴。所谓"城市"，顾名思义，应该是"城"和"市"的结合。随着生产力的发展，人类的日常生活中越来越频繁地发生着商品交换，这在客观上要求为这种交换提供一个安全、通达、固定的环境，于是"城"与"市"相互结合并最终走向统一。这两个字连在一起就成为"城市"，它既反映了"城市"的起源，又反映了城市早期的基本功能。①

总的说来，迄今为止，各学科并未对城市的定义达成共识，究其原因，城市是包含人类各种活动的复杂有机体，表现形式非常多，有政治的、经济的、社会的、地理的、文化教育的，等等，人们可以从不同的角度、不同的侧面去描述它、定义它。从经济学角度看，我们认为应当从区域经济发展与城市的相互关系上概括城市的特征，从而把握城市的本质。为此，我们对城市的定义为：在一定区域范围内由聚集效应而成长起来的人口密集区，它以第二产业、第三产业为主，并通常是周边区域的地方经济中心。

二、城市的起源

如同对城市的定义，关于城市的起源也众说纷纭，莫衷一是。有的说是起源于战争中防御的需要，有的说是大规模宗教活动的产物，有的认为是私有制经济产生和发展的结果，等等。到目前为止，关于城市的起源大体有以下几种说法：

一是防御说。"城者，所以自守也"，防御说的支持者认为古代城市的兴起是出于防御的需要。在居民集中居住的地方或氏族首领、统治者居住地修筑墙垣城廓，形成要塞，以

---

① 姜杰，彭展，夏宁，2005. 城市管理学 [M]. 济南：山东人民出版社.

抵御和防止别的部落、氏族、国家的侵犯，保护居民的财富不受掠夺。

二是商业经济说。"日中为市，致天下之民，聚天下之货，交易而退，各得其所"（《易·系辞下》），商业经济说的支持者认为商品经济的发展导致集市贸易的形成，促使居民和商品交换活动的集中，从而出现城市。

三是阶级斗争说。阶级斗争说的支持者认为，从本质上看，城市是阶级社会的产物，是统治阶级奴隶主、封建主用来压迫被统治阶级的一种工具。

四是社会分工说。社会分工说的支持者认为社会大分工导致了城市和乡村的分离。第一次社会大分工是原始社会后期农业与畜牧业的分工，不仅产生了以农业为生的固定居民，而且带来了产品剩余，创造了商品交换的前提。第二次社会大分工是随着金属工具的制造和使用而引起的手工业和农业分离，产生了直接以交换为目的的商品生产，使固定居民脱离了农业土地的束缚。第三次社会大分工是随着商品生产的发展和市场的扩大，专门从事商业活动的商人出现，从而引起的工商业和农业的分离，并进一步导致了城市和乡村的分离。

五是地理条件说。地理条件说的支持者用自然地理条件解释城市的产生和发展，认为有些城市的兴起是因为它具有地处商路交叉点、河川渡口或港湾，交通运输方便，自然资源丰富等优越条件。

三、城市的主要特征

特征是内在本质的外在表现。城市特征是城市内涵通过一定的方式表现出来的可以被人们感知的外部特性。与对立物乡村相比，城市具有以下几个明显的特征：

第一，密集性。城市是人、物、社会经济活动的集中地。城市区域的人口密度更大，通常相当于乡村人口密度的十倍乃至数十倍。

第二，高效性。城市经济活动以第二产业和第三产业为主，在地域上相对集中，表现为社会经济活动的高效率和高效益。

第三，多元性。这主要指城市活动和城市职能的多功能与多类型。与乡村相比，城市社会经济活动面要广阔得多，活动影响也要大得多。

第四，动态性。城市是复杂的动态系统，几乎涵盖了社会、经济、生态环境的各个方面，其兴起和发展受到自然、经济、社会、人口多方面的影响。

第五，系统性。城市是一个复杂、宏观和开放的大系统。城市这一大系统又由若干中小系统组成，且一个系统的变化会影响到其他相关的系统。① 然而，城市最大的特征就是集中和聚集，并在此基础上产生扩散和辐射效应。

四、城市的发展阶段

由于世界各地区生产力发展水平不同，向文明社会过渡的时间也参差不齐。因此，所

---

① 卢新海，张军，2006. 现代城市规划与管理［M］. 上海：复旦大学出版社.

有城市的产生不可能出现在同一个时期,而是有先有后。目前,一些地区的城市已经发展到十分发达的水平;可在另一些地区,城市则尚处于发展的初级阶段;甚至在某些落后地区和原始部落,城市可能还处于萌芽阶段。不同发展阶段的城市也体现出不同的特点。

(一) 早期城市

早期城市阶段,在人类社会发展历史上大体相当于奴隶社会时期。该阶段城市的主要特点是:城市规模小、数量少,城市中手工业、商业有所发展,阶段分化十分明显;城市主要是行政、宗教、军事或手工业中心,政治统治功能突出。在这一阶段,农业在整个经济中仍占统治地位,城市对农村在经济上的依赖性很强,由此出现了许多城邦。通常以一个城市为中心,加上周围村庄共同组成一个独立的国家或行政组织,实现奴隶主对城市和周围村庄的统治。在古希腊、古印度、古埃及都出现过城邦,较为典型的如雅典、斯巴达等。我国春秋战国时期的一些以一个城市为据点的诸侯小国也具有城邦的性质。

(二) 传统城市

传统城市阶段,在人类社会发展历史上相当于封建社会时期,具有自然经济时代的封闭性、消费性、孤立性特征。人类进入封建社会,社会生产力与奴隶社会相比有了巨大的进步,农业生产技术明显提高,剩余农产品越来越丰富,手工业技术得到进一步发展,手工业匠人专业化和集中化的趋势增强,交通运输手段增多并被广泛使用,交通条件更加便利。这些都促使商品交换范围的扩大和频率的增加,商业活动(特别是国际贸易)日趋活跃,从而推动了城市的扩大和发展。由于商品经济的发展、城市功能的变化,城市不仅成为商品市场和贸易中心,还开始发展成为政治、经济、文化中心,不同类型和性质的城市也开始出现。欧洲中世纪晚期,资本主义萌芽,随着资本主义商品经济的发展,城市也有了较大发展,出现了一些规模较大的城市。这一时期,城市行政管理的问题开始凸显,相应的法律条文也开始产生。欧洲的威尼斯、热那亚、佛罗伦萨,我国唐朝的长安、明朝的南京都是这一时期的代表。传统城市的特点表现在以下几个方面:

1. 城市体系的形成。这一时期城市数量开始增加,规模不断扩大。大、中、小城市并存,这些规模不等的城市与政权体系相一致,形成了宝塔形的城市体系。以我国为例,在封建社会,大城市通常为中央政府所在地,是全国的政治中心,如咸阳、长安、洛阳、北京等。中等城市则是地区性政治中心,是州、府、省级政府所在地。小城市则是县及县以下政府所在地。城市体系的形成是城市发展的必然结果。

2. 城市功能的发展。首先,原有的政治功能加强。城市不仅是各级统治者的驻地,而且成了统治者的象征。统治机关的法律、法规、指令来自城市,各种信息也来自城市。中央政府所在地真正成为国家的政治中心。其次,经济功能加强。城市的手工业和商业有了较大发展,城市不仅具有生产功能,还具有交换功能,其商业贸易的活动范围扩展到城市周边地区和其他城市。最后,文化功能的发展。传统城市发展了文化、教育、音乐、美术、医学、宗教等活动,并由城市传播到乡村。文化教育的发展带来了科学技术的发展。人类依靠自己的智慧,在不断改善物质生活条件的同时创造了精神生活的条件。

3. 城市建设的发展。首先，城市功能的分区体现了城市规划思想。古城的建设由单个建筑到建筑群，再到整个城市，往往强调对称和秩序，反映了封建社会"居中不偏""不正不威"的传统观念。整个城市以帝王君主为中心，然后分为居民区、作坊区、商业区等。其次，有了城市基础设施建设，如城市道路排水、供水、市场、防灾及园林等。许多江河道被引入城市，既满足居民生活的需要，又便于通航。最后，城市建设的类型多样。有些城市是在原有小城市的基础上扩建发展起来的，在建设上不那么正规，多取自然地形地势，道路建设也有一定自发性；有些城市完全是按照统治者的意志，事先做好城市规划，严格按照规划平地兴建，这些城市布局十分严格。我国古代城市多为方形，城市道路建设为规则的方格网，唐朝的长安就是典型。

（三）近代城市

近代城市阶段，大约始于以蒸汽机的发明和广泛应用为标志的第一次工业革命。18世纪60年代发生于英国的工业革命使得整个社会生产方式发生巨变：分散的、小规模的手工业被社会化大生产取代；自然经济趋于解体，商品大潮波澜壮阔地展开；随着科技进步和机器体系的推广，分工与协作向纵深发展；工业主导产业结构，世界市场逐渐形成。社会生产方式的巨变引发了近代城市革命，导致城市的数量迅速增加，出现了许多新型城市；城市规模急剧扩大，人口数量明显增加；城市性质和功能发生变化，经济功能特别是工业生产功能和商品交换功能越来越突出；财富的大量集中使城市成为经济活动中心。第一次工业革命后，工业化使得城市以前所未有的速度向前发展，改变了原来城市的生活方式和生产方式，加速了乡村人口和非农经济向城市集中的进程，城市化的时代从此开始。

这一阶段"城市病"逐渐出现并蔓延。"城市病"的出现既与工业生产本身有关，也与工业化带来的城市规模扩张有关。工业生产在城市中的聚集，破坏了城市的生态系统，污染了城市环境；城市人口的急剧增长，又是交通拥挤和居住条件恶化的根源。

（四）现代城市

19世纪末20世纪初，城市在经历了早期、传统、近代三个阶段之后，进入新的发展时期，这是整个城市发展历史中一个极其重要的时期。在现代城市阶段，城市成为人类主要的聚居区。经济的增长推动了人口向城市集中的步伐。1960年，世界上只有34%的人居住在城市。根据世界银行数据，截至2021年，全球城市人口占总人口的比例已经达到56%。其中，我国为62.51%，美国为82.87%，日本为91.87%，印度为35.39%。现代城市职能从工业生产中心转换为第三产业中心。商业、贸易、金融、证券、房地产和咨询等行业的蓬勃兴起，使工业在城市发展中的地位被弱化。目前发达国家第三产业吸纳就业人口的比例普遍超过60%，有的甚至超过70%。在一些国际大都市，这一比例更高，如在纽约和伦敦，制造业就业人数已少于总就业人数的15%。

这一时期城市人口迅猛增长，经济实力大大增强，出现了前所未有的特大都市、大都市区、都市带和都市系统等。现代城市是现代经济活动中心，它拥有现代化的工业生产系统、商业贸易系统、交通运输系统、科技文化系统、公共服务系统、信息传输系统等。

（五）未来城市

从城市的未来发展趋势来看，目前也产生了一些新观点。一是基于信息、电子技术对城市发展的影响，相关学者提出数字城市理论。数字城市也叫信息城市，是对城市发展方向的一种描述，体现了城市信息化发展的趋势。从狭义上说，数字城市是以计算机、多媒体技术和大规模存储技术为基础，以宽带网络为纽带，运用3S技术①、遥测（telemetering）、虚拟仿真（virtual reality，VR）等对城市进行多分辨率、多尺度、多时空和多种类的描述，并利用现代技术手段把城市现实生活中存在的全部内容在网络上通过数字化虚拟实现。二是基于人与自然资源、生态环境的关系，相关学者提出生态城市理论。生态城市理论是基于现代生态学原理的城市发展战略，包括城市自然生态观、城市经济生态观、城市社会生态观和复合生态观等在内的综合城市生态理论，并提出解决"城市病"的一系列对策，建立自然和谐、社会公平、经济高效、人与自然双赢的理想城市模式。三是基于经济全球化背景，相关学者提出世界城市理论。新的国际劳动分工使跨国企业总部和跨国银行总部聚集于现代世界城市。经济全球化使城市增长的基本动力源由国家转向全球，刺激每一个国家的核心城市高速增长，并将增长分配给各自国家的城市体系。因此，世界城市理论延伸了城市等级理论，使城市化进程与世界经济力量进一步紧密联系起来。四是基于本土化经济、区域经济复兴，相关学者提出柔性城市理论。该理论认为城市是复杂的、不确定的、高成本的、柔性化的公司之间投入和产出关系的节点，是一个统一的、巨型的"柔性综合体"，是由生产者服务产业、高技术产业等相互作用与联系的要素和子系统组成一个柔性投入和产出的地域。该理论以创新理论为基础，认为一个城市只有持续地进行社会、空间、制度创新，才能够保持相当的柔性，取得城市的持续增长。

以上这些理论都是对城市未来发展的推测和设想。未来的城市应是综合以上几种特征的、处于更高阶段的新的城市形态。② 近年来，许多研究认为城市发展的智慧化建设是城市管理现代化的基本方向，智慧城市建设也逐渐提上日程。所谓智慧城市，是把新一代信息技术充分应用在城市的各行各业之中的、基于知识社会下一代创新的城市信息化高级形态。21世纪的智慧城市能够充分利用信息和通信技术手段观测、分析、整合城市运行核心系统的各项关键信息，从而对民生、环保、公共安全、城市服务、工商业活动在内的各种需求进行智能响应，为人类创造更美好的城市生活。③ 关于智慧城市相关内容，将在第七章第四节作进一步介绍。

---

① 指遥感（remote sensing，RS）、全球定位系统（global positioning system，GPS）、地理信息系统（geographic information system，GIS）。
② 王建廷，2003. 21世纪中国城市化进程与城市人才培养的战略研究 [J]. 城市（1）：3-11.
③ 冯云廷，2017. 城市管理学 [M]. 北京：清华大学出版社.

第二节　城市规模

一、城市规模的概念

城市规模是指在城市地域空间内聚集的物质与经济要素在数量上的差异性及层次性，它是衡量城市发展水平和经济实力的重要指标。当然，城市规模的界定并没有一个统一的标准，如今国内外学者认为城市规模通常包括城市人口规模、城市空间规模和城市经济规模三个方面。这些方面从不同角度衡量城市对劳动力、资本和资源的聚集程度，并构成城市规模的三个相互联系的有机组成部分。因此，城市规模不仅仅是衡量城市大小的指标，更涉及城市在经济和社会发展中的重要地位和作用。

（一）城市人口规模

城市人口规模是指在一定时间内，居住于城市的常住人口总数。由于城市的空间结构和发展水平不同，城市人口规模也存在显著差异。如芬兰、澳大利亚对城市人口规模的规定为2万人，日本为3万人，朝鲜为5万人。而标准较低的美国在统计时，则把1 000人以上的镇都列为城市，5万人以上就称为"大都市区"（metropolitan）。[1] 为了便于各国对比研究，联合国区域发展中心规定，"市"的人口规模最低标准为2万人。从全球角度看，20世纪70年代以来，学术界对人口数量超过1 000万的城市予以更深切的关注，将其称为巨大城市或巨型城市（MEGA city）。

中华人民共和国成立以来，我国城市规模划分标准曾进行了多次调整。现在执行的是2014年10月29日印发的《国务院关于调整城市规模划分标准的通知》的标准。新的城市规模划分标准以城区常住人口数为统计口径，并细化了常住人口的内涵。此番调整后，城市类型由四类变为五类，增设了超大城市，城市被划分为五类七档，小城市和大城市分别划分为两档（如表1–1所示）。

表1–1　我国城市划分标准与类型

城区常住人口数		城市类型
50万以下	20万以上，50万以下	Ⅰ型小城市
	20万以下	Ⅱ型小城市
50万以上，100万以下		中等城市
100万以上，500万以下	300万以上，500万以下	Ⅰ型大城市
	100万以上，300万以下	Ⅱ型大城市
500万以上，1 000万以下		特大城市
1 000万以上		超大城市

---

[1] 阿瑟·奥沙利文，2003. 城市经济学 [M]. 苏晓燕，译. 北京：中信出版社.

(二) 城市空间规模

城市空间规模反映了城市对居住、生产、交易、运输、休闲及娱乐等活动所需的土地面积，具有重要的意义。城市空间规模有两层含义：一是城市的地理面积，反映了城市发展的空间和潜力；二是城市建成区的面积，强调了城市聚集区的大小，反映了城市对资源的聚集能力。城市的空间规模不仅是城市规划和管理的重要内容，也是城市可持续发展的关键因素之一。

(三) 城市经济规模

城市经济规模是指一个城市所具备的资金、原材料、劳动力、技术等资源的总体规模。受限于数据可得性和可计算性，通常采用一定时间（通常为一年）内城市生产的所有最终产品和服务的货币价值来衡量经济总量，即GDP。城市的GDP反映了其生产能力，是衡量城市经济规模的理想指标之一。

二、城市的规模效应

城市的规模效应一般反映在城市规模的变化对城市居民生活、社会经济和文化发展等方面的多层次影响。一方面，城市以一定的人口和地域为基础聚集着社会、政治、经济、科技、人才和信息等各种资源，降低了经济活动的成本，提高了资源利用效率；另一方面，城市人口的聚集也能够形成更为完善的基础设施和公共服务体系，带动文化交融和宣传，从而提高城市的整体发展水平。

但是，城市人口的聚集也会带来负面影响，主要表现为拥挤效应的产生。拥挤效应是指当城市规模扩大时，由于各种资源的限制，导致人口密度增大。在人口密度较大的地方，对有限资源的过度需求造成生产要素价格上升、公共产品供给不足问题，因此各个行业的成本都会上升，居民的生存质量下降。拥挤效应还表现为房价高涨、资源危机、环境恶化、供水紧张、热岛效应、大气污染、噪音污染、疾病传染、社会治安不稳定、垃圾的运输困难和堆积等问题。

(一) 城市规模与经济效益

城市的经济效益是由人口的聚集和资本的集中带来的。从理论上说，大城市形成的以产业和人口高度集中为重要特征的密集型经济，为企业之间进行现代化的生产协作与联合提供了有利的环境空间，从而形成了城市的规模经济；大城市高度发达的金融市场大大节约了企业的筹资成本，大量企业聚集造就信息资源的共享以及技术、人力资源的溢出效应，减少了企业的交易费用，从而形成了城市的范围经济，进一步拓展了城市的发展空间。城市规模是产业选择区位的决定性因素，产业聚集效益的增加随着城市规模的增长成比例增长。这是因为，对于同样数量的劳动力、资本，如果改变它们的空间分布，将它们集中起来，在同样的技术条件下它们就能生产出更多的产品。另外，企业迟早会发现，如果它们相互聚集，则每个企业都可以通过共享某些公共资源，例如同一劳动市场、公共资源、城市基础设施、商业信息及技术革新等，降低各自的生产成本。由于这些公共资源或准公共资源的非排他性和非竞争性，一个企业使用这些资源不会影响其他企业的同时使用。

（二）城市规模与社会效益

一般而言，城市规模越大，其吸纳劳动力的能力越强，社会效益就越明显。城市规模越大，其教育、文化、医疗、科技等事业部门的产出越多、效率越高。任何一个社会事业部门的集中发展都必须依托于城市。这些社会事业部门的规模越大，集中程度越高，所依托的城市也越大；反之，依托的城市越大，这些社会事业部门的规模越大，功能等级越高，也就越能取得规模效益。20 世纪 90 年代曾有研究表明，人口由农村向城市、从小城市向大城市的迁移过程是人们为获得更高的经济收入和更好的发展机遇而"用脚投票"的结果，是一种理性的行为，并非"盲从"，因而大城市规模仍在扩张预示着其还有一定的发展空间。另外，城市规模越大，知名度就越高，这本身就是一种无形资产。而这种无形资产是这个城市的成员共同拥有的，并且无须为此付费。规模较大的城市在招商引资、引进人才等方面，具有规模较小的城市所不可比拟的优势。

（三）城市规模与环境效益

从环境方面看，城市同样具有规模效益。以往学者一般认为大城市会产生严重的"城市病"，因而不具有环境效益。他们的依据为：众多的人口拥挤在空间有限的城市，住房紧张，交通拥堵，就业压力大大增加；人口和经济社会活动的集中，特别是汽车等交通工具的增加，造成环境污染严重；社会分化加剧，贫富悬殊扩大，在一些地方形成"贫民窟"，甚至出现社会治安的严重恶化。对于"城市病"的忧虑，无疑也是我国长期以来严格控制大城市发展的原因之一。但是，根据发展经济学的理论观点，如果一个国家采取限制人口迁移和城市发展的政策，即使在一定程度上可以缓解"城市病"，但必然在其他方面付出更高的成本。①

从世界各国大城市的发展历程来看，早期的城市发展确实曾以牺牲城市环境为代价来获得经济效益，导致人们往往容易走入城市规模扩大必然引起"城市病"的误区。然而这个问题在现代城市发展过程中并未出现，相反以往存在的环境问题得到有效治理。随着经济社会的发展，人们的物质生活不断提升、对可持续发展重要性的认识不断深化，经济效益带来的物质享受与外部环境优化带来的精神享受相比，后者显得更受人们青睐，这使得增加环境优化的投入成本成为可能。

总之，人口聚集和资本集中带来了城市规模效益。随着城市规模的增大，产业聚集效益也相应增加，为城市的经济发展和社会繁荣做出了重要贡献，而合理控制城市规模也是实现城市可持续发展的必要条件。

---

① 成德宁，周立，2002. 国外学者关于城市化作用的再认识 [J]. 经济学动态（7）：63-66.

三、城市最佳规模

自20世纪50年代以来，随着各国城市化的快速发展，诸多城市问题逐步显现，一个相关问题是在城市发展的过程中，如何在聚集的负外部性与经济效益之间权衡，以确定最佳城市规模。

随着城市规模的变化，成本和收益会相应发生变化，如果能够找出成本和收益变化的规律，就能够根据边际收益等于边际成本的原则来确定最佳城市规模。其中，成本项目包括地租、各种服务费、通勤成本、噪音、拥挤、空气污染等造成的健康和精神损失，收益项目包括收入、公共产品的规模经济、消费的外部经济以及大城市较多交流沟通带来的机会等。[①] 城市最佳规模的计算涉及以下四个关键概念：

城市平均成本（average cost，AC）。它是城市总成本的人均值或地均值。一般而言，AC曲线先随着城市规模的扩大而下降，但当规模超过某一点后，AC曲线转为上升。

城市边际成本（marginal cost，MC）。它是每增加或减少单位城市人口或单位土地面积而使总成本变动的数值。MC曲线通过AC曲线的最低点。

城市平均收益（average benefit，AB）。它是城市总收益的人均值或地均值。AB曲线在较长的一段区间内随城市规模扩张而上升。城市规模越大，人均产值越高，因而平均收益越高；一旦超过AB增长率为零的点，平均收益就会开始下降。

城市边际收益（marginal cost，MB）。它是每增加或减少一个城市人口或单位土地面积而使总收益变动的数值。MB曲线通过AB曲线的最高点。

图1-1展示了以上四个概念的相互关系。

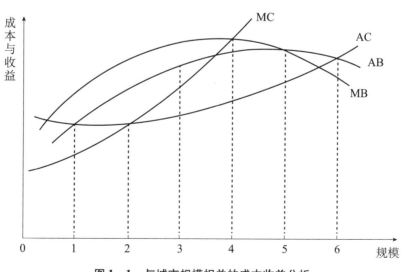

图1-1　与城市规模相关的成本收益分析

[①] 周文，2003. 城市化、城市增长与城市结构的理论研究 [J]. 经济学动态（4）：31-34.

图 1-1 中，第 1 点（AB = AC）为城市最小可能规模，当城市规模小于此规模值时，城市平均成本高于平均收益，规模不经济；第 4 点（MB = MC）为城市最佳规模，在该点上，城市总收益最大；第 5 点为 AB 最大点，超过此点，平均收益开始下降；第 6 点（AC = AB）为城市最大可能规模，大于此规模时，平均成本高于平均收益，规模不经济。

理论上，可以清楚地得出城市的最佳规模，但在实践中确定最佳规模仍是一个难题，因为影响城市规模的原因非常多，不同类型的城市也有相应不同的最佳规模。虽然各类城市具有明显的规模效益，但城市规模并不是越大越好。一旦城市规模突破了其上限，就会产生负效益——规模效益被拥挤成本抵消。尽管人们对最佳规模的上限认识不统一，但对其下限（或称"门槛值"）的认同却比较接近。国外一般认为，城市规模只有达到 25 万人以上，才能形成产业分工的优势，形成"棘轮①效应"。小城镇要达到类似效应，起点要达到 5 万人，这 5 万人不是指总人口，而是指镇区人口。也就是说，达到 5 万人以后，小城镇就会取得规模效益，不断向前发展。

第三节 城市结构和功能

一、城市结构

城市结构是指城市各组成要素相互关联、相互作用的形式和方式，主要包括城市经济结构、城市社会结构、城市空间结构。城市的发展并不仅仅体现在建筑物的增加以及居民的聚集，城市内部还会产生不同功能的区域，如商业区、住宅区、工业区，同时各个功能区之间存在有机联系，构成城市的整体。

（一）城市经济结构

城市经济结构体现了城市经济要素之间的组合及数量关系，是城市的生产力结构和生产关系结构的统一体。经济结构实质上是物质生产部门和非物质生产部门的结合体，包括工业、农业、建筑业、交通运输业、服务业等。城市经济结构主要包括所有制结构、产业结构、部门结构等，其中既涉及生产力问题，又涉及生产关系问题。

1. 所有制结构，指按照生产资料所有制的性质来划分城市的经济结构。即研究城市经济所有制的构成，以及它们在国民经济中所占比重及其相互关系。

2. 产业结构，即第一产业、第二产业、第三产业的比例和关系，以及每个产业中各个部门、行业的组成及其关系。

3. 部门结构，指把各产业按照经济社会职能和活动方式分成若干部门，根据部门对城市经济生存和发展的作用大小分成主导部门、支柱部门、支持部门或辅助部门，以及它

---

① 棘轮是机械传动中的一种齿轮，又称止退轮，它只会向前转而不会向后转。

们之间的比例和关系。

(二) 城市社会结构

城市社会结构是城市里人与人之间通过各种关系网络所形成的结构，主要包括政治结构、文化结构、人口结构等。

1. 政治结构。城市的政治结构主要涵盖两个方面的内容：一是各种城市政治组织的构成、相互关系及其与城市居民之间的关系；二是城市社会成员之间的各种政治关系。比如，我国城市中的政治组织主要有政权组织、工人阶级的各种群众组织（如工会、共青团、妇联，简称"工青妇"）等。

2. 文化结构。就城市经济管理而言，文化结构的主要内容大致有四项：一是城市各类精神产品的生产、传播、利用和储存的社会行业的具体构成、发展规模，以及它们之间的相互衔接关系和比例关系；二是各种文化产业的发展速度与社会需求的关系；三是各类文化设施的规模、配置和布局；四是文化指导机构的设置及其与各个文化事业单位的关系。

3. 人口结构。城市人口结构是城市人口总体内部各种不同性质的规定性的数量比例关系，是将城市人口按照不同的标准进行划分而得到的一种结果。它依据人口本身固有的自然的、社会的、地域的特征，将人口进行分类，一般用百分比表示。比如，按人口年龄进行划分的年龄结构，按人口性别进行划分的性别结构，按人口职业、行业划分的职业、行业结构等。

(三) 城市空间结构

城市空间结构是城市各种要素表现出的空间形态，是城市社会经济存在和发展的空间形式。城市空间结构是城市的政治、经济、社会、文化生活、自然条件和工程技术在空间上的综合反映，也是城市进一步发展的基础。城市发展过程表明，城市社会、政治、经济发展的变化必然伴随着城市空间结构的变化，主要指土地利用空间结构及其动态变化。城市发展历史表明，城市的各种政治、经济、社会活动等最终都会反映到空间形态上，优良的城市空间结构会产生良好的经济效益、社会效益和环境效益，使城市土地资源的配置效益最大化，社会资源被最有效地利用。因此，如何最佳、最有效地利用城市土地，形成合理而有机联系的城市空间结构，就成为人们关注的重要问题。各国（尤其是美国）的城市地理学者针对城市空间结构提出了各种理论，解释其发展过程和形成机理。这里介绍三种模式：

1. 同心圆模式

同心圆模式（the concentric zone model）最早由欧内斯特·W. 伯吉斯（Ernest W. Burgess）提出。他在1925年以芝加哥市为样本进行一般化推导，认定近代社会比较显著的事实是大城市的增长，这种增长主要表现在城市地区外延的扩张。他认为，这种扩张的典型过程可用一连串同心圆加以说明（见图1-2）。这个同心圆是由五个地带组成的：第一地带为中央商务区（central business district, CBD）；第二地带是围绕城市中心的过渡带，它被第一地带的商业与轻工业侵入,也被称为颓废地区,是城市中贫困、堕落、犯罪等状况最严重的地区;第三地带是工人住宅地带,这里有很多从颓废地区迁移过来的工人居住,因为在此他们更容易前往工作地点;第四地带为中等住宅区,小商业主、专业人员、管理人员和政府工作人员等居住在此,该区域有高级公寓或独栋居住房;第五地带为通勤区,主要是一些高质量的居住区,中上等阶层的郊外住宅坐落在这里,他们大多在中央商务区工作,上下班往返于两地之间。

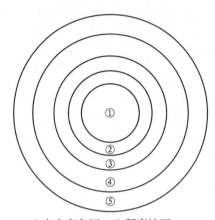

①中央商务区;②颓废地区;
③工人住宅地带;④中等住宅区;⑤通勤区

图1-2 同心圆模式

伯吉斯的同心圆模式以20世纪20年代流行的城市土地利用结构的经验观察为基础,通常符合均质土地、单中心城市发展模式。但是,这一模式忽视了交通运输、土地利用的社会和区位偏好,与现实有一定的偏差。

2. 扇形模式

扇形模式(the sector model)首先是霍默·霍伊特(Homer Hoyt)在对142个美国城市的内部地域结构进行实地考察后于1938—1942年提出来的,即社会—经济特征类似的家庭聚集在同一扇形地带上。此后,该模式得到众多学者的响应和支持。

霍伊特以经济学家的眼光,观察城市住宅是怎样根据租金变化而分布的。他认为,伯吉斯的均质土地假设太不现实,但他还是保留了同心圆模式的圈层地域结构,加上了放射状交通线路的影响,即线性易达性(linear accessibility)和定向惯性(directional inertia)两个因素,使城市向外扩张的方向呈不规则形式。他把中心的易达性称为基本易达性,把沿着放射状交通线路所增加的易达性称为附加易达性。他认为各类城市居住用地趋向于沿着主要交通线路和自然障碍物最少的方向由市中心向市郊呈扇形发展。城市的中心是中央商务区,轻工业和批发商业对交通线路的附加易达性最为敏感,所以其用地形成一个从市中心向外放射的扇形(或楔形)区,而且不是一个平滑的扇形,它可以左右隆起。扇形结构的形成是企业和个人决策的产物。至于住宅区,高收入者为景观和其他社会、物质条件所吸引,沿着城市交通主干道或河岸、湖滨、公园、高地向外发展;低收入者住在工商业发达的地段,这些地段环境较差,当贫民区人口增多时,也会循着不受阻的方向做放射状发展。因此,城市土地利用功能区的布局也呈扇形(见图1-3)。

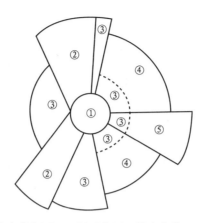

①中央商务区;②轻工业区、批发商业区;
③低级住宅区;④中等住宅区;⑤高级住宅区

图1-3　扇形模式

霍伊特的扇形模式是从众多城市的比较中抽象出来的,在研究方法上比同心圆理论更进了一步。尽管扇形模式在同心圆模式的基础上强调了交通线路的作用,但它仍然没有摆脱城市地域的圈层概念。

3. 多核心模式

多核心模式(the multiple-nuclei model)最初是由罗德里克·D. 麦肯齐(Roderick D. McKenzie)于1933年提出的,由昌西·D. 哈里斯(Chauncy D. Harris)与爱德华·L. 乌尔曼(Edward L. Ulman)于1945年加以发展而成。该模式认为许多城市的土地利用形态并不是围绕唯一核心,而是围绕有距离的多个核心(见图1-4)。哈里斯与乌尔曼的多核心模式比单纯的同心圆模式显得更复杂和更接近实际,考虑到城市地域发展的多元结构,但仍然基于地租地价理论,支付租金能力强的产业位于城市中心部位;对各核心之间的职能讨论得较少,没有分析不同核心之间的等级差别及其在城市总体发展中的地位。

以上是城市内部土地利用过程中形成的三种内部空间结构模式。此外,在城市外部,城市与城市之间通过相互作用,也形成了有一定特点的空间结构体系。城市外部空间是由特定内部关系构成的城市群或城市体系,它包括两重空间含义。城市外部的第一重空间含义指城市的行政属地范围,包括城市的建成区、郊区及辖属的远郊区县、卫星城市或乡镇;城市外部的第二重空间含义是指城市的经济属地范围,具体指由城市外部经济联系形成的城市经济区体系内部的空间结构,一般包括与城市具有内在经济联系的区域内部其他城镇。①

---

① 陆军,2001. 城市外部空间运动与区域经济[M]. 北京:中国城市出版社.

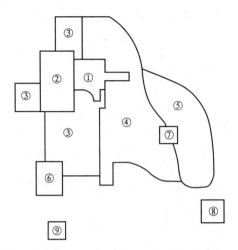

①中央商务区；②轻工业区、批发商业区；③低级住宅区；
④中等住宅区；⑤高级住宅区；⑥重工业区；
⑦卫星商业区；⑧近郊住宅区；⑨近郊工业区

图1-4 多核心模式

二、城市功能

城市功能也称城市职能，是指一个城市在国家或地区的政治、经济、文化生活中所担负的任务与作用，以及经由这些作用的发挥而产生的效能。也有人把在城市中进行的各种生产、生活和服务活动加在一起，将其归结为城市功能，比如20世纪30年代的《雅典宪章》将城市功能分为居住、工作、游憩和交通四个方面。城市功能有多种不同的划分方法，不同学科对城市功能有不同的分类，从一般和个别的角度，我们可以将城市功能分为以下几类[①]：

（一）基本功能与特殊功能

1. 基本功能。基本功能也称共同功能，是每个城市都必须具备的功能。作为城市，必须依靠这些功能来维持其生机。城市基本功能不是一成不变的，它会随着城市化水平的提高、社会经济生活的变化而变化。城市的基本功能主要有：承载功能、经济功能、政治功能、文化功能、交通功能等。

（1）承载功能。城市是一个巨大的载体，它为人类在城市中进行各种活动提供了最基本的物质条件。城市成为人类活动的最佳场所，这完全依赖于城市的承载功能。任何城市不能长时间超限度地承载过多人口，也不能容纳过多的生产活动和其他活动；否则，它的承载功能迟早会遭到破坏。

---

① 钱振明，2005. 城市管理学［M］. 苏州：苏州大学出版社.

(2) 经济功能。城市的经济功能是指城市在国家或地区的经济生活中所承担的任务与作用。城市的经济功能主要包括生产功能、流通功能、分配功能、消费功能，以及与其密切相关的信息功能、金融功能、科技功能、商业功能、运输功能等。经济功能是城市的基本功能中最重要的功能。

(3) 政治功能。在各种社会制度下，城市往往作为政治中心出现。在现代化城市中，这一功能仍然比较突出，这不仅因为城市是人类居住密集的地方，还因为城市有着较好的交通设施和舆论系统，所以统治阶级的政权机关一般设在城市。一个国家的首都不仅是这个国家的政治中心，而且是国与国之间政治交往的中心。比如各国使馆一般设在首都，国家之间频繁的外交活动通常也在首都进行，这样可以充分利用城市交通方便、信息传播快等有利条件。

(4) 文化功能。城市集中了全国绝大部分高等学校、科研机构、报社、出版社、电台、电视台、图书馆、博物馆、文化宫、体育馆、剧场等各种教科文化设施。正因为如此，城市中文化的生产能力一般要大大高于乡村。城市文化是直接与现代化生产方式联系在一起的，代表了人类文化发展的趋势。随着现代化交通工具的发展，城市文化功能将更加突出。

(5) 交通功能。交通是城市的重要功能。在一定范围之内，每一座城市都是与自身相对应的一个地区的交通中心，对各行业的发展具有巨大的影响。交通是城市的血液循环系统，只有很好地发挥交通功能，城市才能保持活力。[①]

2. 特殊功能。城市的特殊功能是指某一个或者某一类城市特有的功能，它更多地表现为城市的个性，这些功能往往与城市特殊的地理位置、环境条件、历史发展、经济特点有关。例如首都，它具有全国政治中心的功能，这是其他城市所不具有的；有些历史文化名城的特殊功能也是其他城市所不具备的；海滨城市与内陆城市相比，它的海运交通、海上贸易的功能也具有特殊性。特殊功能是相对于基本功能而言的，城市的特殊功能决定着城市的性质，也决定着城市的类型。

(二) 主要功能和辅助功能

1. 主要功能。主要功能是指在城市多种功能中对城市发展起决定作用，能够反映城市个性和特征的，并使之能够区别于其他城市的功能。一般来说。城市的特殊功能就是它的主要功能，如云南的丽江、河北的秦皇岛、江苏的苏州、安徽的黄山等一些风景名胜城市，文化旅游便是其主要功能。

2. 辅助功能。辅助功能是指在城市的多种功能中，除主要功能以外的其他功能。辅助功能并不是不重要、可有可无的功能，它们也是每个城市必不可少的，有的甚至十分重要。例如城市的教育功能就是如此。因为要知道一个城市是否繁荣，主要是看经济，经济的发展依赖科学技术，而科学技术的发展取决于教育。教育是这一切的基础，不能说教育功能不重要，但是也必须明确，必要不等于主要，两者不是同一概念，不能互换。一般来

[①] 殷体扬，1996. 城市管理学 [M]. 太原：山西经济出版社.

说，教育不可能成为一个城市的主要功能。

第四节 城 市 化

一、城市化的概念

"城市化"源于英文"urbanization"，在我国也被翻译为"城镇化"①。城市化一词的出现，至今已有一百多年的历史。城市化是一个涉及多方面内容的社会经济过程，不同学科从不同的侧重点给出各自的解读，并最终形成跨学科的综合性含义。

人口学对城市化的定义强调农村人口向城市的转移和集中，及其带来的城市人口比重不断上升的过程。如克里斯托弗·威尔逊（Christopher Wilson）在《人口学辞典》中指出，人口城市化指居住在城市地区的人口比重上升的现象。

经济学对城市化的定义强调的是农村经济向城市经济转化的过程和机制。如沃纳·赫希（Werner Hirsch）认为，城市化是指从以人口稀疏、空间均匀、劳动强度很大且个人分散为特征的农村经济转变为具有基本对立特征的城市经济的变化过程。

社会学意义上的城市化强调的是城市社会生活方式的产生、发展和扩散的过程。如著名美国社会学家路易斯·沃思（Louis Wirth）指出，城市化意味着乡村生活方式向城市生活方式发生转变的全过程。日本社会学家矶村英一认为，城市化的概念应该包括社会结构和社会关系的特点，城市化应该分为形态的城市化、社会结构的城市化和思想感情的城市化三个方面。

地理学的城市化定义强调人口、产业等要素由乡村地域景观向城市地域景观的转化和集中过程。日本著名地理学家山鹿城次指出，现代的城市化概念应该包括四个方面：一是原有市、镇的再组织、再开发；二是城市地域的扩大；三是城市关系的形成与变化；四是大城市地域的形成。

从广义上看，城市化是三个同时进行的过程：一是居住在市、镇地区的人口占总人口的比例的增长过程，即由于社会生产力的发展而引起的市、镇数量增加及其规模扩大，人口向市、镇集中的过程；二是市、镇物质文明和精神文明不断扩散的过程；三是区域产业结构不断转换，经济结构和社会结构发生本质变化的过程。从狭义上看，城市化就是农村人口转化为城市人口的过程。如我们平常使用的"城市化率"或"城市化水平"，就是指城市人口占总人口的比重。尽管狭义的"城市化"不够准确，但数据获取较容易、计算简单、便于比较，因此仍被广泛使用。

---

① 从党的十六大一直到党的十九大，党中央和国务院的一系列政策文件中对农村人口向各类城镇转移过程的表述都是"城镇化"，而国际上普遍使用"城市化"，"城镇化"是根据我国具体国情提出的较为恰当的说法。本教材中，对"城市化"与"城镇化"的使用不作区分。

二、城市化的度量及发展规律

(一) 城市化的度量

城市化涉及的概念十分广泛,对城市化进行度量并非易事。综合各方面的研究成果,目前对城市化进行度量的方法主要有两种,即单一指标法和复合指标法。

1. 单一指标法。目前世界上公认的城市化度量指标是以城市人口数占区域总人口数的比重来表示的,其计算公式为:

$$Y = \frac{U}{U+R} \times 100\% = \frac{U}{N} \times 100\% \tag{1-1}$$

式中,Y 为城市化率;R 为农村人口数;U 为城市人口数;N 为区域总人口数。

2. 复合指标法。随着人们生产生活方式的改变和都市文明的发展,现代社会的城市化不仅仅是人口的城市化,还表现在经济的城市化、社会的城市化以及生活方式的城市化等多方面。

测算城市化复合指标的典型方法是城市成长力系数法,该方法提出用 10 个复合指标来度量城市化率,包括地区总人口、地方财政年度支出额、制造业从业人数、商业从业人数、工业生产总值、批发业生产总值、零售业生产总值、住宅建筑总面积、储蓄额、电话普及率。其计算方法是:两个不同时期上述 10 个指标的增减额,除以各项指标的全国平均水平,再将所得标准值进行算术平均,所得结果即为该城市的成长力系数,即城市化率。[①]

由于城市化是一项系统过程,内涵丰富多样,因此度量方法也多种多样,但大多以多项社会、经济、人口等指标替代单一指标。虽然复合指标比较全面地概括了城市化内涵,但受限于其获取数据的可得性及计算的复杂性,在实际操作中多不被采用。

(二) 城市化发展的 S 形曲线

纵观世界城市化的过程,大体可分为起步、加速和成熟三个阶段。美国城市地理学家雷·M. 诺瑟姆(Ray M. Northam)通过观察、分析世界各国的城市化过程,于 1975 年提出城市化发展的一般规律:一个国家和地区的城市人口占总人口的比重的变化过程可以概括为一条较为平缓的 S 形曲线。他把城市化过程分成三个阶段,即城市化率较低、发展较慢的起步阶段(城市化率小于 30%),人口向城市迅速聚集的加速阶段(城市化率大于 30%、小于 70%),以及进入高度城市化以后城市人口比重增长又趋于缓慢甚至停滞的成熟阶段(城市化率大于 70%)。

西方发达国家从第一次工业革命开始到 1875 年以前为城市化的起步阶段。这个时期,城市化率低,城市化增长速度慢,但城市化率缓慢上升,城市化增长速度也开始缓慢提

---

① 张世银,2007. 城市化指标问题探析 [J]. 技术经济 (5): 86.

高，呈现"两慢"的特征。1875—1925 年为城市化加速阶段。这个时期，城市化增长速度迅速上升，在城市化增长速度的带动下，城市化率增长也加速，城市化增长速度和城市化率呈现"双快"特征。1925 年以后，为城市化推进的成熟阶段。这时发达国家平均城市化率已达到 50% 以上。由于城市化增长速度处于高位，城市化率仍然保持快速增长态势，但城市化增长速度在高位波动，总体上不再增长。城市化率与城市化增长速度变动呈现"双缓"特征。三个阶段合在一起就体现了城市化过程的三阶段规律，称为城市化过程的"S"形变化规律（又称诺瑟姆 S 形曲线）①（见图 1-5）。

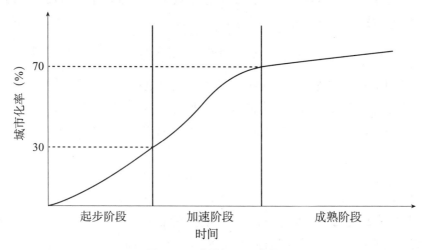

图 1-5 诺瑟姆 S 形曲线

S 形曲线的数学模型为：

$$Y = \frac{1}{1 + Ce^{-rt}} \quad (1-2)$$

式中，Y 是城市化率；C 是积分常数，表明城市化起步的早晚；t 是时间；r 是积分常数，表明城市化发展速度的快慢。随着系数 r 和 C 的取值变化，可以得出各种城市化的 S 形曲线。C 越小，表明城市化起步越早，反之则越晚；r 越大，表明城市化发展越快，反之则越慢。

（三）城市文明普及率加速定律

我们知道，当一个物体下落时，随着它与地面不断接近，其下落速度会显著加快，这便是重力加速度的原理。受物理学中重力加速度的启发，学者们提出了城市文明普及率加速定律。城市文明普及率是指城市聚落所在区域内，享受城市文明的人口数量占总人口的比例。城市文明普及率由城市化水平决定，但并不与城市化水平同步增长，而是随时间呈加速度增长的趋势。城市文明普及率加速定律是指城市化达到一定水平时，城市文明随着城市化水平的提高而在社会范围内的普及加快，享受城市文明的人数多于城市实际人口

---

① 魏后凯，2006. 现代区域经济学 [M]. 北京：经济管理出版社.

数，城市文明覆盖的区域大于城市面积，即城市文明普及程度高于城市化程度。这里的城市文明指的是现代先进的文明，包括先进的生产方式、生活方式，以及政治、经济、社会、文化等其他方面。

基于各方面资料分析推算，在城市人口占总人口的比例为10%以下时，城市的辐射力很弱，城市文明基本上只限于居住在城市里的人享受；当城市人口占总人口的比例达到20%—30%时，城市聚变引力效应加大，辐射力开始增强，城市文明普及率为25%—35%；当城市人口占总人口的比例为30%—40%时，城市文明普及率为35%—50%；当城市人口占总人口的比例超过50%时，城市文明普及率将达到70%左右；当城市人口占总人口的比例为70%—80%时，城市文明普及率有可能达到90%，甚至接近100%。[①]

三、城市化的类型

（一）集中型城市化和分散型城市化

根据城市化空间分布格局和人口集中方式变动的阶段，可将城市化分为集中型城市化和分散型城市化两种类型[②]。

集中型城市化主要发生在当代的发展中国家和发达国家早期，是农村人口及非农经济活动不断向城市集中的过程，城市人口占总人口的比例不断上升，农业、工业及其他产业占比彼此消长、不断变化；城市化水平与人均国民生产总值增长成正比；城市化不仅建立在第二产业、第三产业发展的基础上，也是农业现代化的结果。分散型城市化则主要发生在发达国家，是指城市经济活动、人口向外扩散，带动大城市城郊及其周围非城市地域迅速发展。在空间形态上又可分为两种形式：一是外延型或连续型城市化，即城市从地域上逐渐延伸，形成规模不等的"城市带"或"城市群"；二是飞地型或跳跃型城市化，即大城市为了长远发展需要，新建一个城市或使原有居民点发展为城市。[③]

（二）同步城市化、过度城市化和滞后城市化

将城市化与工业化的发展水平进行比较，可将城市化分为同步城市化（synchro-urbanization）、过度城市化（over-urbanization）、滞后城市化（under-urbanization）三种类型。

同步城市化是指城市化的进程与工业化发展水平趋于一致的有机城市化模式。此时城市化发展与经济发展呈正比例关系，城市人口的增长与城市发展相适应，与工业对劳动力的需求相协调，城市人口的增长与人均国民收入的增长也比较一致，农业人口转化为城市人口的数量与经济发展提供的城市就业量大体平衡，城市化的发展与农业提供的剩余农产品基本适应，城乡二元经济结构矛盾基本消失。城市地理学家认为，城市化率与工业化率之间合理的比例范围是 [1.4:1, 2.5:1]。

[①] 高佩义，2009. 城市化发展学原理 [M]. 北京：中国财政经济出版社.
[②] 周毅，李京文，2009. 城市化发展阶段、规律和模式及趋势 [J]. 经济与管理研究（12）：91-92.
[③] 陈鸿宇，1998. 区域经济学新论 [M]. 广州：广东经济出版社.

过度城市化是指畸形发展的城市化模式,其明显的特征是城市化的速度大大超过工业化的速度,城市化不是建立在工业化和农业发展的基础上,而是主要依靠传统的第三产业来推动城市的发展,工业化处于初级阶段,城市化质量较低。这种城市化模式在大多数发展中国家普遍存在。

滞后城市化是指城市化水平落后于工业化和经济发展的城市化模式。所谓"滞后",是说城市化率低于工业化率,城市化的水平落后于工业化和经济发展的水平。滞后城市化产生的主要原因是政府为了避免城乡对立和"城市病"的产生,采取了种种办法限制城市化的发展,结果使城市的聚集效益得不到很好的发挥,严重阻碍了工业化和农业现代化的进程及城市文明的普及。

(三) 郊区化、逆城市化、大都市区、大都市连绵带

郊区化是指城市在经历了绝对集中、相对集中以后的一种离心分散阶段。由于城市中心区地租高昂、人口稠密、交通拥挤、环境恶劣等,城市中心区人口、产业外迁,形成相对中心区而言的城市离心化现象。逆城市化是指城市人口、城市功能向郊区和小城镇扩散,它并没有改变人们的城市生活方式和价值观念。逆城市化不是城市化的反向过程,不是城市人口重新回归为乡村的过程,而是城市化发展的更高阶段。大都市区是以某一大城市或特大城市为核心,中心城市和城市边缘区共同构成相互关联并具有一定空间层次、地域分工和景观特征的巨型地域综合体。大都市连绵带是由在地域上集中分布的若干大城市和特大城市聚集而形成的庞大的、多核心、多层次城市群体,是大都市区的空间联合体。

(四) 自上而下的城市化和自下而上的城市化

从城市化推动力的角度看,可将城市化分为自上而下的城市化和自下而上的城市化两种类型。自上而下的城市化指城市化的推动力来自城市经济的发展,即来自城市对乡村的巨大吸引力和辐射力,包括农业人口向城市的涌动以及城市经济和人口向周围地区扩散导致的乡村城市化。自下而上的城市化指发展农业多种经营、乡镇企业,实行就近的空间转移和小规模的适当聚集,促进众多小城镇的形成和发展。这种城市化的推动力主要来自乡村经济发展,所以称为自下而上的城市化。[①]

四、我国城市化进程

我国大规模城市化进程起步迟缓,目前城市化水平与发达国家相比还偏低。发达国家城市化水平开始明显上升始于 19 世纪中期,经过一百多年的发展,它们的城市人口从那时占总人口的 10% 左右升至 20 世纪 60 年代的略高于 70%。发展中国家明显的城市化进程始于 20 世纪 20 年代,1920 年它们的城市人口约占总人口的 10%,到 1980 年升至 30% 以上。我国以较大的规模进行城市化始于 20 世纪 50 年代,比发达国家迟了约一个世纪,比

---

① 林国蛟, 2001. 城市化的类型、规律与特点 [J]. 观察与思考 (8): 20.

其他发展中国家也迟了约三十年。在 1950 年，我国城市人口占总人口的 11.2%，到 1978 年也只有 12.5%，1997 年升至 29.6%，接近其他发展中国家 1980 年的平均水平。自中华人民共和国成立至今，中国的城市化过程可以分为以下几个阶段：

第一阶段：城市化短暂健康发展阶段（1949—1957）

国家统计局数据显示，1949—1957 年，我国的城市化平稳发展，1949 年的城市化率为 10.6%，1957 年上升到 15.4%。第一阶段我国城市化平稳发展，归因于三年国民经济恢复以及第一个五年计划时期正确的经济发展路线和巨大的经济建设成就。

这一时期的城市化建设成就体现在城市数量和布局上：一方面，城市数量有所增加，1949 年 50 万人以下的城市有 98 个，1957 年增加到 140 个；另一方面，城市的空间布局有所调整，中西部地区出现一系列新兴工业城市，如包头、兰州、西安、太原、郑州、株洲、成都、乌鲁木齐等。

第二阶段：城市化波折探索发展阶段（1958—1978）

在我国城市化的第二个阶段，城市化进程跌宕起伏。1958—1960 年，我国城市化率由 16.2% 上升到 19.7%。1960—1963 年，城市化率连续下降，由 19.7% 下降为 16.8%，平均每年下降近 1 个百分点。引起这段时间城市化倒退的因素是多方面的：其一，"大跃进"错误路线的后果开始显现，国民经济主要比例关系失调，农业、轻工业减产，市场供给紧张，城市发展受到经济发展的限制；其二，面对经济困难，1961 年 6 月中央出台了减少城市人口的九条办法，并进一步提出精简城市职工的要求。根据中央要求，1961 年至少要减少 1 000 万城市人口，1962 年至少减少 800 万城市人口，三年内必须比 1960 年年底减少 2 000 万人以上，应当说，这是 1961—1962 年城市化率陡然下降的直接原因。

1963—1978 年，我国城市化基本处于停滞状态。这一时期，"文化大革命"造成的政治动乱导致生产发展缓慢、城乡分割严重，城市化裹足不前，城市规划因被视为搞修正主义而遭到废弃，城市建设毫无规划，城市布局混乱，城市环境遭到破坏。1958—1978 年，我国城市化进程基本上在原地踏步。应当说，经济的、政治的、自然的因素，人为的、客观的原因，共同解释了我国城市化第二个阶段的起伏波折。

第三阶段：城市化加速发展阶段（1979—2011）

这个阶段是中国城市化进程的重要转折点。改革开放政策的实施使得国家经济得到快速发展，城市化进程也开始加速。可以说，20 世纪 80 年代是中国城市化制度模式转型的分界线。20 世纪 80 年代以前，中国的城市化模式基本上是自上而下的发展模式。20 世纪 80 年代之后，随着中国经济体制改革的逐步深入，由民间触发的自下而上的发展模式开始出现。

1980 年 10 月，我国召开了全国城市规划工作会议，提出了控制大城市规模、合理发展中等城市、积极发展小城市的城市发展方针。此外，会议还具体规定：大城市和特大城市原则上不再安排新建大中型工业项目；利用中等城市有选择地安置一些工业项目，注意不要使其发展成为新的大城市；新建项目优先在设市建制的小城市以及资源、地理、交通、协作条件好的小城镇选厂定点，小城市和卫星城市的人口规模一般以一二十万人为宜。在这一城市发展战略方针的指导下，撤县改市的政策随之出台。1986 年 4 月与 1993

年 5 月，国务院先后正式公布实行新的设市标准。新的设市标准以及撤县改市，使城市数量尤其是中小城市的数量急剧增加，20 世纪 90 年代初期成为 1949 年后城市数量增长最快的一个时期。1980 年后我国城市数量迅速攀升，建制镇的数量在这一时期也大量增加（见表 1-2）。

表 1-2　我国部分年份的城镇数量　　　　　　　　　　单位：个

年份	地级市	市辖区	县级市	建制镇
1970	79	95	342	—
1980	107	458	113	2 173
1985	163	621	158	10 717
1990	185	651	279	12 084
1995	210	706	427	17 532
2000	259	787	400	20 312
2005	283	852	374	19 522
2010	283	853	370	19 410
2015	291	921	361	20 515
2020	293	973	388	21 157

注：由于数据缺失，1980 年建制镇的数量由 1978 年建制镇的数量替代。
资料来源：根据《新中国 60 年统计资料汇编》和历年的《中国统计年鉴》计算。

1993 年出台《中共中央关于建立社会主义市场经济体制若干问题的决定》，明确了土地使用权的出让制度，加强了土地二级市场管理。土地要素从无价到有价，开启了高价城市化的进程。从 1996 年开始，中国城市人口一路攀升，连续 8 年每年新增人口 2 100 万以上；2011 年，中国城市化率首次突破 50%，城乡结构发生历史性变化。

1996—2012 年，中国共产党领导的市场化改革不但促进了经济高速增长，也成为我国城市化发展的最大驱动力。随着工业化水平的迅速提升，人口转移速度加快，城市化也进入良性发展阶段。各级政府放宽户籍限制，强化城市建设力度，开发区（工业园区）建设、大中小城市扩张、乡镇企业增加等，成为推动国民经济快速发展的重要力量。在农村推力和城市拉力的共同作用下，国内人口流动速度加快，城市规模不断扩大，城市数量不断增加，城市人口占总人口的比例从 1996 年的 30.48% 升至 2008 年的 46.99%，至 2012 年已升至 53.10%，建制镇数量也达到 19 881 个，我国正式进入以城市社会为主体的新时代。

第四阶段：新型城镇化高质量发展阶段（2012 年至今）

2012 年 11 月，党的十八大召开，会议提出走中国特色新型城镇化道路的发展战略。2014 年颁布的《国家新型城镇化规划（2014—2020 年）》明确指出要"优化城镇规模结构，增强中心城市辐射带动功能，加快发展中小城市，有重点地发展小城镇，促进大中小城市和小城镇协调发展"。近些年，地方政府不断完善对城市外来人口的医疗、养老、失业、工伤等保险制度，同时逐步落实其工资、住房、子女教育方面的待遇。外来人口工作和生活条件的改善，极大地推进了我国城市化进程。

2010年，我国城市化发展进入注重质量发展的新阶段。2013年我国城市化水平超过中等收入国家，2020年年底地级及以上城市数量较1949年增加243个。与此同时，我国城市化增速变慢，城市化水平与发达国家相比仍有差距。一方面，2011年城市人口数量超过农村人口，可向城市转移的人口逐渐减少；另一方面，新农村建设、乡村振兴等相关战略实施，农村人口向城市转移的意愿减弱，农民工外出务工的人员数量基本处于零增长的状态，而且存在用工成本增加、资本替代劳动力、部分城市包容性差等问题。这些都是我国城市化进程放缓的原因。

从质量指标上看，我国城市化质量较低，区域间城市化水平差距较大，人地之间、城市之间、城市内部之间的结构失衡，城乡二元结构问题严峻，不完全城市化和被城市化问题突出。为此，2012年，党的十八大报告提出走中国特色新型城镇化道路，以实现城市化由数量型向高质量型转变。十八大以后，国家一系列保新型城镇化高质量发展的政策出台，为中国特色社会主义城市化建设指明了方向。农村人口市民化进程加快，土地、户籍、就业、教育、医疗及住房等相关领域的城市化配套政策相继完善，大型城市管理更加精细，特色小城镇加速发展，城市群、都市圈持续推进，城市空间分布趋向均衡。

这个阶段是中国城市化进程的转型期。2019年年末，我国常住人口城市化率达到60.60%，首次突破60%，并在2022年常住人口城市化率升至65.22%，城市数量达到691个。城市化进程已经进入一个新的阶段，政府开始强调城市化的质量和可持续性，推动城乡一体化发展，加强城市规划和管理，实现城市化和生态文明建设的协同发展。

思 考 题

1. 城市产生的原因是什么？
2. 简述城市最佳规模及城市化的度量方法。
3. 我国当前城市化进程处于诺瑟姆S形曲线的什么阶段？不同发展潜力的城市是否有不一样的诺瑟姆S形曲线？例如，资源依赖型城市是否会因资源枯竭而停止城市化？
4. 世界各大城市普遍的城市化发展阶段是怎样的？
5. 我国的城市化历程与德国、英国等欧洲发达国家有何区别？
6. 试分析我国城市化的未来发展趋势。

第二章 城市管理的主客体

> **学习目标**
> 1. 了解城市管理的主客体，明晰城市应该由谁来管理，以及管什么的问题
> 2. 理解现代城市管理与传统城市管理的联系和区别

城市管理主体即城市管理的责任承担者，它是关于由谁来管理城市的问题。在现代城市管理中，尽管政府仍是最重要的管理主体，但它已不再是唯一的管理主体。包括各种营利性组织、非营利性组织（non-profit organization，NPO）、非政府部门和广大居民在内的多元组织与个人，都是城市管理的积极参与者和责任承担者，同时也是重要的城市管理主体。

城市管理客体即城市管理的对象，它是关于城市管理管什么的问题。传统城市管理局限于城市自身的物质形态，如路灯、道路、桥涵、给排水、市容等，现代城市管理对象包括人、财、物、空间、信息等各种要素，涉及人口、土地、水资源、住房、建筑、交通、环境等诸多方面，尤其注重城市居民生活质量及城市的可持续发展。

第一节 城市管理的主体

按照组织机制的不同，可以把城市中的各种组织分为公共部门和私人部门两大类。公共部门主要基于一定的公共选择机制开展活动，私人部门主要通过市场机制开展活动。近年来，随着多种团体组织的出现，一些非营利性质、非政府性质的社会组织发展迅速，如基金会、慈善组织、研究学会、中介组织等，它们介于公共部门和私人部门之间，也被称为"社会部门"。现代城市管理需要发挥公共部门、私人部门和社会部门三大主体的不同作用。

一、公共部门

公共部门是以公共权力为基础组织起来的、对社会成员有强制性约束力的组织。公共部门一般是指政府及其附属机构，主要负责提供公共产品。公共部门负责管理公共事务，谋求公共利益，不以营利为目的。在传统意义上，城市政府是公共部门的唯一主体，政府垄断了公共事务的管理权，是公共产品的唯一供给主体。随着社会的发展和进步，一些非营利性组织和非政府机构也成为公共管理的重要主体，虽然政府作为公共部门唯一主体的地位和合法性受到挑战，但政府仍然是公共部门中最重要的行为主体。

由于从事城市经济活动、社会活动和创造特定城市环境的主体是全体居民及其组织，因而进行城市经济、社会和环境管理的第一主体应该是城市的全体居民及其组织。但全体居民及其组织的城市管理主体职能是通过委托—代理机制实现的，即全体居民及其组织将自己无法独立完成的公共管理职能让渡给城市政府。因此，城市政府只是全体居民及其组织的代理人，也是城市管理的第一责任人。

二、私人部门

所谓私人部门，即私人领域的行为主体，是指参加市场交换活动的各种组织和个人。私人部门以市场的自愿交易和自发秩序（市场机制）为核心机制来组织社会活动。

市场机制就是市场运行的实现机制，它作为一种经济运行机制，是人类有效配置资源的基本方式。城市资源的整合和运营，城市经济、环境和社会问题的治理都离不开市场机制。现代城市管理理论认同城市政府在城市管理中的主体地位和功能导向，同时也强调政府行为和市场行为的结合。

所谓企业，主要是指私有的、以商业（利润）为导向的组织的集合[1]，是市场的细胞和主体。其基本功能是为社会提供产品与服务，并以体现产品或服务供求变化的价格机制为基础组织个体自愿交换。企业参与城市管理也就是企业与城市政府、非营利性组织建立合作伙伴关系，利用其技术、管理、资本等各方面优势，在社会福利、环境保护、教育等领域支持公益事业、参与公共事务、提供公共服务和公共产品等。由此可见，城市的发展和完善离不开企业，企业也是城市管理的主体之一。

三、社会部门

社会部门是政府和企业系统之外的所有民间组织或民间关系的总和，它是官方政治领域和市场经济领域之外的民间公共领域。其组成要素是各种非政府和非企业的非营利性组

---

[1] 阿奇·B. 卡罗尔，安·K. 巴克霍尔茨，2004. 企业与社会：伦理与利益相关者管理［M］. 黄煜平，等，译. 北京：机械工业出版社.

织,包括市民的维权组织、各种行业协会、民间的公益组织、利益团体、同人团体、互助组织、兴趣组织和某些自发组织等,它们既不属于公共部门(第一部门),又不属于私人部门(第二部门),所以人们也把它们看作介于二者之间的第三部门(the third sector)。

需要说明的是,社会部门在我国通常有广义与狭义之分。广义的社会部门通常包括公共事业组织(即事业单位),如各类学校、科研机构、社会福利机构等。由于这些传统的公共事业组织与政府有着直接的联系,人们把它们归入广义的公共组织。本书主要介绍狭义的社会部门,包括非政府组织(non-government organization,NGO)和社会中介组织等。它们具有行业性较强的特点,为本行业及社会其他成员提供各种服务,在政府和企业之间起着桥梁中介作用,如旅游协会、律师协会、消费者权益保护协会、环保组织等。按照政府—非政府和社会—市场的组织分类如表2-1所示。

表2-1 按照政府—非政府和社会—市场的组织分类

	政府组织	非政府组织
社会组织(非营利性)	政府性社会组织: 政权组织 人民团体组织 对外团体组织 国有事业组织	非政府性社会组织: 学术性社团组织 行业性社团组织 专业性社团组织 群众性社团组织 民办事业组织
市场组织(营利性)	政府性市场组织: 国有企业及国有绝对控股的企业	非政府性市场组织: 各类公司制企业 各类非公司制店铺

资料来源:钟贤宾,2001. 社会组织的分类及其意义[J]. 上海改革(5):32-36+31。

社会部门是相对独立于政治国家的民间公共领域,其基础和主体是各种各样的非营利性、非政府组织。在城市发展中,政府职能主要体现在宏观经济管理和社会发展的总体协调上,而社会组织的注意力往往偏重微观方面的公共事务,在微观方面它可能比政府做得更好。随着现代城市政府职能的优化,越来越多的社会组织正填补着城市政府与市场组织遗留的空白,提供城市政府不能有效提供的公共产品和公共服务,构成城市政府和市场组织以外的又一个城市管理主体。

第二节 不同主体在城市管理中的作用

城市政府、市场组织、社会组织分别是政治领域、经济领域和社会领域中的主体。虽然三者承担的社会角色和发挥的作用不同,但它们共同构成了一个完整的有机体。城市政府的主要职能是通过不断完善社会福利制度,为社会成员提供基本的社会保障;市场组织则是通过市场机制提供各种产品和服务,以满足社会总体需求;社会组织则是根据团体的宗旨和使命,运用团体本身的机制和功能提供专业性的服务,满足不同群体的特殊需要。三者从不同角度出发，为了城市发展的共同目的，发挥不同的主体作用，形成"共治"格局。

一、政府的职能与政府失灵

（一）政府的职能

由公共部门直接提供公共产品是政府主导的城市管理模式的特点。尽管多元化的城市管理强调要把传统上由公共部门提供的公共产品转移出去，但仍然有一些基础性的东西是需要公共部门提供的。世界银行在《1997年世界发展报告：变革世界中的政府》中强调："有5项基础性任务处于每个政府使命的核心地位，如果这5项任务不完成，就不能取得可持续的、共享的、减少贫困的发展。这5项任务分别是：建立法律基础；保持非扭曲的政策环境，包括宏观经济的稳定；投资于基本的社会服务与基础设施；保护承受力差的阶层；保护环境。"[①] 政府的职能如表2-2所示。

表2-2 政府的职能

政府职能	解决市场失灵问题			促进社会公平
基本职能	提供纯粹的公共产品： 国防 法律与秩序 财产所有权 宏观经济管理 公共医疗卫生			保护穷人： 反贫穷计划 消除疾病
中型职能	解决外部效应： 基础教育 环境保护	规范垄断行业： 公用事业政策 反垄断政策	克服信息不完整： 保险 金融法规 消费者保护	提供社会保险： 再分配性养老金 家庭津贴 失业保险
积极职能	协调私人活动： 促进市场发展 集中各种举措			再分配： 资产性再分配

资料来源：世界银行，1997.1997年世界发展报告：变革世界中的政府[M].蔡秋生，等，译.北京：中国财政经济出版社.

（二）政府失灵

虽然政府可以健全城市管理，但这并不意味着政府是万能的。公共政策是在不完善的政治程序下制定的，于是就出现了"政府失灵"现象。

1. 政府行为中的两重利益问题。政府干预是政府官员对权力的运用，通常人们认为权力的运用应该充分考虑公共利益。但实际上政府既有公共利益的因素，又受到特殊利益的影响，导致政府行为同时受到社会目标和集团目标的约束（见图2-1）。由于城市政府

[①] 世界银行，1997.1997年世界发展报告：变革世界中的政府[M].蔡秋生，等，译.北京：中国财政经济出版社.

的官员也具有"经济人"的特征,其行为可能发生偏差,其动机也并不必然代表广大城市居民的利益,因此政府决策很难达到帕累托最优,也无法实现资源的最优配置。

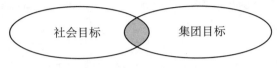

图 2-1　政府行为的两种目标

在图 2-1 中,社会目标是公共利益的目标,集团目标是特殊利益的目标。对于两个目标相重合的部分,则可以理解为社会目标与集团目标的整合。例如,政府对城市的一个大项目进行投资,它客观上可能对城市的长期发展有利,在很大程度上也可能是城市政府官员出于政绩的考虑。

2. 政策和计划中的问题。政府干预的主要手段是政策和计划。政府政策的短期性、局部性,政府计划的主观性、被动性,加上政策和计划往往受到某些利益集团的影响以及政府自身利益的驱动,必然造成政府政策的偏差和政府的低效率,政府计划实施的高成本以及资源的浪费。因此,仅靠政策和计划来配置资源无法达到帕累托最优。

3. 权力集中和部门自我扩张的问题。政府干预涉及权力集中和部门扩张。在监督机制不完善的条件下,权力过分集中和部门自我扩张便于政府部门开展寻租活动,并可能进一步导致权力滥用与腐败问题。最常见的寻租活动就是官员利用政府行政权力阻碍经济要素在各经济部门之间的自由流动,抑制公平竞争,以维护其既得权益。更严重的寻租活动则包括行贿受贿、走私贩毒等。寻租活动的背后就是滥用权力、以权谋私,这必然导致腐败。

4. 政府工作效率低下。由于政府工作在纵向和横向两个维度上都缺乏竞争,对政府官员来说,他们没有提高效率的动力。从政府运作成本的角度看,政府部门的活动大多不计成本,即使计算成本也难以精确。由于缺乏降低成本的内在动力机制,政府的政绩往往是以不计成本为代价的,这必然造成资源的浪费。

5. 监督信息的不完备。监督机制的不完善和信息的不充分,会造成监督者反被监督者操纵的情况,这样政府监督就会失效。

(三) 我国城市管理中的政府失灵现象

城市管理中的政府失灵,使得政府在决策、执行、监督、检查等过程中发生失误或偏离公共利益的目标,产生不同程度的消极结果。我国城市管理的政府失灵现象大致包括以下三种情况:

1. "管不了",即政府的管理跟不上时代的变迁,该管的没管到。当前,一方面,经受着现代化洗礼和改革开放的中国城市,出现了大量以往从未经历过的经济、社会、环境问题;另一方面,在经济全球化和政治民主化的历史趋势下,城市在经济网络和政治网络中的作用、地位都发生了巨大的改变,这种改变也需要政府对此作出积极的反应。但是政府处理新问题往往跟不上时代的变化,政府职能转变的滞后与城市化不断提速、城市品位要求提高和经营城市范围日益扩大，构成了尖锐的矛盾。

2. "管不好"，即城市管理虽达到预期目标，但投入与产出的比例失衡，管理成本高，造成资源的浪费和管理效率的低下。一方面是公共资源的稀缺，政府财政负担重；另一方面是高昂的管理成本、公共资源的浪费。许多城市计划体制所形成的部门分割造成管理多头、信息分割、资源浪费，影响了发展效率。因此，如何提高公共资源的利用效率，控制好投入与产出的比例，提升城市管理的效率是政府改革中必须解决的问题。

3. "管错了"，即不该由政府管的，政府却管了。城市政府的管理职能过大是我国城市管理中的关键问题。长期以来计划经济的操作模式导致城市政府管理权限的"畸形"膨胀。尽管我国社会主义市场经济体制的确立要求"政企分离""政事分开"，但要使政府完全从微观管理转向宏观调控，还需要一个过程。现实的情况是，政府不是毫无利益的纯组织（pure organization），虽然市场经济要求政府从许多领域中退出来，但这一过程不是单纯削减职能的过程，同时还极有可能会减少政府相应的客观或隐含利益。此外，由于政府职能设置不科学，职能重叠的公共部门甚至可能为了各自部门的利益"争着管"，导致公共资源浪费。

二、市场的作用与市场失灵

（一）市场的作用

营利性组织的基本作用是为社会提供产品与服务，并以体现产品或服务供求变化的价格机制为基础组织个体自愿交换。在当今的城市管理中，民营企业正在越来越多地配合政府为城市提供公共产品和服务，它们的介入可以克服政府包揽公共事务管理的传统弊端，从而提高城市管理的效率与效益。现实中由民营企业提供公共产品和服务的方式有以下几种：

1. 签订合同。城市政府与民营企业就公共产品的提供与管理签订合同是较常见的方式。适用于这类方式的公共产品主要包括具有规模经济效益的城市基础设施，也包括一些公共服务行业可提供的服务，如城市工程服务、规划设计、垃圾清理、法律服务等。我国自改革开放以来，采用建设—经营—移交（build-operate-transfer）模式发展收费公路、废水处理设施、发电站、城市地铁等就属于此类方式。

2. 授予经营权或部分合作。有许多城市公共项目都可以用授予经营权的方式委托民营企业来经营，比如供水、提供通信服务、供电等。另外，一些城市公共项目（如部分电视、广播、电影制作、报刊书籍等），可以采用合作办节目、合作拍片、合作出书等方式。

3. 经济资助。地方政府对民营企业提供的城市公共产品，可以以发放津贴、优惠贷款、无偿赠款、减免税收、直接投资等多种形式对其进行经济资助。这种方式主要适用于城市住宅、博物馆、图书馆、教育、卫生、科技等领域。

（二）市场失灵

一方面，作为一种政府财政之外的资源存在方式，来自民营企业的税收，为政府实现公共管理目标提供了所需的物质资源；另一方面，民营企业固有的权力分散可以对政府权力形成制衡，是国家强盛与民主治理的必要保障。因此，在西方资本主义国家，企业被视为一种促进人类进步的重要力量，既是政府的制约者，也是政府的支持者。但是，对企业力量的肯定，并不能抹杀市场机制的先天缺陷与不足。按照政府干预的经济学原理，市场失灵和对公平的关注为政府干预提供了理由。所谓市场失灵，是指"一系列状况，在这些状况下，市场经济不能有效地配置资源"①。城市管理中的市场失灵通常有下列一些情况：

1. 公共产品。经济学常识告诉我们，公共产品具有非竞争性和非排他性的特点。使用者对公共产品的消费并不减少它对其他使用者的供给，同时使用者不能被排除在对该公共产品的消费之外。这些特征使得对使用公共产品进行收费是不可能的，因而私人部门就没有提供公共产品的积极性。例如，城市中的各类基础设施具有公共产品的某些属性，城市发展需要良好的基础设施，但私人部门通常认为提供基础设施无利可图或至少在短期内无利可图，因此城市中的很多基础设施是由政府提供和管理的。

2. 外部效应。当生产或消费的私人成本（或私人利益）与社会成本（或社会利益）产生背离时就会出现外部效应。在城市中，环境污染是负外部效应的一个例证。污染排放者利用资源（空气、水和土地）来倾倒污染物，却不支付资源使用费，这样就将他们的成本强加给了整个社会；基础教育使城市中的广大居民具有文化，从而给整个社会带来了广泛收益，这是基础教育的正外部效应。

一般来说，具有公共产品性质和具有正外部效应的物品在市场上往往供不应求，而具有负外部效应的物品在市场上则供大于求。比如地铁的发明使广大的城市居民受益。虽然城市得到的外部效应远大于发明者付出的成本，但是发明者一般只能得到其发明带给城市利益报酬的一部分。这样不利于鼓励正外部效应的产生，同样也很难实现资源的最优配置。在这些事例中，通过法规调控、税收、补贴或直接提供公共产品，政府可以减少负外部效应、增强正外部效应，从而提高社会的整体福利水平。

三、社会的作用与志愿失灵

（一）社会的作用

由政府的行政性行为与企业的市场性行为组成的传统二维机制，既有功能优势，也存在所谓的政府失灵和市场失灵。正是在这个前提下，要求引进社会部门等新的组织要素。社会部门的主要作用体现在收容、救济、医疗、办学、文化和社会服务等方面。具体来看，社会部门在公共服务中的主要作用在于：影响政府的公共政策、监督市场和政府、直接提供公共服务、维护良好的社会价值、培育积极的公民精神和扩大社会参与。其中，社会部门在直接参与社会事务管理的过程中，能够发现许多公共问题。同时，社会组织通过广泛运用影响力，如提供信息、陈述请愿、参与诉讼、直接代表，影响大众传媒和公共政

---

① 世界银行．1997．1997年世界发展报告：变革世界中的政府［M］．蔡秋生，等，译．北京：中国财政经济出版社．

策过程。另外，社会部门通过持续的分析研究，为政府政策的制定和执行提供意见或建议，从而实际参与社会治理过程。

（二）志愿失灵

社会部门似乎是政府和企业的中和——同时具有公共责任与私人运作方式，它所承担的公益服务使命、所具有的弹性工作方式、灵活的顾客需求反馈以及志愿性的公民参与，都使其以一种迥异于政府和企业这两大基本组织制度的形式出现在公众面前，并被视为居民与政府和企业联系的纽带，承载着提高社会福利水平的希望。但是，社会部门作为人类服务的提供者，并不能完美解决政府失灵与市场失灵的问题，其自身也存在内在的局限性。志愿失灵理论指出了社会部门的五大缺陷[①]：

1. 慈善不足。社会部门活动所需要的开支与所能获取的资源之间存在巨大的缺口。就获取资源的方式而言，政府的特征是"强制"，企业的特征是"自愿"和"互利"，而社会部门的特征是"自愿"和"公益"。社会部门用来"生产"公共产品的资源有三个来源：社会捐赠、服务性收费和政府资助。社会捐赠通常只占社会部门资源的很小一部分。服务性收费是一个很敏感的问题，过高很容易使居民反感，受到居民的抵制，而且这不符合非政府组织的初衷，一般来说，社会部门不会将其作为主要资源来源。因此，不论是过去还是现在，政府资助一直是社会部门资源的主要来源，在其预算开支中占主要份额，并还处于上升趋势。但由于新公共管理运动和政府重塑运动，政府越来越没有能力和意愿过多地支持社会部门。

2. 家长作风。实际掌握经济资源的人对如何使用资源有较大的发言权，他们所做的决定往往既不征求多数人的意见，也不必对公众负责和接受公众监督。

3. 业余性。社会部门强调的是志愿性、义工服务，工作常常由有爱心的志愿人士担任，这不可避免地会影响组织绩效和产品质量。同时，由于社会部门不能提供有吸引力的工资待遇，很难吸引专业人员加盟，这也影响社会部门功效的发挥。

4. 对象的局限性。正如前面所提到的，作为应对政府失灵的一种方式，社会部门活动的对象往往只是某些特定的社会群体，如特定的种族、特定的宗教、特定区域的居民、特定的性别和年龄。由于不同社会部门筹集资源、组织动员的能力不同，不同群体获得的服务肯定会不同。以慈善活动为例，如果每个群体都要建立自己的慈善机构，很多机构提供的服务就很难产生规模效应，或者成本很高、效率很低。

5. 被环境同化的可能。任何一种组织的存在都是以反应迅速和管理高效为目标的，社会部门也不例外。政府组织与市场组织是两种成功的组织形式，它们的结构和运转方式也是社会部门可以模仿和选择的，所以社会部门的官僚化倾向和组织目标的转移也就在所难免。

因此，莱斯特·M. 萨拉蒙（Lester M. Salamon）曾断言，"匮乏的地方资源、深刻的

---

① 莱斯特·M. 萨拉蒙，2008. 公共服务中的伙伴——现代福利国家中政府与非营利组织的关系 [M]. 田凯，译. 北京：商务印书馆.

宿命感以及经常被穷人包围着的疑虑,意味着主要依靠自发志愿活动的发展几乎是注定要失败的。"① 此时就应该由政府部门介入,弥补相关的服务不足。

四、主体的契合——城市治理

为了确保城市管理目标的实现,政府应与企业及社会部门分享权力、共担责任,建立由公共部门、私人部门与社会部门组成的多元化的城市治理结构,推进城市的可持续发展(见表2-3)。

表2-3 三大部门特征比较

项目	公共部门	私人部门	社会部门
领域	公共领域	私人领域	社会领域
层级	高层	低层	中层
力量	政府力量	市场力量	社群力量
权力	公共权力	资本权力	社会权力
原则	公义与秩序原则	利润与效率原则	自主与参与原则
职能	政府宏观职能	微观经营职能	中层社会职能
关系	权威关系	契约关系	社群关系

在多元主体共存的管理模式中,城市政府依然是城市管理中不可替代的组织者和指挥者,政府的行为影响并决定着其他城市管理主体的活动方式和活动效果;营利性企业和非政府组织则是配合政府为城市管理提供服务和产品的组织,它们的介入可以克服政府包揽管理事务的传统弊端,从而提高城市管理的效率与效益;社会公众则是城市管理主体中的基础细胞,他们的参与使城市管理的机制从被动外推转化为内生参与,是现代化城市管理的重要动力。

(一) 治理的内涵

治理又称管治,对应英文中的"governance",不同于通常意义上的管理(management)。治理理论的创始人之一詹姆斯·N. 罗西瑙(James N. Rosenau)在其代表作《没有政府的治理》(*Governance without Government*)中将治理界定为一系列活动领域里的管理机制,它们虽未得到正式授权,却能有效发挥作用。与统治(government)不同,治理指的是一种由共同的目标支持的活动,这些管理活动的主体未必是政府,也无须依靠国家的强制力量来实现。② 从这一定义中可以发现:治理是多元主体围绕一个或一组共同目标的活动;治理的方式依据参与的主体而定,因而具有多样性。统治与治理的区别如表2-4所示。

---

① SALAMON L M, 1994. The rise of the nonprofit sector [J]. Foreign Affairs (4): 16-39.
② 王浦劬,谢庆奎,2003. 民主、政治秩序与社会变革 [M]. 北京:中信出版社.

表 2-4 统治与治理的区别

项目	统治	治理
利益关系	自上而下、单向性	纵横交错、立体网络
权力主体	政府	政府与非政府组织
组织制度	正式制度	正式制度与非正式制度
行政依据	人治	法治
治理手段	单一、简单	多元、灵活
治理方式	控制、命令	协调、合作
资源分配	政府统一分配	市场利益调节

资料来源：刘彦平，2005. 城市营销战略［M］. 北京：中国人民大学出版社.

对治理权威性与代表性的定义来自全球治理委员会 1995 年的报告《我们的全球伙伴关系》。报告指出：治理是各种公共的或私人的个人和机构管理共同事务的众多方式的总和。治理是使相互冲突或不同的利益得以调和、各方采取联合行动的持续过程，既包括有权迫使人们服从指示的制度和规则，也包括人们同意或以为符合其利益的非正式制度安排。治理有以下四个特征：①治理不是一整套规则，也不是一种活动，而是一个过程；②治理过程的基础不是控制，而是协调；③治理既涉及公共部门，也包括私人部门；④治理不是一种正式制度，而是持续的互动。[①]

总之，治理是一种在政府与市场之间进行权力和利益平衡及再分配的制度性理念，也是人们追求最佳管理和控制的一种理念。这种理念不是集中的管理和控制，而是多元、分散、网络型及多样性的管理。其基本特征为：它是一种综合的社会过程，以协调为基础，涉及广泛的公私部门及多种利益单元，有赖于社会内部的持续相互作用。

（二）城市治理

目前，城市治理尚无一个被普遍认可和接受的定义。在国外，大都市政府普遍面临政府失灵、市场失灵的困境，寻求政府与非政府组织和市场手段相结合的办法解决大都市问题已经成为各国大都市政府的共识。城市治理是指在复杂的环境中，政府及其他组织和社会公众共同参与管理城市的方式。在此过程中，城市政府通过协调其内部、政府与市场、政府与政府、政府与跨国公司、政府与社会公众及其他组织之间的关系，以合力提升城市的综合竞争力。

与传统城市管理强调政府对城市公共事务的一元化管理不同，城市治理的理念强调城市公共产品的提供和管理可以由不同的组织来实现，不同的组织在城市治理中有着不同的作用。戴维·奥斯本（David Osborne）和特德·盖布勒（Ted Gaebler）在《改革政府：企业家精神如何改革着公共部门》一书中对三大部门各自的职能差异和优劣做过精练的评述（见表 2-5）。

---

① 王浦劬，谢庆奎，2003. 民主、政治秩序与社会变革［M］. 北京：中信出版社.

表 2-5 三大部门在城市治理中各自的适合任务

项目	公共部门	私人部门	社会部门
政策管理	有效果	无效果	取决于环境
管理实施	有效果	无效果	取决于环境
保证公平	有效果	无效果	有效果
防止歧视	有效果	取决于环境	取决于环境
防止剥削	有效果	无效果	有效果
提高社会凝聚力	有效果	无效果	有效果
经济任务	无效果	有效果	取决于环境
投资任务	无效果	有效果	取决于环境
产生利润	无效果	有效果	无效果
提高自给自足的能力	无效果	有效果	取决于环境
社会任务	取决于环境	无效果	有效果
需要志愿者劳动的任务	取决于环境	无效果	有效果
产生微利的任务	取决于环境	无效果	有效果
提高个人的责任心	无效果	取决于环境	有效果
加强社区管理	取决于环境	无效果	有效果
提高对他人福利的责任心	取决于环境	无效果	有效果

资料来源：戴维·奥斯本，特德·盖布勒，2006. 改革政府：企业家精神如何改革着公共部门［M］. 周敦仁，等，译. 上海：上海译文出版社.

1. 公共部门的机构在以下方面被认为是合适的：政府管理、管理实施、保证公平、防止歧视、防止剥削、提高社会凝聚力。但在经济任务、投资任务、产生利润、提高自给自足的能力、提高个人的责任心方面无效果。

2. 私人部门的机构在以下方面被认为是合适的：经济任务、投资任务、产生利润、提高自给自足的能力，因为有利可图会吸引投资者并驱使民营企业去模仿竞争者。但私人部门在公共部门有效的地方往往是不成功的。

3. 社会部门擅长下列任务：社会任务、需要志愿者劳动的任务等。社会部门存在的问题是：社会部门的组织通常有特定的服务对象而排斥其他群体。在执行需要自己产出大量资源的任务上，受制于规模不经济，社会部门的组织所取得的效果均不如公共部门和私人部门，因此需要很多有特长的职业人员。

总结以上有关三大部门及其行为机制的讨论，可以认为：

1. 政府的活动虽然具有社会公益性（公共权力起主要作用，服从公义与秩序原则），但政府是通过等级式的国家体制运作的，其行为带有强制性。

2. 企业是通过网络型的市场体制运作的，人们自愿、平等地在市场中从事经济社会活动，但市场体现的是利润趋向的功利力量（资本权力起主要作用，服从利润与效率原则）。

3. 社会组织从事社会公益性活动，但它是通过非强制、非等级、非利润趋向的社会体制（社会权力起主要作用，服从自主与参与原则）运作的，是由为社会奉献的道德力量所驱动的。正是非政府组织的独特性质，使它在政府与企业面对一些重大问题感到乏力的情况下起到了独特的作用。

在多元主体治理城市的前提下，主体之间的协调与协作非常重要。治理的最终目标正是要实现主体的契合以及在此基础之上的良好治理。

(三) 实现良好治理的原则

治理的最终目标是实现良好治理（good governance，也可称为"善治"或"良治"）。它的本质特征在于：它是政府与市民对公共生活的合作管理，是政治国家与市民社会的一种新型关系和最佳状态。为实现良好治理，城市政府和其他主体进行的行动应秉承以下原则：

1. 良性参与（participation）

城市常住人口的共同参与是良好治理的重要基石。这种参与或是直接的，或是以合理合法的制度为媒介来施行。前提是，参与者有必要被告知并且统一组织起来。在我国的城市管理实践中，良性参与要求每一个阶层都能够拥有足够的话语权，且降低踏板效应①对弱势群体的影响。

2. 遵守法规（rule of law）

良好治理需要一个以公平的法律为基础的制度框架，这一框架必须被公正的使用，用来维护民众的权益。独立司法和公正清廉的警察机关是实现良好治理的最基本条件。

3. 透明（transparency）

透明意味着决策的制定和执行是遵照法规与条例来完成的。同样，透明还意味着对于那些可能会受到决策制定和执行的影响的人群，信息可以自由地并且以容易理解的形式获取。

4. 回应（responsiveness）

良好治理要求公共机构能够在一个合理的时间跨度内实现对各个利益群体或个人所要求的服务进行回应。例如，日本东京都市圈在城市管理的过程中，根据东京城市特点和常住人口需求，设置不同种类事件的最短响应时间，提高了当地民众的满意程度。

5. 舆论导向（consensus orientation）

在治理过程中，应当努力调节不同利益主体的诉求，即达成一个多数人满意且负面影响最小的结论，从而推动社会的发展。构建良好舆论导向的出发点是主体之间通过利益的边际调整，实现多元主体的共赢，提升总效用，降低社会总成本。在这个过程中，还要注重对受损主体给予适度补偿。此外，还必须关注如何引导舆论，以及多数人利益实现中"摩擦"的产生和疏导。

6. 公正与宽容（equity and inclusiveness）

公正与宽容包括两方面的内容：一是不排斥任何一个群体，如现代城市中越来越常见的灵活职业者、进城务工的打工阶层、残疾人等群体；二是公正对待任何一个主体，在管理的层面上要努力做到公平对待城市管理的各个主体，以规范的制度保障其权益。此外，

---

① 城市经济学对投票理论有着深刻的研究，城市中弱势群体的声音被埋没可归因于中间人定理、多数占先原则等。同时，某一群体在达到目标后的行为转型（也被称为"踏板效应"）也会影响良性参与的实现。

城市中的弱势群体仅仅依靠自身的能力和资源禀赋不能获得与社会其他成员同等的利益，因此保护弱势群体、为他们提供平等的竞争机会是城市管理的基本要求。

7. 有效且高效率（effectiveness and efficiency）

有效且高效率首先是指对资源的有效利用。由于资源自身的离散性，城市管理者应当更多地考虑如何对其加以利用。其次，任何决策都需要时间，在一定的情况下，必须适度追求效率。相对于私人事务来说，公共事务牵涉较多的利益相关者，多人达成共识总是需要时间的，所以公共事务的敏感性比较差；即使城市管理者在短时间内可以认识到问题所在，决策也会产生时滞。因而，在特定的情境下，追求效率而牺牲公平是无法避免的。这就要求城市管理者未雨绸缪，设想足够的发展情境，以应对不确定的未来。

8. 可计量且财政可行（accountability）

无论是公共部门还是私人部门，都必须面临预算和其他资源的约束，且应当尽力把资源的投入与产出纳入可计量的范畴。"accountability"也可以认为是"有责任的"，负责、尽职是城市管理者必备的素质，无论是公共部门、私人部门还是社会部门的组织，都应对组织的利益相关者负起相应的责任。

良好治理除了以上八个原则，还包括无缝隙政府（seamless government）、满足民众合理需求等表现形式。

无缝隙政府以一种整体而非各自为政的方式为民众提供服务；并且，无缝隙政府的一切都是"整体的、全盘的"，它是一个完整统一的整体，无论是对官员还是对民众而言，它持续传递的都是一致的信息。把层级节制的官僚机构转变为无缝隙政府的"政府再造"过程，就是创建面向民众、服务民众的创新型组织，以满足民众无缝隙的需要，提升政府的绩效和服务质量的过程。民众导向、竞争导向、结果导向是创建无缝隙政府的重要内容。①

满足民众合理需求则要求政府在管理过程中将管理作为一种产品提供给民众，具体要做到：①努力提升各产品的价值，以满足民众需求，特别是他们的个性化需求；②以无缝隙的方式追求成本的最小化，这里说的成本就是民众在使用公共产品过程中的费用与付出，它表现为民众所支付的货币成本与整个过程所消耗的时间、体力、精力等非货币成本的总和；③强化政府"内部顾客"意识，内部顾客是指公务员，因为作为内部顾客的公务员在政府管理过程中的参与程度和积极性在很大程度上影响着"外部顾客"（民众）的满意度；④增强政府与民众之间的沟通和互动。②

第三节 我国城市管理主体的构成

目前，我国城市管理主体主要有中共市委、市政府、准政府组织等。随着市场经济的

---

① 拉塞尔·M. 林登，2002. 无缝隙政府：公共部门再造指南 [M]. 汪大海，吴群芳，等，译. 北京：中国人民大学出版社.

② 钱振明等，2005. 善治城市 [M]. 北京：中国计划出版社.

发展和社会力量的增强，执政党和政府不再全面包揽城市公共事务，社会组织、企业和市民也参与城市管理。根据是否拥有制定和执行公共政策的权力，可将城市管理主体分为两大系统，即权力主体和非权力主体。

一、权力主体

对于权力，马克斯·韦伯（Max Weber）认为，权力意味着在一种社会关系里哪怕是遇到反对也能贯彻自己意志的任何机会，不管这种机会是建立在什么基础之上。① 从韦伯对权力的定义中可以看出，权力实质上就是一种通过支配他人以实现个人、集体意志的能力。权力运行是指权力主体为实现特定目的而运用和行使权力的过程；或者说，权力运行是指权力被运用或行使的过程。权力运行必须遵守四项原则，即民主、法治、制约、责任。

权力主体为实现城市发展的目标而运用和行使权力的过程也要遵守上述原则，否则其权力运行便不具有合法性。在城市管理这项活动中，权力主体的权力主要包括议决权、执行权和行政权。

议决权是决定城市应该如何治理的权力，显然这取决于全体城市常住人口的意愿。由于现代城市的常住人口数量较多，城市的流动人口比例越来越大，不具备全体参与的条件，所以议决权要通过选举产生的代表机构来承担。为了能够尽可能地将城市常住人口的不同意愿表达出来，需要代表机构通过会议的形式，经过充分的讨论，然后在此基础上达成共识、取得多数人的认同。也就是说，议决权需要一个有相当规模的代表机构通过会议形式来实现。② 在我国城市中，这个机构的具体形式包括城市的各级人民代表大会及其常委会。③

执行权是决定如何实现城市常住人口对城市治理的愿望的权力。它需要通过一系列具体活动来完成，且这些具体活动是最经济有效的。执行权通常需要而且只能有一个人或一群人（委员会）来最终实现。

行政权是对社会事务实施公共管理的权力，它是一种管理性的权力。执行权需要由多个有一定规模的工作机构来行使，而这些机构作为相互关联但分工各异的工作部门，也需要有一个总的负责人来协调、指挥、监督。在当代城市中，行政权主要是由城市政府的各行政机关来行使的。

在我国，城市权力主体主要包括执政党和政府两大主体，广义的政府由中共市委、城市权力机关、城市行政机关和城市司法机关共同组成。

---

① 马克斯·韦伯，1997. 经济与社会（上卷）[M]. 北京：商务印书馆.
② 马彦琳，刘建平，2005. 现代城市管理学[M]. 北京：科学出版社.
③ 目前，我国各级人民代表大会的选举仍然以户籍人口为基数进行。在人口流动性越来越大的现实背景下，城市常住非户籍人口的权力实现已经成为影响很多城市发展的重大问题。

（一）中共市委

中国共产党在城市内建有完整的组织体系，由市委全面统一领导城市政权和各项事业。市委按照总揽全局、协调各方的原则，全面领导市人大、市政府、市政协以及人民团体开展工作。市委委员由市党代会选举产生。市党代会每五年举行一次。市委全体会议选举产生由常务委员、副书记和书记组成的常委会，并报上级党委批准后成立。常委会在市委全体会议闭会期间行使市委职权。市委设有办公厅（室）、政策研究室、组织部、宣传部、统战部、教育工委、经济工委、政法委员会等工作部门。市纪律检查委员会是维护和执行党的纪律的专责机关，接受市委和上级纪检委双重领导。

（二）城市权力机关

城市权力机关是市人大。直辖市和设区的市的人大由下一级人大选举的代表组成，即通过间接选举产生。不设区的市和市辖区的人大由选民直接选举的代表组成。市和市辖区的人大每届任期五年，每年至少举行一次会议。市人大常委会是市人大的常设机关，也是市人大闭会期间行使权力的机关。市人大常委会的组成人员不得担任市行政机关、司法机关的职务。市人大常委会每届任期五年，每两个月至少举行一次会议。

（三）城市行政机关

市政府是市人大及其常委会的执行机关，也是城市行政机关。市政府执行市人大及其常委会的决议，对市人大及其常委会负责并报告工作，接受市人大及其常委会的监督。作为城市行政机关，市政府必须执行上级行政机关的决议和命令，对上级行政机关负责并报告工作。市政府实行行政首长负责制。市长对市政府的全部工作负全面责任。市人民政府设有若干工作部门。

（四）城市司法机关

城市司法机关由法院和检察院组成。法院是审判机关，代表国家独立行使审判权。检察院是法律监督机关，代表国家独立行使检察权。市级法院和检察院从属于市人大及其常委会，对其负责，受其监督。同时，市级法院接受上级法院的审判监督，市级检察院接受上级检察院的领导。直辖市设高级人民法院、中级人民法院和基层人民法院，设区的市设中级人民法院和基层人民法院，不设区的市和市辖区设基层人民法院。检察院根据城市行政地位的不同分别设置，其设置情况与法院情况相同。检察院实行双重领导原则，各级检察院既受同级人大及其常委会的领导，又受上级检察院的领导。

二、非权力主体

城市非权力主体不掌握公权力，但参与城市公共事务决策和政策执行过程，并通过各自的利益表达和聚合机制，将不同群体的利益诉求传递给权力主体。城市非权力主体主要由民主党派和人民政治协商会议、人民团体、居民委员会、企业、非营利性组织、广大市民组成。

(一) 民主党派和人民政治协商会议

我国共有八个民主党派（中国国民党革命委员会、中国民主同盟、中国民主建国会、中国民主促进会、中国农工民主党、中国致公党、九三学社、台湾民主自治同盟），它们在直辖市建有组织体系，在设区的市和一些县级市也会开展活动。民主党派在城市设有委员会，由主任委员、副主任委员、委员和秘书长组成，并根据需要设立工作部门。民主党派在城市政治生活中的作用是参政议政、献计献策、民主监督、扩大和巩固统一战线。市政治协商会议是统一战线组织，它在中共市委的领导下，促进执政党和民主党派合作，是政治协商和民主监督的重要平台。

(二) 人民团体

人民团体属于群众性政治团体，它以表达和维护一定阶层群众的具体利益为宗旨，担负着部分社会管理职能。中国城市普遍设有工青妇、科协、侨联、文联等人民团体，它们受中共市委领导，是执政党联系群众的组织依托。人民团体代表各自所联系社会群体的利益，反映社会群体的诉求，维护群众的合法利益，做好所联系社群的思想工作，动员社会成员参加城市建设，参与城市政策制定过程。

(三) 居民委员会

居民委员会（简称"居委会"）是城市居民自我管理、自我教育、自我服务的基层自治组织，基层政府及其派出机关对居委会开展工作给予指导、支持和帮助。居委会每届任期三年，成员可以连选连任。居委会的设立、撤销和规模调整，由基层政府决定。

(四) 企业

随着市场化改革的加快，尤其是在城市基础设施和公共服务投融资民营化改革[①]的带动下，企业也可能参与公共产品和服务的生产。它们与政府部门开展合作，以合同外包、特许经营、合作生产等方式建立伙伴关系。企业参与城市管理和运营，有利于降低公共服务成本，节约公共财政支出，提高公共服务质量和效率。

[①] 城市基础设施民营化改革大都采用公私合作（public-private partnership，PPP）模式，即政府机构与民营企业结成合作关系，利用国际和国内资本进行基础设施建设。在这种合作模式中，企业提供基础设施及其服务并获得合理的利润回报。公私合作的具体模式主要有：(a) 建设—经营—转让（build-operate-transfer，BOT）模式；(b) 股份制（joint-stock，JS）模式；(c) 永久专营（perpetual franchise，PF）模式；(d) 建设—转让—经营（build-transfer-operate，BTO）模式；(e) 购买—建设—经营（buy-build-operate，BBO）模式；(f) 合同外包（contracting out，CO）模式；(g) 建设—拥有—经营（build-own-operate，BOO）模式；(h) 建设—经营—补助（build-operate-grants，BOG）模式；等等。参见杨宏山，2019. 城市管理学（第三版）[M]. 北京：中国人民大学出版社。

（五）非营利性组织

伴随着政府职能转变，各种社会组织也在成长之中。社会组织与人民团体的区别在于，前者由民政部门进行管理，后者是执政党联系群众的桥梁和中介，受市委直接领导。为了便于表述，这里把人民团体以及社会组织统称为非营利性组织。发挥非营利性组织的作用，可以更好地动员社会力量，增加公益服务供给。

（六）广大市民

市民可启动公众议程，对城市政策的制定过程产生影响，市民可通过信访、投诉、检举等途径，向党政机关表达利益诉求，向政府部门提出意见和要求，促使公共部门关注"民意"，及时回应公众需求。

三、城市管理中公众参与存在的问题

一些学者认为，目前公众参与城市管理存在以下障碍[1]：

首先，公众参与缺乏程序性权力。公众参与的范围、方式、参与途径及保障等还有待立法确认。

其次，公众参与缺乏组织磨合。从发达国家的实践中可以发现，由个体组成的团体或利益集团在公众参与城市管理的过程中起着不可忽视的作用。

再次，公众参与方式包括媒体曝光、参观展示和简单的投票选择等。这样的参与方式效率较低，低效的参与方式有时也会造成参与结果的非理性化，如很多城市在城市规划公示投票过程中发现，由于没有公示各方案的执行成本、绩效实施难度等内容，市民又不可能了解财政能力和建设难度，往往选择绿地最多、公共投资最大的方案，造成遵从民主意愿结果还是遵从科学规律的两难境地。

最后，参与性的城市管理要求受过教育的市民能够全程参与，而我国城市对公众自身识别能力和专业能力的培养还比较欠缺，这一点需要我们向发达国家的城市进行学习。

第四节　城市管理的客体

城市管理的客体即回答城市管理管什么的问题。按照系统的观点，现代城市就是一个由经济系统、社会系统、环境系统组成的复合系统，它同时进行着经济再生产、人口再生产和生态再生产。城市在这三种再生产中分别产生经济效益、社会效益和环境效益。因此，城市管理的客体是一个三维概念，它包含城市经济系统、城市社会系统和城市环境系

---

[1]　尤建新，2003. 城市管理中公众参与问题分析 [J]. 上海管理科学（4）：50-51.

统，对其中任何一个方面的管理都要与其他两个方面相协调。

一、面向公共事务与公共产品的管理

基于可持续发展的理念，城市管理的对象是具有公益性的城市产品与城市事务。可以认为，正是由于社会对城市公共产品和私人产品缺少必要的区分，长期以来政府在城市管理领域的界限模糊。

（一）城市公共事务的内涵与特性

1. 城市管理具有很强的公共利益导向。城市公共事务的内涵建立在公共经济学对公共产品的定义之上。保罗·A. 萨缪尔森（Paul A. Samuelson）认为：" 公共产品是指那种不论个人是否愿意购买，都能使整个社会每一个成员获益的产品。私人产品恰恰相反，是指那些可以分割，可以供不同人消费，并且不能给他人带来外部收益或成本的产品。高效的公共产品通常需要政府提供，而私人产品则可由市场进行有效的分配。"① 我们可以用下列公式定义私人产品和公共产品：

私人产品：
$$X = \sum X_i \qquad (2-1)$$

私人产品 X 的总量等于每一个消费者 i 拥有或消费的该产品（X_i）的总和，即私人产品可以在消费者中进行分割。

公共产品：
$$X = X_i \qquad (2-2)$$

对任意消费者 i 来说，他为了消费而实际可支配的产品数量就是该产品的总量，即公共产品不可以在消费者之间进行分割，且消费者使用公共产品的边际成本为零。

基于上述界定，概括地说，城市管理是指对那些由社会成员共同享有而不能为一个人单独享有的公共产品的管理。它具有两个重要特征：一是共同消费，即非竞争性（non-rivalness），从公共产品的使用特点来看，当某人在消费一定产品的同时，其他人也可以消费等量的同类产品，而不需要增加生产公共产品的成本；二是非排他性（non-excludability），从公共产品的所有关系来看，同一产品不仅供其占有者使用，而且无法排斥占有者以外的人来消费。公共产品不仅表现为物质形式，也表现为服务形式，甚至可以表现为法规、政策等制度形式。相对于公共产品，可以把公共事务理解为涉及全体社会成员的生活质量和共同利益的一系列活动，这些活动的结果是为社会成员提供公共产品。

2. 公共产品的服务范围有差异。在现实生活中，公共产品的服务范围是有很大差异的（见图 2-2）。有的是国家性的，例如国防，一经供给，任何一个国民都将无差异地享用；有的则是地方性的，如环境污染控制，只有一定地方范围内的居民才可享用。就城市管理而言，在地方性的公共产品中，又可以根据作用范围区分社区产品和城市产品。前者的服务范围仅限于某一社区；后者的服务范围为整个城市。地方性的公共产品在其范围内

---

① 保罗·A. 萨缪尔森，威廉·D. 诺德豪斯，1999. 经济学（第16版）[M]. 萧琛，等，译. 北京：华夏出版社

是非竞争和非排他的；但在服务范围之外，它们不仅具有一定的竞争性，而且具有明显的排他性。因此，需要通过一定的制度安排和有效的城市管理，提高地方性公共产品（特别是俱乐部产品）的资源配置效率。

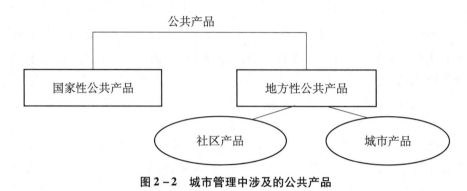

图 2-2 城市管理中涉及的公共产品

（二）对城市公共产品的细分

根据竞争性和排他性的程度，城市发展中涉及的公共产品可以区分为典型的公共产品（公有公益）、典型的私人产品（私有私益）、准公共产品（公有私益）、准私人产品（私有公益）四类（见表 2-6）。

表 2-6 根据竞争性和排他性对公共产品的区分

	竞争性（私益）	非竞争性（公益）
排他性 （私有，低成本）	私有私益产品，例如个人住房、汽车、书籍等	私有公益产品，例如收费公路、消防设施、电影院等
非排他性 （公有，高成本）	公有私益产品，例如公共池塘中的水、福利住房等	公有公益产品，例如空气污染治理、街道治安等

在以上四类产品中：

（1）公有公益产品同时具有非竞争性和非排他性的特征，是典型的公共产品；

（2）私有私益产品同时具有竞争性和排他性的特征，是典型的私人产品；

（3）私有公益产品具有排他性但不具有竞争性，又称俱乐部产品或自然垄断产品；

（4）公有私益产品具有竞争性但不具有排他性，又称公共池塘产品（common-pool goods）或共有资源。

对于俱乐部产品和公共池塘产品，如果它们在实际表现中公共产品性质更明显，可称之为准公共产品，许多情况下也在公共管理的范围之内。例如，人们常常把城市图书馆的杂乱无序归咎为城市管理水平不高。一般来说，城市发展中纯粹私人产品的有效供给来自充分的市场竞争，但是市场并不能保证公共产品和准公共产品的有效供给。因此，这就需要政府在其中发挥重要的作用，而从可持续发展的角度来说，则涉及政府、企业、社会三位一体的城市治理结构。

(三) 城市发展中的"公地悲剧"现象

城市发展中之所以会发生这样或那样的问题，从根本上看起源于美国学者加勒特·哈丁（Garret Hardin）所分析的"公地悲剧"（the tragedy of the commons）现象[①]，或者说是城市居民在公共产品和准公共产品上的"搭便车"现象。这说明对公共产品不负责任的自由享用会促使人们尽可能地将公共资源转变为私有财产，最终使社会成员的共同利益遭到损害。

城市的公共绿地、宽阔的街道、交通设施、清洁的空气、流淌的河流、湿地乃至迁移的候鸟等，都是城市中的公共产品。在城市发展中，如果公共事务不受关注、公共产品遭到滥用，那么城市中的各种公共产品都容易发生"公地悲剧"。粗看起来，由个人行为导致的"公地悲剧"现象小而分散，似乎微不足道。每个人都想"如果我不用这些资源，别人也会用这些资源。我用那么一点点或者破坏那么一点点，肯定无大碍"。然而，许多人微小行为的积累会对城市公共产品造成巨大的破坏。在这个意义上，"公地悲剧"正是导致城市问题发生的具有积累性质的"微小行为的暴行"。

关于"公地悲剧"现象的分析表明：在当前城市现代化的进程中，我们应该认识到城市生活质量的提高既涉及私人产品的供给和消费，也涉及公共产品的供给与维护。好的城市管理需要整合城市中的政府、企业、社会，把城市中"公地悲剧"现象的影响降到最小。

二、城市经济、社会、环境协调发展

（一）城市管理的层次性

城市系统由三个部分组成，因此对城市的管理具有不同的层次。概括而言，城市可持续发展要求至少区分出三个层次的管理问题（见图2-3）。

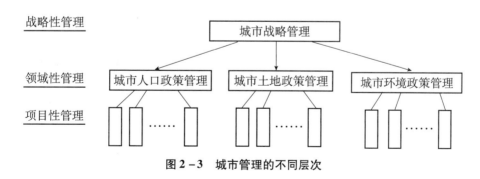

图2-3 城市管理的不同层次

1. 城市总体层次的管理（战略性管理）。这是对城市经济、社会、环境三个子系统的整合性管理，管理的目标是要加强三个层次之间的综合性、协调性、协同性，实现城市整体可持续发展的目标。例如，城市国民经济和社会发展的综合发展战略、城市总体规划管

---

① HARDIN G, 1968. The tragedy of the commons [J]. Science (162): 1234-1248.

理就属于这个层次的管理。

2. 城市领域层次的管理（领域性管理）。这是对城市三个子系统的管理，要求对系统内部的要素进行整合，以实现与城市总体发展相适应的子系统的发展目标。例如，城市人口政策管理（属于城市社会系统）、城市土地政策管理（属于城市经济系统）、城市环境政策管理（属于城市环境系统）等属于这个层面的管理。

3. 城市项目层次的管理（项目性管理）。这是对经济、社会、环境各个发展子系统内部各种发展项目的管理，项目的主体可以是法人，如各种形式的企业、公司和单位；可以是具有一定经济实力的自然人；也可以是行政机关，如负责规划、建设、运行公共项目的各级政府。

从目标管理和政策研究的角度看，在上述三个层次的管理中，上一层次构成下一层次的管理目标，而下一层次则是实现上一层次目标的手段。一般来说，宏观意义的城市管理主要涉及前两个层次：一是针对城市的外部环境和内部环境，系统地制定一套发展方案并予以实施的管理过程，即战略性管理；二是在城市发展的总目标既定的情况下，针对实施过程中发生的问题进行的管理，即领域性管理。其中，城市战略层次的管理要求对城市发展的不同系统之间进行有效的协调与整合，它要实现的是城市发展的总体目标，而不是具体领域的个别目标；它针对的是城市整体，而不是城市发展中的某个部门；它要求城市所有利益相关者参与，而不仅仅是政府部门参与。

（二）城市管理三大领域的协同关系

由上述城市管理的层次性，可以看到城市管理不仅有着多元性含义，还有着深刻的协调性含义。

虽然城市管理对象的研究涉及三个维度，但并不是说经济、社会、环境各自加起来就是综合集成的发展。城市发展是基于现代系统思想的协调发展，一方面它强调不能忽视发展领域的整体性，另一方面它也强调发展要素的相关性。由于城市发展的三个领域具有各自的价值取向，例如经济发展的目标是要考虑经济繁荣，社会发展的目标是要考虑社会公平，环境建设的目标是要考虑生态友好。由于三个方面的发展有时有冲突，因此不能要求各个系统各行其是，而要关注各个目标之间的交互作用和协调平衡。从可持续发展出发的城市管理，不是机械地要求三个方面同时追求最优，而是追求在一定背景条件下有一定匹配关系的整体最优。在图2-4中，城市可持续发展的内容应该属于经济、社会、环境相互交织和相互重叠的那个部分，而不应该属于孤立的单个系统或多个系统的加总。

城市三维复合系统中任何一个系统的状态变化是所有子系统状态变化的结果；而任何一个子系统的状态变化也会引起所有子系统状态的变化。城市可持续发展的目标是经济繁荣、社会公平、生态友好，三者之间是相互依存和紧密联系的。城市经济系统离开环境系统的依托，经济将走向衰退；城市社会系统离开经济系统的支撑，社会将走向原始；城市环境系统离开发达的经济和公平的社会，也得不到保证。因此，对城市三维复合系统的管理不能就经济谈经济，或就环境谈环境，或就社会谈社会，对其中任何一个领域城市问题的解决都需要联系其他两个领域的举措。

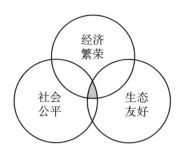

图 2-4　可持续发展要求三个领域的系统整合

思 考 题

1. 政府、市场及社会在城市管理中各有什么作用?
2. 何为政府失灵、市场失灵、志愿失灵?什么是城市治理?
3. 我国城市管理中公众参与存在哪些问题?
4. 什么是城市管理的客体?
5. 应如何有效整合现代城市管理中的多元主体?

第三章 城市管理理论及实践

学习目标
1. 掌握城市管理的理论体系、主要理论及其发展脉络
2. 了解城市管理实践中面临的机遇和挑战

城市管理实践具有几千年的历史，转型是贯穿城市发展的主题，面对转型带来的严峻挑战，现代城市管理者需要正确认识城市管理的内涵和特点，进行科学的战略定位，综合运用各种城市管理理论，为建立合理有效的管理体制和机制、探索有效的现代城市管理方法奠定基础。

第一节 城市管理理论体系

学科成熟的一个重要标志就是有自己独立的理论体系和范式。城市管理学是关于城市管理的应用学科，它规定了一个研究领域的合理问题及其方法[1]，既是对学科已有发展成果的认可，也是学科进一步发展的基础。理论由概念、变量和结论组成，通过概念的提出，变量的确定和结论的阐述，提供分析问题的视角和框架[2]，不仅告诉我们应该怎么做，而且告诉我们为什么要这样做。即便作为一门应用学科，如果没有理论支撑，分析问题的穿透力也会不够，解决问题时也就难以抓住问题的症结。我国城市管理理论研究的开始时间相对较晚，但近年来发展迅速。在经历了理论引进、经验介绍、初步探讨的初级研究过程之后，近年来无论是在量还是质上均有较大提升。许多研究已不再简单停留在理念层面，而是将其应用到城市管理实践的理论分析框架中，得到了一些较有深度的研究成果，城市管理理论的研究也由此趋于深入。

---

[1] 托马斯·库恩, 2005. 科学革命的结构 [M]. 金吾伦, 等, 译. 北京：北京大学出版社.
[2] 乔纳森·H. 特纳, 2005. 社会学理论的结构 [M]. 邱泽奇, 等, 译, 北京：华夏出版社.

一、城市管理理论的起源与发展

关于什么是城市管理理论、城市管理的理论来源是什么等问题，学界并未能达成共识。范广垠认为城市管理既有自然属性，也有社会属性；既要配置城市资源，也要调整城市社会关系。[①] 相应地，城市管理理论应该包含狭义的城市管理理论和城市理论两部分。狭义的城市管理理论是指主要以科学方法实现各种城市要素的合理配置和效用最大化，以加快城市发展的理论。这些理论突出管理技术和方法的重要性，主要反映管理的自然属性和科学主义取向，却往往忽视管理的社会属性。城市管理如果只是在管理技术上做文章，不调整城市社会关系，就不能从根本上解决问题。因此，除狭义的城市管理理论之外，还要寻求体现城市管理社会属性、分析城市问题产生的社会根源的理论，即城市理论。这些理论使城市管理能够抓住问题的社会本质，做到标本兼治。城市理论从地理学、生态学、社会学、经济学和政治学等视角来描述城市及其发展变迁，揭示城市政治、经济、文化等社会关系，包括人与人的关系、人与环境（包括自然环境、人造环境、社会环境）的关系。

与此相似，相关研究在阐述城市管理的理论根源时，倾向于将城市规划理论当作城市管理理论的重要来源，诸如《雅典宪章》《马丘比丘宪章》与"田园城市""邻里单位""有机疏散""广袤城市""城市缝补""拼贴城市"，以及城市规划中的新马克思主义、女权主义等思想[②]，但城市规划和城市管理具有相当大的差别：首先，城市管理的重点在于公共产品及服务的有效供给，其对象既包括物，也包括人；城市规划是关于城市未来发展的一种构想，其重点在于探讨城市空间该如何布局，其对象是物。其次，城市管理的一个基本职能就是计划，因此它在一定程度上包含城市规划的职能。最后，两者的主体也存在一定的差别。城市管理中起关键作用的一定是城市政府，城市政府在所有市民的同意下才有权代表市民管理城市，这种权力从本质上说是不可转移的。城市规划则不同，只要政府同意，它完全可以将规划委托给第三方，政府只要负责对第三方做好的规划进行验收即可。因此，城市管理理论目前围绕规划型和管理型这两种类型的研究较多，并在这两种理论的基础上，形成了生态城市管理、城市营销、城市竞争力、新城市主义、新公共管理、城市治理、数字化城市管理等诸多理论。

二、城市管理理论体系的构成

（一）城市管理目标理论

城市管理总是为达到一定的目的服务的，而不是为了管理而管理。改革开放开启了我

[①] 范广垠，2009. 城市管理学的基础理论体系[J]. 陕西行政学院学报（2）：75-78.
[②] 张波，刘江涛，2007. 城市管理学[M]. 北京：北京大学出版社.

国城市化加速发展的新时期,1978年以来,大量人口涌入城市,城市数量不断增加,城市规模不断扩大,城市在我国经济建设和社会发展中的地位与作用日益凸显。2011年,我国城市化率首次突破50%,正式进入"城市社会"。与此同时,人口和生产要素大量聚集带来的城市问题也不可避免地显现出来。不同阶层收入差距逐渐扩大,城乡差距不断拉大,城市住房、交通、环境等问题日益突出,城市社会矛盾和公共问题日趋严峻。在这样的背景下,我国城市进入以提升质量为主的新型城镇化发展阶段,通过加快中小城市发展以缓解大城市人口过度聚集带来的资源环境压力;通过发挥市场在资源配置中的决定性作用,积极推动社会组织和公众参与城市管理,推进政府职能转型,完善城市基础设施建设和公共服务供给机制。

1998年以前,我国学界研究城市治理目标主要集中在环境和交通治理等领域,很少有社科领域的专家学者涉足于此。1998年以后,一些社科领域的学者开始接触并研究城市治理。目前国内城市治理议题多集中于城市规划学、城市社会学、区域经济学和经济地理学等学科领域,而在政治学、公共管理领域的研究近几年才兴起。一些学者引入新区域主义和城市治理相关理论,使得我国的城市政治理论更加系统化。另外,国内学界主要集中于城市治理的兴起背景、基本含义、治理模式、分析框架、治理实践、效果评估、反思等内容的研究。

从"城市管理"转向"城市治理",不仅是一种理念上的跨越,还是传统管理型城市向现代治理型城市的转变。城市治理体系的现代化,需要改变城市发展思路,国内学界有关城市治理的基础理论研究前景仍十分广阔,有关多中心治理中的政府、非营利性法人、营利性法人与市民良性协作治理、中国特色城市治理道路等问题尚缺少深入的系统研究,有待进一步深化和拓展。相关学者利用马克思主义人民主体性的立场对西方治理理论进行批判性思考,结合我国城市治理面临的现实挑战,应用实践的效果,归纳出党群关系、政府角色塑造、治理成效的监督与评估三个着力点,提供了中国特色社会主义理论对城市管理目标的指导。①

中国特色社会主义制度下的城市管理目标的实现面临很多挑战,在吸收西方城市治理实践经验的基础上,应发挥社会主义制度的活力和韧性,把以人民为中心作为城市治理的出发点和落脚点,将群众路线、以人为本和服务型政府作为三个逻辑框架。在全面深化改革的背景下,城市管理应从最初的以经济发展为重,逐步转变为经济、生态、社会、人文、政治并重。目前已经出现诸如内河污染问题、农业转移人口市民化问题、城市周边生态问题等与其他学科交叉的管理瓶颈。因此,未来城市管理将逐渐从人类福祉角度出发,结合生态学、社会学等学科进行交叉研究,为全方位城市管理提供理论指导。

(二) 城市管理主体理论

城市管理的主体牵涉谁来管理城市的问题。城市统治权是城市政治学研究的核心问题之一,即关注城市权力掌握在谁手中,权力的运作机制和结果是什么。学者们围绕着城市

---

① 章钊铭,2019. 国内学界关于城市治理理论的研究述评 [J]. 中共乐山市委党校学报 (4):68-75.

统治权的归属问题提出了不同的理论解释，其中具有代表性的理论解释有城市精英主义与城市多元主义。城市精英主义主张，在城市快速发展及城市物质资源快速增长和聚集的过程中，涌现出来的掌握优势资源、拥有较高社会影响力的少数人所组成的群体——精英群体，在城市管理和公共决策中具有主导影响力。城市多元主义认为，城市权力实际上是分割和分散的，所有的团体都有一定的资源来表达自身诉求，没有一方力量能够长期主导城市治理，因此，在城市治理中，多元主体需要建立合作关系，共同促进城市发展①。

城市管理作为政府工作的一部分，其最基本的主体无疑是政府部门。诸多学者在研究城市管理理论的过程中选择政府主体作为研究对象，政府部门在城市管理中，起到基础和核心作用，日常的政府活动都可以被当作城市管理工作的一部分。治理理论主张多元治理主体之间进行对话、协商和合作，倡导"更少的统治，更多的治理"，主张政府力、市场力、社会力的协调互补，以最大限度地利用各种社会资源，促成公共目标的达成。因此，在管理主体上，城市管理主体理论强调政府不再是城市管理的唯一主体，非政府组织也是管理主体；由重视管理机构、过程和程序向重视管理的结果与绩效转变；主张公平与效率统一，公共利益与私人利益的统一。这是一种具有极大潜力的管理模式，反映公私管理理念的融合，强调采用私人部门的质量管理的思想实现公共部门的公共服务使命。

随着我国社会主义民主的不断发展，学界不断从参与城市管理的多元主体入手，研究社区、非政府组织、志愿者等多元主体对城市管理的重要影响。其中，参与城市管理主体的研究主要集中在社区和志愿者参与两方面，对其在城市管理过程中所起到的辅助作用进行了具体的分析，并提出了一些改进措施。此外，还有研究针对社区文化建设、民间组织等进行了探讨。城市管理多元参与主体的研究对于城市管理主体理论起到了重要的补充作用，对城市管理理论的进一步完善具有重要意义。

（三）城市管理客体理论

城市管理的客体涉及城市管理到底管什么的问题。传统的"只对事、不对人"的城市管理是以供给为导向的思想的反映。由于政府独家垄断公共产品的供给，它可以无视消费者的需要，只按既定的工作程序供给公共产品，至于这种公共产品是否符合消费者的需要则不在其考虑范围之内。"新公共管理"运动使城市管理从"只对事、不对人"转向"既对事、又对人"，这有两层含义：一是政府要以需求为导向提供公共产品，消费者满不满意、需不需要是其提供公共产品的首要出发点；二是政府在提供公共产品时，要按照既定的法律、规章和流程提供，从而保证将公共产品提供给最需要的消费者。

在研究城市管理客体方面，许多学者主要从城市管理具体管什么着手，对现代城市政府的管理职能进行具体研究。一方面包括专门管理职能，如城市交通管理、城市环境管理；另一方面主要讨论政府的一般管理职能，即城市政府和其他地方政府组织都具有的职能，主要包括城市经济的调控和城市社会管理。目前，学界对于城市管理的研究对象逐步转移到城市基础设施、住房、医疗教育及社会保障管理等方面。有以具体城市为例进行城

---

① 杨宏山，2019. 城市管理学（第三版）[M]. 北京：中国人民大学出版社.

市管理理论研究对象的,如上海市;有以区域为研究对象的,如特区城市;还有对具体城市的具体区域进行研究的。城市管理客体理论的研究无论是在广度上还是深度上都具有巨大的进步,尤其是城市社会保障理论和城市基础建设理论方面。[①]

(四) 城市管理手段体系理论

城市管理手段体系涉及现代城市怎么管的问题。"互联网+"、大数据、云计算等新一代信息技术为城市管理带来了新的机遇和挑战,城市管理的理念及方式都经历了升级更新。学界不仅全面探索了城市管理的理念重塑,也探讨了新技术在城市管理上的具体应用。同时,针对城市化进程出现的具体问题(如公共安全治理、非正规空间等),学界也有新的研究视角。李娣(2017)认为,我国社会管理工作相当薄弱,跨区域社会管理严重滞后,亟待推进城市群治理,具体方式如有序疏解非核心城市功能、加强中心城区再开发、发展城市群经济、形成有效的跨区域治理等。赖世刚(2018)认为,我国过去30年的城市化过程是时间压缩下的城市发展过程,现阶段的城市管理应从规划、行政、法规、治理四方面入手。

管理好城市首先要注重城市管理理念创新。智慧城市管理的理念早已有之,王连峰等(2017)基于创新2.0视角,提出了以理解感知、分析、服务、指挥、监察"五位一体"为核心要素的智慧城管新模式,即通过全面透彻的感知、宽带泛在的互联、智能融合的应用实现以人为本的可持续创新,突出"互联网+"背景下的城市管理智能化、人本化服务转型。新一代信息技术也使得城市治理的公众参与度大大提高。孙粤文(2017)认为,我国的城市公共安全治理存在重应急处置、轻风险治理、安全意识淡漠、治理主体单一以及治理技术落后和能力低的问题。庞娟(2017)研究以城中村、城乡接合部、棚户区、城边村等主要形式存在于我国的城市非正规空间问题,并基于以人为本、公平正义的包容性理念,探索城市正规空间和非正规空间的有机融合。

其次要在城市管理的技术上创新。在信息技术快速发展的时代背景下,城市管理学的创新研究不仅仅局限于理念,学者对具体技术在城市管理上的应用也多有涉及。邬伦等(2017)以从数字城管到智慧城管为主题,探讨新一代信息技术发展下城市管理形态的平台实现与关键技术、系统建模与实现路径,以北京市为例研究电子政务体系在我国的实践案例,认为城市管理工作下一步可融合云计算、大数据、物联感知、智能技术等新一代信息技术,攻克"云化"成套关键技术,构建"云到端"技术体系及支撑平台,形成城市运行与社会感知"大数据集"。孙粤文(2015)认为,应利用大数据技术为城市公共安全治理提供数据信息基础支撑、工具能力支撑和技术平台支撑。

最后,城市管理新技术、新理念的创新应用是未来的研究重点。科技创新已经成为城市未来发展的引擎,以物联网、云计算、大数据等技术为核心的未来城市发展理念指出,未来城市将是紧凑的城市、生态的城市、安全的城市、智慧的城市,城市管理技术及理念

---

① 吴建南,郑长旭,2017. 中国城市治理研究的过去、现在与未来——基于学术论文的计量分析[J]. 中国行政管理 (7): 92-97.

也必须相应革新。针对如何策略性地运用新技术和创新方法来提高城市管理的运作效率与竞争力的研究将会越来越多。城市管理模式、经验研究依然是重中之重。不论是从我国的城市发展阶段出发，还是放眼全球的城市发展进程，城市化依然方兴未艾。尤其是对于我国而言，不论是体制机制、资本引入、土地利用，还是市场构建，都有着较强的中国特色。

三、新时期城市管理：迈向城市治理

城市快速的经济发展带来了群体利益的持续分化和参与诉求的日益增多，城市间的依赖与合作诉求显著增强，使得城市管理的焦点超越政府主体的视角，开始关注政府、企业、社会等多元主体的合作参与，以及跨边界、跨层级、跨部门的区域协同合作。城市管理的价值认知，既要深化对城市空间属性的认识，又要深刻把握政府管理的理念革新，寻求过程导向和结果导向的路径平衡，推动城市管理的理论焦点转变，而对美好城市的治理期许则成为城市管理一以贯之的目标追求。

在不同时期的城市发展情境与理论焦点之中，城市管理一直在寻求过程导向和结果导向的平衡。20世纪80年代之前，由于市政制度匮乏，城市管理呈现注重体制、秩序的过程导向。而在信息时代的城市扩张中，城市管理更加强调结果导向下的效率追求和技术理性；21世纪初期的治理变革，在城市中逐渐构建起多元协同的动态治理过程；而新时期以人为本的城市品质提升和包容性增强的城市治理优化，则进一步探讨应实现的城市社会状态，诸如面对城市群体差异性与多样性的包容城市、面对城市治理风险的韧性城市、适应城市治理技术革新的智慧城市，等等。

与国外曾一度将城市视作"令人不快的非自然场所，或者将走向毁灭，或者需要依照乡村的景象进行重建"[①] 的消极立场不同，国内城市管理一直秉持建设美好城市的理念。城市的问题源自城市管理的滞后而非城市本身，城市管理的使命就是打造推动国家现代化、增进人民福祉的"美好城市"。从源自欧美经验的管理体系建设，到基于市场机制的高效管理，再到建立多元协同共治的治理体系和提升城市"获得感"的人本主义发展，人们对"美好城市"的认识经历了逐渐深化的过程。尽管不同时期的城市管理具有不同的时代内涵，但对城市的美好向往和对城市良好治理的目标追求一直贯穿我国城市管理发展的始终。

第二节　城市管理理论的历史演进

城市管理理论的诞生离不开实践的催化，主要是一些发达国家的建筑师、学者们从城

---

① 德波拉·史蒂文森，2015. 城市与城市文化 [M]. 李东航，译. 北京：北京大学出版社.

市管理的实践中归纳总结出来的。城市管理理论的发展贯穿于城市理论的发展过程，其发展壮大是融城市理论和管理学为一体的结果，吸收并借鉴了城市经济学、城市社会学、城市地理学、城市规划学、城市生态学及城市人口学等各方面的精华。

一、早期城市管理理论

自 19 世纪末至 20 世纪二三十年代，人类社会史上出现了许多关于城市管理的理论，主要从城市形态研究的角度出发对城市管理进行理论上的探讨。这一时期的城市管理理论有了突飞猛进的发展，主要遵循从城市外在形体到城市内部结构再到城市区域规划的主线来发展演变，在城市管理理论的演变过程中，城市管理方向的不断调整无不体现出以城市形态为主的管理理念，为城市管理者更好地管理城市指明了方向。

（一）城市外部结构领域

1. 田园城市理论

英国学者埃比尼泽·霍华德（Ebenezer Howard）是城市管理科学史上一位划时代的人物。他撰写的《明日的田园城市》（*Garden Cities of Tomorrow*）从研究城市的最佳规模入手，创造性地提出了田园城市体系的设想。这一设想不仅对城市形态设计和人口规模进行了简单的推测，而且将城市构造设计和建设理论推向了科学化的新高度。

田园城市理论认为，田园城市应该把城市和乡村的优点结合起来，把工作地点转向乡村，在乡村建设工业区，然后围绕工业区布置绿化、建造房屋，形成城镇，并用绿化带将城镇隔离起来，便于居民享受乡村的风景。城市膨胀容易引起城市环境恶化，城市人口聚集、城市无限扩张和土地投机是引起城市灾难的根源。该理论主张通过在大城市周围建设一些小城镇来解决大城市拥挤和不卫生的问题。工业和商业应由过去的以国营垄断为主转向以民营发展为主，城市的土地应归全体居民集体所有，使用土地必须交纳租金，租金应全部用于城市运作与经营，以支持城市的发展。

2. 带形城市理论

田园城市的概念虽然为城市的发展提出了美好的设想，但因当时生产力比较低下而无法实现，因此它只能作为美好的理想模型督促着人们去努力探索。当时很多西方学者受此影响，积极思考城市发展的理论模型。19 世纪末西班牙工程师苏里亚·马泰（Soria Mata）提出了带形城市理论，主张城市由内向外、层层扩展的城市形态已经过时——这种形态将使城市拥挤、卫生情况恶化，他认为城市发展应依赖交通运输线呈带状延伸。城市应有一条宽阔的道路作为脊椎，沿道路脊椎可布置一条或多条电气铁路运输线，可铺设供水、供电等各种地下工程管线；城市的生活用地和生产用地应平行地沿着交通干线布置；居民上下班横向穿梭于居住区和工业区，可以与大自然亲密接触，从而缓解工作压力和调整心情；城市宽度必须限制，但长度可以无限延长。由此激发出马泰的设想——如果从一个或若干个原有城市进行多方向延伸，即可形成三角形网络系统，便于城市的互动发展与合作交流。受带形城市理论的影响，苏联在 20 世纪 20 年代建设斯大林格勒时，采用带形城市规划方案，将城市的主要用地布置于铁路两侧，靠近铁路的是工业区，工业区的另一侧是绿地，紧挨着绿地的是生活居住用地，生活居住用地外侧则为农业地带。

带形城市理论的出现解决了不少实际问题，突破了原有城市形态，掀起了人们对城市形态建设的思考和革新浪潮，对后来的城市分散主义产生了深远的影响，但也存在很多不足之处。首先，此方案在实施的过程，城市横向发展导致政府管理成本过高，各个地区的交往和联系疏散，不利于城市中心地区的形成与发展；其次，居民的居住地点与工作地点离得太远，给交通增加了负担，很可能导致交通拥堵；最后，带形城市分割了城市的整合功能，不利于土地的开发使用和城市各功能的充分发挥。

3. 线形城市理论与有机疏散理论

19世纪末20世纪初，世界进入现代城市的发展阶段，直接影响到世界经济的发展和城乡居民的生活方式等各个方面。这一时期针对带形城市理论带来的一系列问题，城市规划者在城市建设理论方面提出了线形城市理论与有机疏散理论，对城市生态进行研究与保护。

（1）线形城市理论。苏联建筑师拉夫罗夫·列阿尼多夫（Lavrov Leonidov）等人提出了线形城市理论。他们认为线形城市早在古代就已存在，而且大多围绕公路和水道建设自然形成，主要目的是解决人与自然环境接近的问题。直到19世纪末，人们才开始关注线形城市的发展，到20世纪30年代已经形成了最普遍的规划理论。线形城市理论有两大好处，一是可以分散人口，二是可以保持现有森林和田地的不可侵犯性以及人与自然的天然接触。但事实证明线形城市只适用于小工业城镇，在大城市反而凸显了它的缺点，主要是纵向线路太长造成城市的工程技术和交通开支增加，整个城市居民公共和文化生活服务系统拉长，带来了许多不便。线形城市的出现将城市管理者的研究视野由单一的研究城市外在形态转向研究城市与周围环境的协调关系，城市管理的方法开始倾向于综合规划。

（2）有机疏散理论。1942年，芬兰建筑师伊利尔·沙里宁（Eliel Saarinen）考察了中世纪欧洲城市和工业革命后的城市建设状况，在《城市：它的发展、衰败和未来》一书中详尽阐述了有机疏散理论。[①] 为缓解城市机能过于集中所产生的问题，他提出了治理现代城市衰败、促进其发展的对策就是进行全面的改建与调整。重工业不应该在城市中心，轻工业也应该疏解出去。城市治理应该按照"有组织分散"的原则，调节城市的发展，大城市作为一个整体发展到一定的阶段就要限制它的规模。这一理论特别适合用地被分割的城市，它对后来各国发展新城、旧城改建以及城市向城郊扩展起到了非常重要的作用。有机疏散理论的提出开始将城市管理理论研究的重点转向城市内部结构的合理配置问题，城市管理者们不再仅仅局限于城市规模的横向发展和城市的宏观管理，而是转向纵向发展和微观管理城市，城市管理的内容不断扩充，管理方法不断更新。

（二）城市内部空间领域

1. 同心圆模式、扇形模式和多核心模式

受有机疏散理论的影响，20世纪20年代，芝加哥学派将城市看作一个由其内部各个

---

① 李其荣，2000. 对立与统———城市发展历史逻辑新论 [M]. 南京：东南大学出版社.

机制紧密联系在一起的有机体，他们的着眼点主要在于人与空间的关系，从人口与区域空间的互动关系中着手研究城市发展，并提出了城市社区和区位结构分析等重要理论方法，突破了以往城市管理拘泥于城市形态规划的局限性，将管理的重点聚焦于城市的内部结构。芝加哥学派认为城市在时间和空间上的位置是由城市亚文化社会的各种因素造就的，其代表人物是芝加哥大学社会学系教授罗伯特·E. 帕克（Robert E. Park）和欧内斯特·W. 伯吉斯（Ernest W. Burgess）等人。他们的主要贡献是在区位结构研究的基础上提出了著名的同心圆模式、扇形模式和多核心模式。

以上三种模式在第一章中已有详细介绍。这三种模式只是针对现实物质空间及结构进行研究，依靠的只是个别关键变量所作的分析，并不能准确反映现代城市空间的整合与分离，也不能通过描写空间结构来探究人的意识空间和社会空间的变迁。这些问题需要后来的学者去努力探索。美国社会学家威廉·H. 怀特（William H. Whyte）通过对城市细小空间的研究发现，生活在都市的人们工作之外总希望能有段休息的时间，而城市空间结构利用不合理，很多特意留出的空间空着，而其他地方却塞得满满的。他认为城市管理者应该从考虑人们的需求着手，尽量做到城市管理的各个方面都能体现人性化。怀特的观察研究弥补了城市内部结构微观领域的不足，将城市管理者的视线引入如何满足城市人居环境的探索领域，城市管理者们不再仅仅从外部宏观领域来管理城市，而是开始重视城市内部微观领域的公共事务。

2. 区域规划理论

中心地理论是典型的近代区位理论，它是关于一定区域范围内城市等级、规模、职能间相互关系及其空间结构规律的学说。该理论主要涉及市场、城市的布局（即城市区位），其实质上是从区位选择的角度阐述城市和其他级别的中心地等级系统的空间结构，因此又被称为城市区位理论。中心地理论的基础是约翰·海因里希·冯·杜能（Johann Heinrich von Thünen）的农业区位论和马克斯·韦伯的工业区位论，其代表是由德国地理学家瓦尔特·克里斯泰勒（Walter Christaller）1933 年在《德国南部的中心地》一书中提出的三角形聚落分布和六边形市场区的区位标准化理论。在克里斯泰勒系统地提出区位标准化理论之前，已有许多学者对中心地的等级和职能进行了零星的研究。克里斯泰勒主要从经济学观点来研究城市地理，认为经济活动是城市形成、发展的主要因素。他不仅关注每个具体城市的位置、形成条件，而且更加关注每个地域的城市总体数量、区位、发展和空间结构。这些早期的研究工作是中心地理论体系形成的基础。克里斯泰勒是在大量的实地调查基础上提出中心地理论的，他跑遍了德国南部所有城市及中心聚落，获得了大量基础数据和资料。在研究方法上，克里斯泰勒作为地理学者一反过去传统的归纳法，运用演绎法来研究中心地的空间秩序，提出了聚落分布呈三角形、市场地域呈六边形的空间组织结构，并进一步分析了中心地规模等级、职能类型与人口的关系，以及在此基础上形成的中心地空间系统模型。[①]

---

① 杨云彦，2004. 区域经济学 [M]. 北京：中国财政经济出版社．

二、现代城市管理理论

(一) 城市区域规划领域

1. 城市郊区化理论

自 20 世纪 20 年代以来,美国郊区规模的发展呈现良好势头,这一时期的郊区人口增长比中心城市更快。1920 年,生活在郊区的人口占全美人口的 17%,1930 年占 19%,1940 年占 20%;城市结构也呈现离散性。但是,这一时期的城市郊区化还仅仅体现于人口的增加,经济活动的外迁还不具备成熟的条件。第二次世界大战以后,城市郊区化的速度更是引人瞩目,零售业和服务业随着人口的迁移转移到郊区,制造业也由城市的中央商务区转移到郊区,经济活动迅速占领了郊区市场。这促使许多学者加强了对城市管理实践的探索,最终形成了城市郊区化理论。

城市郊区化理论包括以下几个方面的内容:郊区人口增长速度超过中心城市;郊区发展不遵循循序渐进的向外拓展,而是呈跳跃式发展;郊区应摆脱对中心城市的依赖,保持相对的独立性;郊区化应给居民提供良好的居住条件,既要接近自然,又不得远离城市,将郊区的幽雅环境与都市生活结合在一起等。在城市郊区化理论的影响下,1950—1980 年,大都市区人口增长的 80% 以上发生在郊区,其中美国郊区人口增长率 50 年代为 56.4%,60 年代为 37.7%,70 年代为 34.3%。[1] 这种现象使人口和产业分散化,缓解了中心城市人口密集、交通拥挤、住房紧张、环境污染等问题,改善了城市生活质量,无形中便利了中心城市的发展。但是,城市郊区化也为城市发展带来了负面影响,主要是城市富裕人口、工厂和商业的迁移使城市税源枯竭。城市会因福利等负担过重而财政紧张,城市经济和政治地位也会由此而下降,失去往日的中心功能。

自 20 世纪 70 年代以来,城市郊区化也引起了发展中国家"超前城市化"和"滞后城市化"的现象。超前城市化给发展中国家带来了巨大的影响,主要表现为贫民窟包围城市并不断蔓延、失业问题更加严重、城乡贫富差距越来越大。滞后城市化使城市化的速度慢于工业化的速度,引发了工业乡土化、小城镇发展无序化、生态环境恶化等,阻碍了城市文明的普及和推广。

2. 大都市区(圈)理论

20 世纪 50 年代城市郊区化达到高潮之后,大都市区理论开始蓬勃发展。大都市区理论认为,大都市区应具备以下几个特征:核心区域由不同等级规模的城市组成;圈内各城市之间具有高度发达的分工协作关系,具有巨大的整体效益,形成地域上的合理网络;拥有便捷的交通网络,有机的产业带与密集的城市可以相互结合;人口规模和经济实力雄厚,能够带动整个地区经济的发展,具有相对稳定性和可持续性;拥有发达的经济市场,尤其是金融市场十分发达;必须有发达的高新技术产业作为支柱产业,引领大都市区的

---

[1] ABBOTT C, 1979. The sunbelt: Concept and definition [J]. The Urban West (1): 19-25.

发展。

在大都市区理论的影响下，随着世界城市经济一体化的迅猛发展，在高度城市化的发达国家和地区出现了不同层次的世界大都市区或城市群：①以纽约为中心，从波士顿到华盛顿美国东北部的城市群；②以伦敦为中心，从伦敦到曼彻斯特和伯明翰的英国城市群；③以多伦多、芝加哥为中心，加拿大、美国之间的大湖城市群；④以东京为中心，从横滨到大阪的日本城市群；⑤以阿姆斯特丹、鲁尔区和巴黎为中心的西北欧城市群；⑥以意大利的米兰、都灵与法国的马赛为中心的大城市群。其中，以中心城市为核心的大都市区已经成为所在国的经济命脉，日益显示出其强大的发展优越性。例如，日本城市群的国土面积约为10万平方公里，占全国总面积的31.7%，集中了日本60%以上的人口，分布了日本80%以上的金融、教育、信息和研发机构，集中了日本工业企业和工业就业人数的2/3，是日本政治、经济、文化活动的中枢地带。①

我国都市圈是国家级城市圈的重要组成部分，这些都市圈体现着本地区的发展和繁荣，在经济、科技、文化等方面相互促进，是我国区域合作与发展的重要机制。截至2023年4月，国家发展和改革委员会已发布了中国八大国家级都市圈名单，分别为南京都市圈、福州都市圈、成都都市圈、长株潭都市圈、西安都市圈、重庆都市圈、武汉都市圈和沈阳都市圈。

（二）城市公共管理领域

20世纪60年代，西方国家进入后工业社会，公平、多元等社会价值观成为社会的主题，在此背景下公众参与城市治理的理论开始向多元、分散、网络化以及多样化的方向发展，公众参与突破了以往政府包揽一切事务的局面，向民主行政迈进，原来自上而下的政府决策机制转变为政府和市民上下互动、管制和服务相结合。70年代，以英国前首相撒切尔夫人为代表的西方政府推行以削减政府预算为目标的行政改革，将企业管理的经验和方法引入公众参与城市治理的理论，十分注重竞争机制的运用，由此掀起了新公共管理运动，将公众参与城市治理的理论推向了新的起点。80年代，信息化的发展和经济全球化成为了各国政府改革的动力，可以说新技术革命尤其是信息革命，是各国进行政府改革的催化剂，信息技术的快速发展为建立起灵活、高效、透明的政府创造了可能。

1. 新公共管理理论

信息时代的来临要求政府必须对迅速变化的社会作出反应，经济全球化则是改革的动力，传统的封闭管理系统已经无法满足管理的要求，特别是经济危机下的财政赤字、政府信任危机，需要一种新的、包容和开放的管理方式对公共事务进行管理与实践，新公共管理成为发达国家一种新的改革模式选择。新公共管理理论认为，社会个体都是理性的经济人，倾向于实现个人利益最大化，行政人员也是如此，因此宜使用新的行政原则，如竞争原则、使用者选择原则、透明原则、激励原则等。它强调重视行政人员的利益需求，通过激励机制激发个人潜能，提高公共资源的利用效率，而不是通过严格的规制束缚个人主动

---

① 李荣欣，2018. 日本东海道城市群建设启示录［J］. 前线（4）：76-78.

创新的行为。从具体的操作手段来看，基于公共选择理论、委托代理理论、交易成本理论等，新公共管理理论主张政府应以市场或顾客为导向，提高公共服务效能，运用成本—收益分析方法来确定和评估政府工作绩效。总的来说，新公共管理理论致力于利用经济学的方法建立一种新的公共责任机制，提高政府服务效能，建设城市居民满意的政府。

2. 有限政府理论

有限政府是由市场机制实现私人产品的有效供给，而由公共部门负责安排公共产品供给的政府管理模式。城市管理需要发挥市场机制在资源配置中的决定性作用，城市政府的基本职责在于纠正"市场失灵"和"社会失灵"。在市场经济体制下，城市政府只能是有限政府，而不能是全能政府。当前，我国城市政府运行仍受制于全能政府模式，其职能配置与市场经济的规范性要求之间还有很大差距。一些城市政府仍大规模投资于竞争性产业，既当"裁判员"又当"运动员"，在过多地参与企业管理的同时，对于需要政府发挥作用的市场监管、社会管理和公共服务等领域，有关政府部门仍未能充分履行职责。从全能政府走向有限政府的过程，就是不断规范行政管理权力的过程。建设有限政府难免会遇到来自政府部门内部的阻力，从这个意义上说，城市管理改革还要依靠市场和社会力量的推动才能取得成功。

3. 政府绩效管理理论

绩效管理也称结果导向型管理，是根据绩效目标，运用评估指标对政府部门履行行政职能所产生的结果及其影响进行评估、划分绩效等级、提出绩效改进计划和利用评估结果来改进绩效的活动过程。① 绩效管理起源于企业界，后被引入政府管理系统。绩效管理的基本流程包括五个环节：制定部门目标—工作分析—制定绩效指标—绩效评估—绩效追踪。其中，绩效评估居于核心地位。城市绩效管理分为多个具体分支，如目标管理绩效考核、部门绩效考核、机关效能监察、领导班子和领导干部考核、公务员考核等。早期的政府绩效评估以经济（economy）、效率（efficiency）、效果（effectiveness）即"3E"为基本标准。② 随着民主化的发展，人们越来越关注公平（equity），逐渐形成"4E"评估方法。其中，"公平"主要关注公众对公共服务的满意度。在传统城市管理模式下，城市政府管理缺少绩效评价和约束机制，各个部门奉行预算为本，并不注重支出的实际成效。绩效型政府注重成本—收益分析，以治理绩效作为预算的基本依据。绩效管理通过设立独立的绩效评价机构、定期公布绩效评价报告，促使各部门改进管理方式，有利于降低行政成本，提高行政效能，改进城市管理流程，提升公共服务质量。

4. 无缝隙政府理论

无缝隙政府理论是一种适应从官僚社会向市民社会转型的政府再造理论。传统行政体制注重层级节制，存在部门分工过细、各自为政、本位主义、职责推诿、忽视公众需求等问题。随着技术进步和公众需求的变化，政府必须摆脱传统官僚机构僵化的窠臼，更好地满足公众对公共服务在速度、便利性、效率、选择性、多样性、参与性等方面的需求。于

---

① 蔡立辉，2007. 政府绩效评估：现状与发展前景 [J]. 中山大学学报（社会科学版）(5)：82-90.
② 卓越，2007. 政府绩效管理概论 [M]. 北京：清华大学出版社.

是，一种公众导向的治理结构逐渐发展起来，这便是无缝隙政府。① 从专业化管理走向无缝隙管理，需要实施行政流程再造，即以满足公众需求为导向重新设计服务流程，提升政府回应速度和公共服务效率。无缝隙政府以整体团队运作、与公众保持密切联系、能够快速组织行动，进而提供多元化的服务选择。

（三）城市治理领域

由于传统城市管理模式存在自身难以克服的问题，学界转而探讨如何构建合理的城市治理体系。城市治理强调政府不应垄断公共事务管理权，主张在多元主体之间构建合作伙伴关系。回顾城市治理研究的理论丛林，学者们从不同的制度环境和价值诉求出发，构建了多中心、自主治理、协同治理、整合治理、整体治理、运动式治理等理论。

1. 多中心理论

文森特·A. 奥斯特罗姆（Vincent A. Ostrom）基于民主行政的价值诉求提出多中心理论，发出了公共事务治理研究的先声。他以美国大都市区的公共服务提供为例，论证了多中心体制的合理性。那里存在许多相互独立的公共机构，包括联邦和州政府的机构、县、市、镇和特区，它们分别履行各自的职能，同时又展开竞争与合作。在多中心体制下，多个自治单位的管辖权互相交叠，它们通过多种制度安排进行协调。由于存在多个权威，每个机构的权力和能力都有限，同时又可以利用其他机构的职能，结果是"协作生产"成为公共服务供给的一种制度安排。

2. 自主治理理论

自主治理理论以公民权为价值导向，力求将公共行政纳入民主运作的轨道。埃莉诺·奥斯特罗姆（Elinor Ostrom）基于大量案例研究，提出除政府与市场机制之外，公共事务还存在第三种治理机制——自主组织和自主治理，并剖析了自主治理的制度设计原则。② 理查德·C. 博克斯（Richard C. Box）提出公民治理理论，主张建立小规模的地方政府，将公共行政纳入民主和服务的轨道。③ 萨拉蒙对非营利性组织进行实证分析，提出了第三方治理理论，展示了非营利性组织的运作机制。④

3. 协同治理理论

协同治理理论针对跨越行政部门职能边界的公共事务，提出将利益相关者纳入集体论坛，在"协商"和"一致同意"的基础上进行集体决策，以整合各方面的信息和知识，建立合作伙伴关系，提高治理绩效。协同治理理论界定的利益相关者可能是公共部门，也可能是私人部门、公民组织或个人。主张协同治理的学者认为，在公共事务治理中，多部

---

① 拉塞尔·M. 林登, 2002. 无缝隙政府：公共部门再造指南 [M]. 汪大海, 吴群芳, 等, 译. 北京：中国人民大学出版社.
② 埃莉诺·奥斯特罗姆, 2000. 公共事物的治理之道：集体行动制度的演进 [M]. 余逊达, 译. 上海：上海译文出版社.
③ 理查德·C. 博克斯, 2005. 公民治理：引领21世纪的美国社区 [M]. 孙柏瑛, 等, 译. 北京：中国人民大学出版社.
④ 莱斯特·M. 萨拉蒙, 2008. 公共服务中的伙伴：现代福利国家中政府与非营利组织的关系 [M]. 田凯, 译. 北京：商务印书馆.

门合作不会自动形成，不论是部门间协作、区域协作还是公私伙伴关系，都需要构建一定的治理结构或机制。

4. 整合治理理论

整合治理理论是基于改革开放以来中国城市治理的实际运作而提出一种解释性理论。在整合治理模式下，一方面，政府承认市场机制和社会组织的存在的正当性；另一方面，在政府与社会的关系上，政府占据主导地位，它通过多种手段对企业和社会力量进行跨界整合，调动对方的资源来实现政府目标，从而更好地提供公共服务。整合治理发挥了多元主体和多元机制的作用，极大地提高了政府实现自身目标的能力。整合治理的显著特点在于：在跨界治理中，政府与社会主体之间的地位不平等，政府占主导地位，企业和社会力量需要主动配合政府行动。这也是整合治理理论与协同治理理论的区别所在。

5. 整体治理理论

整体治理理论是为了回应行政部门碎片化和分散化管理造成的应对复杂问题效率低下、探寻公共部门整合机制而提出的一种理论建构。整体治理通过构建跨部门、跨领域的协作机制，使不同层级的机构更好地分享信息、协同作战，共同提供整体化的服务。[1] 整体治理是针对部门碎片化而实施的治理创新，目的在于提升行动主体之间的相互依赖性。整体治理理论主张通过机构重组、流程再造、技术应用等途径，构建政策网络，形成大部门体制，提供"一站式"服务。

6. 运动式治理理论

这是基于中国本土环境而提出的一种公共治理模式，其突出特点是暂时打断、叫停官僚体制中各就其位、按部就班的常规运作过程，用自上而下的大规模动员方式调动资源，集中各方力量和注意力完成某一特定任务。公共治理主要依赖于官僚制的科层化运作机制，科层制度也会出现内在困难，导致组织失败和治理危机。作为应对工具，在中国公共治理中经常会采取运动式治理机制，它依赖于大规模组织动员，在一定程度上可以摆脱常态治理面临的困境。[2]

第三节　城市管理的实践特征

城市管理理论指导下的实践特征，主要是针对中外城市管理体制和实践的比较，吸取优秀管理经验（如欧美等发达国家的先进管理经验），并结合我国过去与现在城市管理过程中存在的不足，探讨适合我国国情的新型城市管理模式。

---

[1] 史蒂芬·戈德史密斯，威廉·D. 埃格斯，2008. 网络化治理：公共部门的新形态 [M]. 孙迎春，译. 北京：北京大学出版社.

[2] 杨宏山，2019. 城市管理学（第三版）[M]. 北京：中国人民大学出版社.

一、城市管理实践

(一)我国城市管理的转变

1. 管理主体的变迁

城市管理由过去的少数人事无巨细地管理转向多数人自觉地共同治理,由政府负责主管向政府、社区、非营利性组织、居民共同参与的城市治理结构转变。在我国传统经济体制下,城市管理的主体是单一的,就是城市政府。在长期的社会管理实践过程中,我国形成了"大政府,小社会"的管理模式。随着城市全面深化改革,为了实现经济社会高质量发展,现代城市管理的主体开始向多元化发展,城市政府不再是唯一的管理者,而是城市管理者之一。

2. 管理对象的变化

城市管理对象由过去简单的市政管理所包含的内容,转向城市公共产品和公共事务的管理、现代化的市政管理、城市经济管理、社会和环境管理等,并处理和预防可能出现的各种城市问题。现代城市管理的内容具体包括城市法治、城市公共服务管理、城市规划管理、城市经济与调控、城市社会管理、城市社会保障管理等。

3. 管理观念的升级

政府行为从直接指挥、组织经济生产和安排社会生活向主抓社会服务、公共事务管理,城市基础设施建设,完善和健全社会服务和社会保障体系转变。放弃了传统的"计划一切,管理一切"的观念,摆脱了"无所不揽,无所不包"的繁重困境,政府由计划经济体制下的直接管理转向市场经济体制下的间接管理。这种转变为城市政府减轻了许多负担,便于城市政府集中精力抓全面的战略管理,更好地把握城市发展的全局。

4. 管理模式的提升

我国传统的城市政府管理模式比较偏重经济管理,其机构设置与经济活动的行业划分相对应,管理方式是直接控制和管理经济活动,管理手段是依靠行政命令来指挥企业的生产经营活动,是典型的"经济主导型"模式。城市经济管理的理念被引入我国之后,政府管理职能开始从订计划、批项目、分指标、分资金、分物资等单纯的经济管理转变为宏观调控、提供服务、制定法规等综合的社会管理。城市政府注重社会管理,不断改善城市社会经济活动的外部环境和物质条件,侧重对城市规划、基础设施建设、环境保护与改造等社会公共事业以及社会治安、社会保障等社会公共福利的管理,机构设置也开始重视社会服务和宏观管理。在管理方式上,城市政府一般不再直接管理经济组织的活动,而是运用经济、法律手段从宏观上调节市场运行机制,间接作用于企业活动。"社会主导型"的城市管理模式将社会服务职能分给社会组织承担,实现了"管养分离",将市政建设、养护、环卫作业、园林绿化单位推向市场,不断增强相关企业在市场中求生存、求发展的活力,同时也减轻了政府的财政负担。

(二) 国外城市管理经验

1. 重视城市规划

现代城市规划以城市中的自然、社会、经济、政治和法规等问题为研究对象，从宏观的社会经济角度、整体角度出发，用社会理性干预人类的行为，调配社会资源，构筑城市空间环境，引导城市健康快速发展。它在城市自然资源持续利用、社会资源合理分配、群体利益妥善协调等方面起着极其重要的作用。城市规划是经济建设和城市建设的统一体，从城市建设的角度保障经济建设，指明城市的性质、发展目标和发展规模，提高个别和整体土地建筑的效益。同时，它也是市民生活质量的"卫士"，通过公共绿地、道路、居民的住房阳光权和住宅区的其他公共服务设施来提高市民的生活水平。鉴于城市规划的重要作用，发达国家在城市管理中将规划与建设有机结合起来，使理想的规划逐步得以实现。比如英国有技术力量雄厚的咨询服务公司和开发公司，有城市规划方面的专家，也有经济学专家、社会学专家、管理学专家、金融学专家和法律专家，他们始终参与城市规划工作，在制订具体的规划蓝图时能充分考虑到各方面的因素，以确保规划的准确性、科学性。

2. 政府部分行为企业化

自20世纪70年代以来，随着国家经济活动的现代化，政府的职能和管理范围也在不断扩大，财政支出也在不断扩增，政府逐渐无法承受沉重的财政负担，纷纷寻找财政出路，寻求最高的生产效率，开始引入市场机制。管理学界也开始掀起新公共管理运动，政府部分管理行为企业化已成为西方国家政府组织的基本思想。进入80年代后，这种思想备受人们的关注。在英国，地方政府规定所有的服务行业进行竞争招标，大量公共住宅出售给民营企业或个人，同时将大部分国营单位从政府机构中分离出来进行企业化改革等，推出"为顾客服务"的理念。

3. 城市管理的社会化与分权化

在欧美国家，生活福利设施以及其他公共设施的建设与运行都是作为独立部门出现在城市的管理体制中，专业化程度非常高。政府从社会有能力且应承担的城市管理领域退出，仅保留社会无法承担的城市管理职能，这样明确的社会化分工带来了高效率。例如，职工的生活起居需求由社会各部门承担，政府和企业不再独自建立房产管理部门。古希腊政府"凡是私人能做的事，决不让政府做；凡是低层政府能做的事，决不让高层政府做"的原则，仍然为美国管理学界所重视，即城市管理社会化，把一切烦琐的、零碎的工作都分工推向社会，临时雇用专业化队伍承担相关工作。

城市管理的分权主要有两方面的含义：一方面是政府内部的分权，即上一级向下一级的分权和低层政府向派出机构的分权；另一方面是政府与社会的分权，将由社会解决的问题归还社会，鼓励民众、非营利性组织、社会团体参与公共事务管理，主动承担许多政府做不了而企业又不愿管的事情，实现"小政府，大社会"的政府管理模式。

4. 城市建设资金多渠道筹措

西方国家的城市建设资金一般来自三个渠道：一是靠政府投资，政府投资的重点是城市基础设施；二是靠税收；三是靠全社会投资。美国新泽西州纽瓦克市在与私人团体合作促进城市经济发展和市政建设方面做得比较成功：纽瓦克市由于财政状况不佳，要满足市民对改善城市设施建设日益增长的需要显得比较吃力，但是他们通过多渠道筹资之后就解决了该市的困境。比如，为了改善某些工商业集中地区的资金短缺状况，市政府对驻地工商企业征收地区特别税；对诸如停车场等某些市政设施实行公私合建，这些项目仅仅依靠市政府的财力来建设显然是不现实的。

二、对城市管理的认识误区

（一）混淆城市管理与市政管理

在城市管理被城市政府和管理界日益重视的当今，有相当一部分从事城市管理理论研究的专家学者以及许多城市政府的管理者认为，城市管理就是建制市[①]政府对其管辖内，包括政府工作、城市规划、城市建设、环境和居民生活物资供给、科教文卫、社会保障等一切事项的管理。他们之所以得出这样的结论，是因为他们对城市管理理解错误并进行了错误的推论——城市管理就是直辖市管理、建制市管理、建制镇管理。因此，我们应明确城市管理与市政管理的区别。

城市管理与市政管理有以下几点区别：①含义不同。城市管理是指以城市的社会、经济和环境为对象，有效地利用城市资源，以实现市民生活水平持续提高和综合效益长期稳定增长的活动。市政管理指的是市政府作为国家政权序列中的一级行政单位，依照所享有的权力对其管辖内的一切事项进行管理。②管理对象和范围不同。城市管理是多元主体对城市公共事务的管理活动，涵盖城市社会、经济、环境等不同领域。市政管理则是城市行政机关为维护辖区内的公共秩序和满足市民需要而对行政事务和公共事务进行管理的各项活动及其过程。由此可见，随着城市公共事务日趋复杂，对城市公共事务的研究不断细化，市政管理实际上已成为行政管理在城市管理中的具体应用。③目的和任务不同。城市管理的目的和任务是通过管理实现城市这一高级人工环境的整体优化，也就是城市生态环境的绿化、净化、美化和各类城市服务设施系统运转效率的最大化，争取帕累托最优，为人类的生存和发展创造最佳条件。市政管理的目的和任务是在市政府统筹、主持、指导之下，对城市各种公共事业和公共事务进行有效管理并揭示其规律，以解决城市面临的现实问题，实现善治。④城市管理的系统性、专业性较强，是城市发展到一定阶段的特殊管理。市政管理则是综合性、复杂性比较强，因为其管理对象是多门类、复合型的。

---

① 建制市（municipality）是地方行政建制的一种类型，其设置需要具备一定的条件，并按照规定的程序进行审批。在西方国家，建制市是在城市化地区设置的一种地方政治实体，一般不辖有农村地区。中国城市发展的历史悠久，建制市却是近代地方政治改革的产物。在清朝以前，中国没有"建制市"。直到清朝末年，中国才仿效西方国家实行地方自治制度，城乡分治，设置自治市。中华人民共和国成立以后，在一段时间内沿袭了城乡分治传统。20世纪80年代推行"市管县"体制以来，每个建制市的管辖区都包含农村地区，市政府不仅面向市民提供公共服务，也面向农业、农村和农民提供公共服务。这种广域型建制市不同于城乡分治模式，是中国地方治理的显著特征。

（二）混淆宏观管理与中微观管理

城市管理作为现代社会管理的重要组成部分，内容极为丰富，因而可以根据其管理对象、区域和权限，分为宏观管理和中微观管理。宏观管理制定全国性以及区域性的城市发展战略，包括城市及其辐射范围内的区域在一定时期内的发展性质、目标和总体规划。宏观管理不仅影响着各个城市的未来发展方向，而且关系到一个地区乃至全国的政治、经济、社会生态的协调运转。宏观管理主要由中华人民共和国住房和城乡建设部、民政部及省住房和城乡建设厅等部门负责，同时中央政府和省政府还负责对全国或全省的所有城市的中微观管理工作进行宏观指导，这些指导工作由城市中的多个部门承担，但应避免涉及具体的中微观管理工作，也应避免将诸多中微观城市管理工作综合起来进行指导。而中微观管理指的是具体到每个城市管理体制和管理机制的建立健全、城市环境卫生、市容市貌、园林绿化、交通及城市建筑等，它是具体城市发展的内在支柱。中微观管理是现代城市政府最重要的基本职能。

三、现代城市管理的启示

现代城市管理应更加注重城市管理的人性化。以往的城市管理工作只是从行政体制的角度出发，没有充分考虑城市居民的需要。随着近年来相关城市治理理论的发展，城市居民逐渐认识到参与城市管理既是权利也是义务，开始从自身的角度出发参与城市管理实践，这就要求城市基础设施建设符合居民的需求。城市管理体制的各个方面也应依据便民原则服务于居民，我国推行的行政审批制度就是很好的探索。在城市治理模式的探索中，我们也应该学习先进的城市治理模式，城市政府的一切活动以居民的满意度为标准，改变传统的政府处于绝对领导地位的局面。

保护城市人居环境是城市管理理论中比较关注的一个方面，也是我国城市居民比较关心的重要环节。我国由于早期过度追求城市化，城市人口的过度膨胀给城市带来许多不便，造成生态环境被严重破坏，因此我们应采取有效的措施保护和改善生态环境。以可持续发展的思想为指导，认真借鉴国外城市发展的先进经验，结合我国各地区的实际情况，因地制宜，避免走西方城市"先发展，后治理"的老路，应注重从经济可持续性、社会可持续性、环境可持续性的角度出发，兼顾公平与效率，最终走上可持续发展的城市管理道路。

现代城市管理还应从加强城市监督体制等其他方面进行改进，具体情况具体分析，摸索具有自身特色的城市管理体制。城市管理发展到今天，必然要走向城乡一体化，城市发展最终要走向"数字城市"和"智慧城市"。我国经过多年的实践经验，摸索出了城市发展的总方针——"分步骤、多元化、协调发展"。此方针从我国的基本国情出发，考虑到各类城市的发展情况，从而避免了单纯强调发展或限制某一类城市的片面性。我国选择城乡一体化道路必将使城市体系的结构、布局、规模更加合理，城乡的关系更加密切，这也是现代城市管理发展的必然趋势。

思 考 题

1. 简述城市管理理论体系。
2. 简述芝加哥学派的城市管理理论。
3. 早期城市管理理论与现代城市管理理论的关注点有哪些不同?
4. 哪些城市管理理论在我国得到广泛应用?
5. 现代城市管理理论强调的从"管理"迈向"治理"有何意义?
6. 谈谈你熟悉的城市管理实践。
7. 国外的城市管理实践有何优缺点?哪些做法不适用于我国的情况?

第四章 城市管理体制

> **学习目标**
> 1. 掌握城市管理体制的概念
> 2. 了解现代城市管理体制的内涵与结构,明晰城市管理体制与城市政府管理体制的区别与联系
> 3. 了解国外城市政府管理体制的主要形式与特点
> 4. 了解我国城市管理体制的发展历程、特点、存在的问题及改革的基本思路

城市管理体制是城市管理的结构化与体系化,其形成和发展与一个城市的管理理念、管理主体的素质及权力分配等因素密切相关。改革开放以来,随着我国经济与社会体制的不断发展,城市管理体制的改革已提上日程,并在不同地区、不同省市进行着城市管理体制的改革试点,有些已收到很好的实效。因此,从理论和实践两个方面寻求与探索我国新的现代城市管理体制是一项重要的任务,必将对我国城市未来的发展产生深远的影响。

第一节 城市管理体制的内涵

一、城市管理体制的概念

城市管理体制的概念源于行政管理体制。根据一般的说法,体制是制度具体的、内在的表现形式和实施方式,是有关制度主体(包括正式组织、社会团体及个人)的行为规范总和。由于城市运行具有相当高的复杂性和系统性,理论界对城市管理体制的理解有很大的差异。从传统意义上说,城市管理体制就是城市政府的组织形式,它反映的是城市政府的组织结构、职能划分、内部权责关系,是规范城市的权力机构、行政机构、司法机构、政党等内部关系的各种制度规范的总称,是城市政府的组织结构、职能结构、管理方式和

运行机制的总和。城市管理体制是整个国家政治体制和行政体制的重要组成部分,在一定程度上反映了国家政权组织形式的基本特征。①

传统城市管理体制在本质上是国家政权组织形式在城市的延伸。在国内城市管理界,对传统城市管理体制比较有影响的概念解释是:城市管理体制是指处理城市中各阶级、阶层之间的关系,规范和调整城市内部的政党组织与国家机构之间、城市的国家机构纵向上下级之间以及横向代议机构、行政机构和司法机构之间关系的各种法律、规章和制度的总称。②然而,在现代城市治理的视角下,城市管理主体趋于多元化,我们认为城市管理体制不再仅仅指城市政府的管理体制,而应该是包含市场组织、社会组织等城市管理多元主体在内的管理组织结构、职能结构、管理方式和运行机制等的总和,是城市的管理组织设计、管理法规制度和管理运行机制的总称,是城市动态管理过程静态化、结构化、体系化的反映。城市管理学不仅要研究城市政府机关的组织体系、职责权限和活动方式,还要研究城市政党组织与政府机关的关系,研究行政机关与立法机关、司法机关的关系,研究上下级政府之间的关系,研究政府与事业单位、非营利性组织、企业及市民之间的互动关系。③

二、城市管理体制的核心

城市管理体制是一个综合性的概念,其核心是对城市管理多元主体之间的权利、义务和责任的配置与互动方式制度化、程序化的规定,具体包括对城市各级政府及其组成部门、各种营利性组织和非营利性企事业组织以及城市居民及其自治组织等各种主体的权责与互动关系的规定或描述。

在城市中,拥有正式的直接行使城市公共权力的主体,即城市的权力系统,包括城市的各级国家权力机关(立法机构,通常是代议机构)、行政机关(通常是城市政府)、司法机关。还有一些不具有正式城市公共权力,但对城市管理的决策和执行有着积极影响的社会组织和个人,即城市的非权力系统,包括各种政党组织、社会利益团体、民间组织和市民等。这些不同的城市管理主体要在一定的框架范围内相互配合、共同治理城市,就必须依赖城市管理体制对它们之间的关系进行规范。比如对国家机构之间、政党与国家机构之间、各机构上下级之间,以及权力系统与非权力系统之间的关系予以明确的规范,认定它们的职责和权力,从而建立起一个整合的政府,形成在充分尊重并鼓励公众参与的前提下,运用和动员社会及非权力系统的力量进行的一种解决城市治理问题的政治过程。④

三、现代城市管理体制的内容

现代城市管理体制具有多样性,主要内容包括城市管理的领导组织结构、制度体系结

---

① 孙荣,徐红,邹珊珊,2007. 城市治理:中国的理解与实践 [M]. 上海:复旦大学出版社.
② 张永桃,2002. 市政学 [M]. 北京:高等教育出版社.
③ 杨宏山,2019. 城市管理学(第三版)[M]. 北京:中国人民大学出版社.
④ 刘广珠等,2014. 城市管理学 [M]. 北京:清华大学出版社.

构、目标决策评测结构、职能职责结构、调控方法运行程序结构五大部分（见图4-1）。

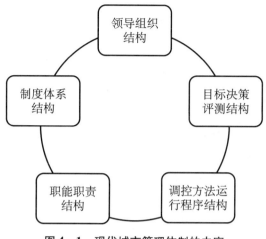

图4-1 现代城市管理体制的内容

（一）领导组织结构

领导组织结构是指各类城市管理的主体体系，包括各类国家机关、公民及各种公民组织，即各种城市公共行为、公共关系和公共事务的主体，尤其是其中起能（施）动作用的领导核心力量。按城市管理权利、义务和责任的流动方向，可以将领导组织结构进行以下划分：①决策主体，指城市管理的决策和指挥中枢，是城市管理活动中的权利、义务和责任的逻辑起点；②能（施）动和传动主体，指城市管理的指挥传导接力站，是城市管理活动中的权利、义务和责任的有效载体与传递环节；③被（受）动主体，也称执行主体，指最终接受目标任务，拥有相应权利、义务并承担责任的基层任务单位，我国的街道办事处就是典型的被（受）动主体，基层的企事业单位也属于此类主体。

（二）制度体系结构

在一个多元主体共生共存的城市空间内，制度的存在是城市管理的前提。著名制度经济学家道格拉斯·C.诺斯（Douglass C. North）认为："制度是为约束在谋求财富或者本人效用最大化个人行为而制定的一组规章、依循程序和伦理道德行为准则。"[①] 制度的主要功能和作用就是通过集体行动对个体行动进行控制、抑制、解放和扩张。制度作为一种行为准则和判断是非正误的标准，对一个社会的运行秩序起着非常重要的作用。

从广义上看，制度体系结构的内涵比较丰富，不仅包括最上层的宪法及其他法律，还包括一些带有管理和规范作用的地方行业制度、有连续性的政策、公民自治层面的守则以及约定俗成的行业准则和地方风俗习惯。制度体系结构被制度经济学者划分为正式制度和非正式制度。正式制度是指有意设计并作为成文的形式明确表达的、有强制约束力的制度表现形式；而非正式制度是一种在社会交往过程中发生的无意识的共识，人们的价值观

---

① 道格拉斯·C.诺斯，1994. 经济史中的结构与变迁 [M]. 陈郁，罗华平，等，译. 上海：上海人民出版社.

念、伦理规范、道德观念、风俗习惯和意识形态等都属于非正式制度。在某些情况下，源自民间的非正式制度会成为正式制度的源头。

完善的制度体系结构对城市管理而言，其意义在于促进城市管理摆脱决策者和管理者的一言独断、一意专行，将城市管理纳入一个公正的、有序的、连续的良好状态，使得城市管理过程有章可循，避免无序混乱的发生。

（三）目标决策评测结构

如前所述，城市管理总是为达到一定的目的服务的。对城市管理而言，目标就是管理所要达到的最终理想效果。目标决策评测结构是指制定的城市管理目标和绩效考核体系，包括短期、中期、长期目标体系的形成、评估、修正、分解、下达，以及分解方式、考核参照体系和运行程序的选择等，这是城市管理决策主体的主要工作。城市管理重在决策，因此要加大城市管理目标决策及其评测环节的优化力度。

（四）职能职责结构

职能职责结构是指城市管理职责和岗位分配体系，包括不同管理主体的职能分工、职位分析、岗位责任等。例如，我国城市管理从纵向看，市、区、街道、社区、公众是"五位一体"，紧密相连。因此，需要确立城区政府在城市管理中的主导地位，理顺市、区、街道、社区各自在城市管理中的作用和职责，以市为核心、区为重点、街道为基础、社区为配合，分工科学、权责明确、务实高效、运行有序。

（五）调控方法运行程序结构

调控方法运行程序结构是指城市管理主体可以动用的调控方式和程序体系，用来推动、控制各项城市管理过程（包括决策、分工、执行、监控等城市管理动态过程）的各个环节和步骤有机联动、有效运行，既包括各种行政的、经济的、财税的、法律的、直接的（间接的）、有形的（无形的）杠杆或抓手，也包括各种预定制的公共事务办理程序。目标体系和职责结构不同，调控体系也会有很大不同。

第二节 国外城市政府体制

城市政府在国家治理中所处的地位反映了城市政府在公共事务治理中的自主程度。城市政府的政治地位受制于国家的结构形式。国家结构形式有单一制和联邦制之分。在不同的制度安排下，城市的政治地位有很大差异。在联邦制下，联邦政府与成员政府实行法定分权，成员政府具有相对独立的政治地位。

西方国家和我国在城市管理体制上存在很多重大的差别，这不仅是由于国体差异，还因为制约城市管理体制的具体国情存在很大的差异。西方国家的城市管理体制最大的特点就是多样化，其城市管理机构的设置、城市政府的职能千变万化，显示出明显的多元化特征。①

一、西方国家城市政府体制的主要类型

(一) 市长议会制

市长与议会（或"市参议会"）的政府体制是美国最早形成且最普遍的政府形态。这种城市政府体制基于分权的原则，在组织上与州政府及国家政府有几分相同，其中设有立法、行政、司法三种机构，以行使城市政府的职能。议会是市的立法或决策机关，行使立法权力。市长议会制（mayor-council form）可以分成两种类型，即"弱市长—强议会"制（weak mayor-strong council form，简称"弱市长制"）与"强市长—弱议会"制（strong mayor-weak council form，简称"强市长制"）。两者的主要区别在于市长与议会的关系上，其权力、地位、重要性有所不同。

1. 弱市长制

弱市长制是美国最初发展的一种制度，是杰斐逊式民主的产物。这种民主观认为，如果一个政治家只拥有少量权力且经常受到检查，他在堕落腐败的时候造成的损害较少，且不会损害到整个城市政府。在这种制度下，议会在与市长的关系中处于优势地位，市长的权力受到很大的限制。市长只拥有一些礼仪性的职权，包括主持议会会议、出席重要庆典活动、会见重要宾客、授予荣誉称号等。

在弱市长制下，属于市政府工作部门序列的行政机关对市长和议会双重负责。重要行政部门的负责人由议会直接任命，其他行政部门的负责人以及委员会的成员由市长提名，经议会表决同意后，再由市长任免。行政机关有责任向议会报告工作。弱市长制是美国建国早期的市政体制设计，当时的城市规模较小，市政管理也比较简单。其优点是有利于议会监督政府的工作，其缺点是议会对市政府工作不适当的监督可能会降低行政效率。弱市长制的组织结构如图 4-2 所示。

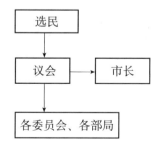

图 4-2 弱市长制的组织结构

资料来源：王德起，谭善勇，2009. 城市管理学 [M]. 北京：中国建筑工业出版社.

---

① 孙荣，徐红，邹珊珊，2007. 城市治理：中国的理解与实践 [M]. 上海：复旦大学出版社.

2. 强市长制

在美国现有的市长议会制下，大多数城市都实行强市长制。在这种体制之下，市长在与议会的关系中处于优势地位。法国所有城市都实行强市长制，市长在每次议会选举中由议员选举产生，市长不仅是议会的议长，也是中央政府的代理人和代表。美国多数大城市，以及德国的拜恩自由州、巴登-符腾堡州的许多城市都采用市长议会制，法国的市长权力最强。

强市长制的优点是市政府由行政首长进行统一指挥，有利于提高行政效率。其缺点是由于市长大权在握，议会的制约力较弱，容易引起市长专权并激化政府与议会间的矛盾。强市长制的组织结构如图4-3所示。

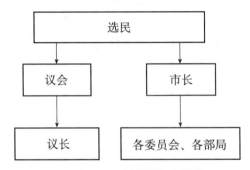

图4-3 强市长制的组织结构

资料来源：王德起，谭善勇，2009. 城市管理学 [M]. 北京：中国建筑工业出版社。

强市长制要求市长既是一名出色的政治领导者，又是一名精明的行政管理者，但很多市长候选人很难同时具备这两个特征。在城市治理中，市长与议会之间经常会产生冲突。在这种情况下，立法和执法之间就可能存在持续的僵局。如何才能保证城市管理顺利运行呢？在一些实行强市长制的大城市演化出特殊的"首席行政官强市长制"，即由市长任命一位首席行政官（chief administration officer，CAO），他根据市长的授权，领导市政府日常行政管理工作，只对市长负责，不对议会负责。

（二）市经理制

市经理制也称议会经理制（council-manager form），它是将企业的管理方式应用于城市管理的一种体制。特点是议会由市民选举产生，市的权力机关和决策机关负责决定市政方针，但不直接从事管理工作，由其聘请的市经理管理市政。

市经理一般是一个专任的、不具有政治性的、受过专业训练的市政专家。他由议会议员多数通过后任命，任期不定。市经理的人选主要根据其行政管理经验、能力及所受训练情况加以确定，不一定是本市居民。在其受任期间即为全市的主要行政首长，对议会或市委员会负责。在实行市经理制的城市中，一般会设置市长职位，但市长主要承担议会的礼仪与典礼方面的工作。

市经理制的优点是：有利于引入市场竞争机制，能够更广泛地延揽优秀专业人才负责城市管理；将私人部门的企业化运营模式引进城市管理领域，实行权能分立，清除了政治因素对行政工作的影响，有利于实行专业化管理，从而提高城市管理的效率和效益；有利于节约财政资金，减少纳税人支出；有利于把政治矛盾与城市管理分开，将政府的"掌舵"职能与"划桨"职能分开，议会负责处理政治矛盾和把握政策方向，而市经理集中精力解决专业和技术问题。

市经理制的缺点是：当城市发展和利益冲突导致的各种政治矛盾交织在一起，议会不能有效聚合各种利益和正确把握政策方向时，市经理往往无能为力；尽管从制度设计上看，市经理不参与政策制定过程，但全职（full-time）工作的市经理往往会向兼职（part-time）业余性质的议会提出相当多的政策建议；市经理拥有广泛的执行权，但不直接对选民负责，选民只能通过间接途径对政策执行施加影响，在一定程度上影响了政府的回应性。

市经理制是许多欧美国家的中小城市采用的一种组织制度，最早出现于美国弗吉尼亚州的斯汤顿市（Staunton）。1908年年初，该市议会通过一项法案规定，增设一名市经理，由议会授予其统领全市各局行政事务的权力。1912年9月，遭受严重水灾后面临重建的俄亥俄州的代顿市（Daytan），由市商会出面组成五人委员会修改市宪章，决定采用市经理制，新市宪章于1913年4月为全市市民通过，于1914年生效。代顿市采用较为新颖的市经理制后，由于选得适当的专业人才，市政府的组织改革获得较大成功。此后，美国的一些中小城市以及加拿大、德国、爱尔兰、芬兰、挪威和瑞典等国家的城市相继采用这种政府体制。市经理制的组织结构如图4-4所示。

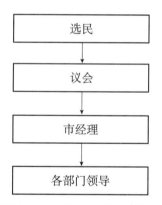

图4-4　市经理制的组织结构

资料来源：王德起，谭善勇，2009. 城市管理学［M］. 北京：中国建筑工业出版社.

（三）市委员会制

市委员会制（commission form）的特点是将所有城市的立法权和行政权集中于由选民选举产生的委员会，委员会通常由5—7名委员组成，是典型的"议行合一"形式。委员会委员拥有议员和行政官员双重身份，他们既制定政策，又执行政策。委员会下设市政各主要部门，每个委员分别担任下设行政部门的领导，并对委员会负责。委员会定期举行会议，并推举一名委员担任市长，由市长主持委员会会议。市长与其他委员的职责、权力平等，并没有实权，表决时只有一票表决权，而没有否决权。市委员会制下的市长主要负责出席典礼和主持委员会会议。

市委员会制的优点是：精简了城市地方政府组织，克服了分权带来的不利影响，提高了行政决策效率。其缺点是：制定政策与执行政策由一个机构承担，不能对行政和财政开支进行制约与监督，缺乏制衡机制；没有行政首长，缺乏统一的指挥和协调系统，导致责任不明，各自为政，难以全盘合作；不能保证选举产生的委员们具有该部门的专业才能和市政经验。因此，这种管理模式相对适用于小城市。

近年来，美国的市委员会制正在走向衰亡，除承担单一服务功能的特区外，许多原来实行市委员会制的城市都修改了市宪章，转而采用市长议会制。作为美国地方政府类型之一的特区，普遍采用市委员会制这种管理体制。市委员会制的组织结构如图4-5所示。

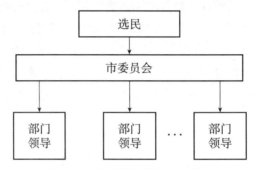

图4-5　市委员会制的组织结构

资料来源：王德起，谭善勇，2009. 城市管理学［M］. 北京：中国建筑工业出版社.

（四）议会委员会制

议会委员会制又称市议会制（council form），是由市议会兼行议决权和行政权，即实行立法和行政相结合的体制。市议会由选民选举产生，掌握立法大权，而行政权则由市议员组成的各种委员行使。事实上，市议会也是市政府，它集立法权和行政权于一身。市长由市议会从议员中选举产生，同时担任议长，市长没有实权，只是虚位。

议会委员会制的优点是：有利于维护市议会的权威性；有利于市议会对城市管理的监督；有利于减少议决机构与行政机构的矛盾。其缺点是：市长没有实权，不能对市政管理实施统一指挥，不利于协调各部门工作，对提高行政效率也可能产生不利影响。

英国以及北欧的瑞典、丹麦、芬兰的城市大多采用此种体制，德国、加拿大的部分城市也采用此种体制。议会委员会制的组织结构如图4-6所示。

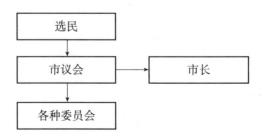

图4-6　议会委员会制的组织结构

资料来源：孙荣，徐红，邹珊珊，2007. 城市治理：中国的理解与实践［M］. 上海：复旦大学出版社.

二、西方城市政府体制的共性

西方国家的市政体制形式多样,市长和行政机关的职权也有差异。总结西方发达国家的市政体制,可得出一些共性特征。

(一) 城市政府为基层行政单位

发达国家一般以市、镇为基层行政单位。美国州之下的各类地方政府——县、市、镇和学区、特区——彼此之间互不隶属。日本的市、町、村与都、道、府、县之间也没有领导和被领导关系。除少数大城市外,发达国家的城市普遍不再下辖区和县。一方面,这是由于城市面积普遍不大,没有必要分区;另一方面,随着城市规模的不断扩大,市区人口不断向郊区迁移,导致卫星城市不断增加,这些卫星城市达到一定规模以后,就会申请设自治市。此外,从历史的角度看,西方的县普遍先于市而存在。随着城市化的发展,新设的市、镇在县的辖境内不断出现并要求自治,但县仍然主要代表农村居民的利益,它并不受制于市。

(二) 城市政府普遍享有自治权力

发达国家虽然有划分地方行政层级,但主要不是为了层级节制,而是为了方便管理以及更好地提供公共产品或公共服务。无论是英美法系国家还是大陆法系国家,地方政府的职责权限都有明确分工,即一级政府所管的事务,另一级政府一般不重复管理。这种纵向分权体制,界定了市政府拥有不同于其他地方政府的治理职能,市政府普遍享有自治权力。它不同于我国从中央到地方各级人民政府所管事务大致相同、下级受到上级节制的模式。在美国,自治宪章是城市自治的法律基础,美国有四十多个州被授予城市制定自治宪章的权力。对于纯粹的城市问题,由城市自治体负责管理,州政府不得制定州法。

(三) 议会在城市管理中扮演重要角色

议会行使立法权、议决权、重大人事任免权、监督行政权和财政预算权等。市议员由市民直接选举产生,对其代表的选民负责。议会对市长和市行政机关的活动进行监督与制约。在不同国家,议会的政治地位有一定差别。一般而言,英美法系国家议会的主导作用更为突出。英国议会不但执掌立法和决策,而且领导行政部门具体执行。大陆法系国家议会发挥的作用相对弱些。在意大利,市长在小城市处于支配地位,议会在中等城市控制局面,行政机关则在大城市把持权力。

(四) 实行公共产品的多中心供给体制

20 世纪 80 年代以来,伴随着市场化、私有化和民营化浪潮,西方国家在市政管理领域兴起了新公共管理运动。新公共管理把私人管理和市场机制引入公共管理领域,城市管理更多地依赖私人机构。受新公共管理运动的影响,市政府越来越多地利用私人企业与社团组织提供公共产品和服务。私人企业参与包括供水、排水、污水处理、废物收集和处理、供暖、交通、住房、文化、娱乐、体育设施等在内的公共事业。①

第三节　我国的城市管理体制②

除香港、澳门和台湾地区外，我国城市管理体制具有统一性。市人大是城市权力机关，市行政机关、市司法机关都由市人大选举产生，对它负责并受它监督。市人大是行政权力和司法权力的直接来源，行政机关和司法机关根据市人大的意志进行活动。在实际政治环境中，中共市委及其常委会发挥着领导核心作用，是市政管理的权力中心。

一、我国市政体制的发展历程

我国市政体制经历了曲折的发展过程。虽然我国城市发展具有悠久的历史，但是市建制的出现却相对较晚。直到清朝末期，我国才仿效西方国家的地方治理制度，在行政区划上设立市建制。它是城乡分治的产物，而且受西方的影响很大。1949年以后，随着党的工作重心由农村转向城市，党和政府加强了对城市的领导与管理，逐步形成了具有中国特色的市政体制。

（一）中华人民共和国成立前市政体制的沿革

我国最早的城市行政区首先在受资本主义影响最大的上海出现。1854年，英、美、法三国在上海租界成立了西方城市政权性质的市政管理机构——"工部局"。1862年，法国自三国联合设置的"工部局"中单独分出，成立了与工部局性质相似的"公董局"。工部局和公董局都是在外国资本主义列强的领事们的扶植下产生的，实际上是资本主义列强在上海租界的代理机构。这些机构与中国传统的封建分割管理体制相比，在城市管理上具有先进性，为上海以及全国各个城市的管理体制变革树立了一个参照物。

真正产生具有近代意义的城市行政区，在法律上承认市、镇是一种独立的地方行政建制则始于清朝末期和民国初期。为了挽救摇摇欲坠的统治，1905年，清政府派载泽等五大臣出访北美、西欧和日本，考察外国的民主宪政和地方行政制度。清政府于1909年1月8日颁布了《城镇乡地方自治章程》，这是我国历史上第一次以法律的形式对城镇区域和乡村区域进行划分。其中规定：凡府、厅、州、县治城厢为"城"，凡聚居5万人以上的地方为"镇"，城、镇与乡同为县领导下的基层行政建制。城和镇均视为市建制，市的组织以议事会掌立法，董事会掌行政。虽然清朝末期关于市的规定比较粗略，但它标志着我国

---

① 杨宏山，2019. 城市管理学（第三版）[M]. 北京：中国人民大学出版社.
② 本节内容主要围绕市政体制进行阐述。

近代意义上的"市"及市政管理组织的产生。

1911年11月辛亥革命后江苏省成立了临时省议会，决定在全国继续推行地方自治，颁布了《江苏暂行市乡制》。该法令规定："凡县治城厢地方为市，其余市、镇、村庄、屯集等个地方，人口满五万者为市，不满五万者为乡。"即将清制中的"城""镇"统一改称为"市"。这是我国历史上第一次提出市制的概念。

1914年，袁世凯下令禁止地方自治，市组织被解散。1921年7月，北洋政府颁布《市自治制》，9月颁布《市自治制施行细则》，规定市分为特别市和普通市两种。这是我国第一部由中央政府颁布的关于设置市建制的正式文件，从国家意义上开创了中国市制。1928年7月，中华民国政府颁布了《特别市组织法》和《市组织法》，分别规定了特别市和普通市的组织形式，还规定设置市的标准。人口数超过100万者，首都或在政治经济上有特殊情形者，可设特别市；人口数超过20万者可设普通市。当时，全国设市25个。1930年5月，中华民国政府颁布了新的《市组织法》，将市分为行政院辖市和省辖市两类，均为自治单位。市的基层实行闾邻制，市下分区、坊、闾、邻四级。五户为邻，五邻为闾，二十闾为坊，十坊为区。市的组织机构包括行政机构和民意机构。行政机构为市政府，设市长一人，负责管理市政，下设秘书处和各职能部门，并设秘书长为市长的幕僚长。市政府设市政会议，由市长、秘书长、参事及各职能部门负责人组成。市民意机构为市参议会，由市民选举产生，任期三年，每年改选三分之一。市参议员不得兼任市政府及所属机构的公务人员，市民对市参议员有罢免权，对市参议会的决议有复决权。1943年中华民国政府修改《市组织法》，简化了设市标准，将市基层实行的闾邻制改为保甲制，"市以下设区，区之内编为保甲"。至此，我国的市建制已较为健全，市在法律上具有地方自治的性质，并且还形成了省、县二级市的行政体系，这标志着我国市政管理体制已基本成型。

1949年之前，中国共产党在苏区、边区和解放区等不同时期的革命根据地开始了组织市镇政权的尝试。1933年12月，中国共产党在江西苏区公布了《中华苏维埃共和国地方苏维埃暂行组织法（草案）》，规定苏区城市分中央直属、省属、县属、区属四类。1942年1月，陕甘宁边区政府公布了《陕甘宁边区各乡市政府组织暂行条例》，规定边区市制设县级市、区级市和乡级市，均设参议会，议员分配实行"三三制"，共产党员、非党的"左派"积极分子和中间派各占三分之一。这些条例和市政体制探索，为中国的市政体制建设奠定了良好的基础。

（二）市政体制的演进

1949年中华人民共和国成立之初，全国共设131个建制市，其中12个为直辖市。除直辖市外，其他市均由省、自治区或行署区领导。1950年1月，中央人民政府颁布了《市人民政府组织通则》。它规定，市行使政权的机关为市人民代表大会和市人民政府。在市人民代表大会闭会期间，市人民政府即为市行使政权的机关。市人民政府是事实上的一级政权机关，兼行立法和行政职能。市人民政府实行委员会制，市长为委员会主席。

1954年9月，第一届全国人民代表大会通过了《中华人民共和国宪法》和《中华人民共和国地方各级人民代表大会和地方各级人民政府组织法》，对地方各级政权做了明确规定。市人民代表大会是城市的权力机关，市人民委员会即市人民政府，既是市人民代表大会的执行机关，又是市行政机关。1954年12月，我国颁布了《城市街道办事处组织条例》和《城市居民委员会组织条例》。

20世纪50年代初，为了保证城市蔬菜和副食品供给，少数大城市开始实行市领导县体制，如旅大市于1950年管辖了旅顺市（县级）、金县和长山县，本溪县于1952年由辽东省划归本溪市管辖。从1958年起，由于"大跃进"的展开，中央开始推行市领导县体制。1958年1月，上海市实行市领导县体制，领导11个县。随后北京也管辖4个县，1960年增至9个县。1960年，河北省撤销全部专区，在全省范围内实行市领导县体制。1960年年底，全国市领导的县达243个，占县总数的1/8。

1961年，中央决定调整市镇建制，缩小城市郊区，市领导县体制停止推行。当年河北省恢复了全部专区，不再实行市领导县体制。1962年，中央调整了市镇建制标准，撤销了10万人以下的建制市。至1965年年底，市由1961年的208个减少到168个，4年间共减少40个，直辖市仍保持2个，地级市由80个减为76个，县级市由126个减为90个。到1966年年底，全国只有25个市继续实行市领导县体制，总共领导72个县。

"文化大革命"爆发后，各级国家机关受到冲击，市政体制也遭到破坏。"文化大革命"期间，市人大和区人大名存实亡，市政府和市辖区政府被"革命委员会"取代。"革命委员会"由无产阶级革命派代表、领导干部代表和军队代表"三结合"组成。

党的十一届三中全会以后，中国进入了改革开放的历史新时期。1979年9月，全国人大常委会决定，将地方各级革命委员会改为地方各级人民政府。同年，市委和市政府机构开始分署办公。1982年12月，全国人大通过了新的宪法和新的地方组织法，规定市和区设人民代表大会和人民政府。市和区人民代表大会是地方权力机关，市和区人民政府是地方行政机关。市和区人民政府实行首长负责制。市辖区、不设区的市的政府，经上一级政府批准，可以设立街道办事处，作为它的派出机关。

1982年，中共中央、国务院决定在经济发达地区改革地区行政公署体制，实行地市合并、市领导县体制。年末，江苏、辽宁两省率先试点，后各地区陆续推开，迅速发展。1983年，全国已有126个市领导524个县，辽宁、江苏两省全部取消地区，实行市领导县体制。进入20世纪90年代，全国除海南省和台湾地区外，其他各省和自治区都实施了市领导县体制。此后，由于有些地方实施"撤市设区"改革，即撤销"县级市"，改设"市辖区"，县级市的数量有所减少。

（三）建制市的设置现状

截至2022年，我国除港、澳、台地区外共有691个建制市。直辖市的行政地位最高，县级市在城市体系中地位最低，但与县相比，县级市毕竟是"市"，在基础设施建设和公共服务提供上也有一些政策优惠。目前，东部发达地区一些建制镇的经济实力相当于内陆地区的地级市，如东莞的虎门镇、长安镇，中山的小榄镇，但它们并不具有建制市的政治地位。

我国现行政策对设市标准定得过高，许多县城和建制镇不能获得建制市地位。从国外情况看，不论是欧洲、北美还是日本、韩国，各国设市标准普遍低于中国。一些欧洲国家人口比中国少得多，但市的数量却比中国多。美国3亿多人口，全国有近2万个城市。美国设市的权力在州政府，有些州规定居住区人口数在1 000以上就可以申请设市。加拿大的设市标准更低，全国3 000多万人口，却有10 000多个自治市。

从辖区面积来看，美国城市更是无法与中国相提并论。美国很多大城市的面积只有我国的市辖区那么大，一些小城市只相当于中国城市的街道辖区。

在公共政策上，我国长期实行城市偏向政策，赋予大中城市优先发展权，却限制小城镇的发展。这一政策倾向促使人口大规模流向地级市、省城和大城市。建制市数量少、居民不能就近获取就业机会和公共服务，是大城市拥挤的重要原因之一。如果没有建制市的地位，小城镇不仅土地使用和开发受限，而且产业投资、公共服务提供、基础设施建设、教育和医疗资源配置等都受到制约。因此，为了加快城市化步伐，我们有必要降低建制市的设置标准，赋予更多的县和建制镇城市地位；允许具有实力的建制镇撤镇设市，大量增设建制市。这样，农民就近进城就业和定居，相对于到大城市打工，其成本和代价要小得多。

（四）城市行政等级制度

1. 建制市的行政级别。根据宪法、其他法律和有关规定，中国建制市的行政级别有四个层次。

（1）直辖市。直辖市是直接隶属于中央政府的地方行政建制。直辖市在城市行政区中的地位最高、规模最大。理论上，直辖市的行政级别与省和自治区平级。但实际上，其政治地位要高于省和自治区。目前，我国共有4个直辖市，即北京、上海、天津、重庆。直辖市的行政区划体系，在城区为市—区—街道，即"两实一虚"制，在郊区为市—区—乡（镇）三级制，在郊县为市—县—乡（镇）三级制。直辖市政府下辖的区、县政府的行政级别，比一般的区、县政府要高一级，与地级市政府的级别相同。

（2）副省级市。副省级市的行政级别为副省级，但在行政管理上仍受所在省的领导。目前，全国共有15个副省级市。[1] 其中，国务院对大连、青岛、深圳、厦门、宁波这5个市实行计划单列，也称"计划单列市"。其市委书记、市人大常委会主任、市长、市政协主席职务列入《中共中央管理的干部职务名称表》，职务任免由省委报中共中央审批。市直工作部门定为副厅级，内设机构为处级，市辖区及其工作部门的级别参照市直机关相应的级别确定，市辖县和代管的县级市的级别仍为处级。

（3）地级市。地级市是指行政级别介于省与县之间，行政地位与地区行署相当的地方

---

[1] 副省级市正式施行于1994年。1994年2月，经中共中央、国务院同意，中央机构编制委员会发文，原14个计划单列市和杭州市、济南市共16个市的政府机构行政级别定为副省级。1995年，中央机构编制委员会印发《关于副省级市若干问题的意见》，明确将前述16个市定为"副省级市"，但它们仍由所在省的省委、省政府领导。1997年3月，重庆市升格为直辖市后，副省级市减少为15个。

行政建制。地级市在法律上属于省、自治区、直辖市的范畴。截至2022年3月,我国共有地级市293个,大多为中等城市或小城市。经国务院批准的较大的地级市,有权制定地方性法规和规章,在管理上享有较大的自主权。

(4) 县级市。县级市属于基础城市,在行政级别上相当于县。县级市接受地级市的领导,不再下设区,下辖若干乡镇。伴随改革的步伐,县级市迅猛发展起来。县级市是由"撤县设市"而形成的,辖区内有大片农村地区,农业人口占比较高。随着大城市经济实力的不断增强,周边的一些县级市被并入市区,成为市辖区。

2. 建制市的立法权限。根据《中华人民共和国立法法》(以下简称《立法法》)的规定,在我国城市体系中,设区的市具有地方立法权,县级市不具有地方立法权,2015年修订的《立法法》规定,设区的市人民代表大会及其常委会,在不同宪法、法律、行政法规和本省、自治区的地方性法规相抵触的前提下,可以对城乡建设与管理、环境保护、历史文化保护三个方面的事项制定地方性法规。设区的市制定地方性法规,须报省、自治区的人大常委会批准后施行。《立法法》赋予直辖市、经济特区所在地的市更大的地方立法权。直辖市的人大及其常委会,在不同宪法、法律、行政法规相抵触的前提下,可以就各方面事项制定地方性法规。经济特区所在地的市的人大及其常委会根据全国人民代表大会的授权决定,有权制定法规,在经济特区范围内实施。《立法法》没有赋予县级市制定地方性法规的权力。

二、当代我国市政职能

市政职能是市政府在城市治理中依法履行的各项职责和功能的总称。广义地讲,市政职能包括立法职能、行政职能和司法职能。狭义地讲,市政职能专指城市行政机关承担的职能。这里主要阐述城市行政机关的职能及其发展趋势。

(一) 城市行政职能的主要内容

根据我国地方组织法的规定,市政府承担的行政职能大体包括六个方面:①行政执行权,也就是执行市人民代表大会及其常委会的决议,执行国务院和上级政府的决定和命令,执行国民经济和社会发展规划及财政预算;②行政领导与管理权,也就是全面管理本行政区域内的各项公共事务;③行政制令权,市政府有权规定行政措施,发布决定和命令;④行政监督权,市政府有权改变或者撤销所属各行政部门不适当的命令、指示和下级政府不适当的决定、命令;⑤人事行政权,也就是依据法律规定任免、培训、考核和奖惩行政机关工作人员;⑥行政保护权,也就是依法保护各类组织和个人的合法财产与合法权利,保障男女平等、同工同酬和婚姻自由等。

我国城市管理的具体内容十分宽泛,市政府集工业、商业、农业、财税、金融、卫生、教育、科技、文化、体育、环保、规划、城建、民政、公安、司法行政于一体。市政府不仅负责城区经济社会发展,还要规划、管理郊区及辖县各项事业发展。

（二）城市行政职能的发展趋势

我国城市政府的现行职能是特定历史条件和制度环境下的产物。市场经济的发展，客观上要求解决"政企不分""政事不分""政社不分"的问题，解决部门主义、本位主义、互相扯皮和利益冲突问题，扭转全能政府、部门职责不清等局面。

在市场经济体制下，政府的主要职责是弥补市场缺陷，提供市场不能有效提供的公共产品和公共服务。传统上，政府被视为公共产品的唯一供给主体，政府几乎垄断了城市事务中的所有领域。随着市场经济的发展，政府作为公共管理唯一主体的地位受到挑战。除政府之外，企业、社会组织、社区组织和居民也参与城市治理，成为城市服务的行动主体。

在考察发达国家城市管理经验时可以看到，市政府履行城市规划、基础教育、交通运输、基础设施、产业振兴、社会福利、公用事业、公共住宅、环境卫生、治安消防等职责。市政府对工商业的管理，主要表现为依法履行市场监管职能，同时对产品质量、环境、健康等问题进行社会性监管。市政府也会直接投资于一些公用行业，但与私人部门相比，公共部门在公用行业中的占比较小。

在政府职能转变问题上，中国既要借鉴国外城市治理经验，也要根据具体国情和市情推进改革。概括而言，政府职能转变的基本方向是：①减少"划桨"职能，根据政企分开、政社分开的原则，市政府可通过委托经营、特许经营、资产出售等方式，逐渐从竞争性领域退出来，尽可能地减少"划桨"职能；②加强"掌舵"职能，在引入市场机制的同时，市政府要提升政策学习和创新能力，通过政策创新引领城市发展；③加强规制职能，为保障和促进公共利益，市政府需要提升对微观经济的规制能力，强化对安全、环境、健康领域的管理；④强化服务职能，市政府不仅负责政策决策、市场规制、社会规制，也要直接提供教育、文化、卫生、交通、大众健身、园林绿化、社会保障等公共服务，保障全体居民均等享有基本公共服务。

三、我国城市管理体制的问题

中华人民共和国成立以来，城市政府和党组织成为城市事务的主要管理主体，它们不仅负责公共产品和服务的供给，而且亲自组织和生产私人产品与服务。改革开放以来，我国实行市场化改革，市场机制发挥着越来越重要的作用。总体来看，现行城市管理体制仍具有很强的政府主导色彩，在实际运行中存在以下问题：

（一）政社不分、政事不分

一般而言，城市是社会生产力最发达的地方，其市场发育程度较高，社会自组织和管理能力较强。在计划经济体制下，公共领域和私人领域的界限模糊，市场经济和社会自治受到压制，市政府对经济社会活动实行全面管理和控制。城市政府直接介入大量的微观经济社会活动，不但决定企业经营的人财物和产供销，而且对居民的生老病死负责，"管了很多不该管、管不好、管不了的事"。改革开放以来，随着经济改革的深化发展，政企分开取得显著进展，但政社不分、政事不分问题依然严重。政府直接组织并领导大量的事业单位、人民团体、社会组织，政府直接投资的事业单位在非营利性部门中的占比较大。

（二）政府间权责配置不对称

我国现行法律没有对城市政府的职责进行专门规定，城市管理的职责权限与普通地方政府没有显著区别。市政府与区政府、街道办事处的权责分配不合理，基层政府和街道办事处承担大量的社会管理与公共服务职能，但可支配的财政资源有限，街道办事处责任大、权力小、任务多、资源少，难以全面履行自身肩负的社会管理和公共服务职能。一些本该由区政府职能部门管理的事务，职能部门转手交给街道办事处，但相应的资源配置和财政支出却被截留，街道办事处普遍面临有责无权问题。

（三）政府机构设置较多

20世纪90年代以来，我国城市行政体制改革取得了一些成效，但政府机构设置较多、行政职能交叉现象依然严重。目前，直辖市党政机构设70个左右，地级市设60个左右，县级市设40个左右。市政机构仍然过于庞大，机构编制管理缺少战略规划，行政权力破碎化现象较为严重。机构设置过多，部门分工过细，导致职能交叉、多头审批、扯皮推诿、效率低下。例如，社会管理涉及政法委、综治办、维稳办、公安局、民政局、信访局、城市管理局、教育局、卫生局等十几个部门，却又缺少牵头机构。为协调部门之间的矛盾和扯皮问题，经常要由市长召集专门会议，耗费了大量时间、精力和财政资源。

（四）公共服务能力有待加强

我国城市管理侧重于经济和社会规制职能，公共服务能力有待增强。在基础教育、公共卫生、公共交通、公共安全、园林休闲、环境保护等领域，相关公共服务供给与居民需求之间的缺口较大。各市政部门设置了太多对内服务和自我服务的机构。例如，行政机构内部普遍设有人事、宣传、教育、老干部、工会、团委、机关事务等工作机构，这些机构数量往往超过行政机关内设机构数量的1/3。

四、我国城市管理体制改革的方向

2012年11月，党的十八大报告提出了未来我国城市管理体制改革的若干基准。一是在政治基础上，充分发挥我国社会主义政治制度优越性，坚守中国特色社会主义发展道路；二是在行政体制上，建立服务型政府，推进大部门制改革，以创造良好发展环境、提供优质公共服务、维护社会公平正义为宗旨，不断创新行政管理方式，改革统筹协调机制；三是在运行机制上，健全权力运行制约和监督体系，实现决策权、执行权和监督权既相互制约又相互协调，建立健全决策机制和程序；四是在社会建设上，形成党委领导、政府负责、社会协同、公众参与、法治保障的管理体制，形成源头治理、动态管理、应急处置相结合的管理机制。2013 年 11 月,《中共中央关于全面深化改革若干重大问题的决定》首次提出"推进国家治理体系和治理能力现代化",城市管理体制改革由此成为推进我国城市治理现代化的体制条件和重要动力。2017 年 10 月,党的十九大报告进一步明确了继续深化我国城市管理体制改革的重要方向。2018 年 2 月,在如何深化机构改革方面,党中央从推进国家治理体系和治理能力现代化的战略高度,提出规范垂直管理体制和地方分级管理体制,在同一领域或相近领域统筹配置行政处罚职能和执法资源,推动执法力量下沉,强化事中事后监管,实现政府监管信息共享等。党的二十大报告指出,"坚持人民城市人民建、人民城市为人民,提高城市规划、建设、治理水平,加快转变超大特大城市发展方式,实施城市更新行动,加强城市基础设施建设,打造宜居、韧性、智慧城市。"为城市管理工作提供了根本遵循。

(一) 转变政府职能,建设服务型政府

发达国家的市政职能以公共服务和社会监管为主,政府的基本职责在于矫正市场失灵,提供公共产品和服务,为市场运行、社会自治提供制度环境。相对而言,我国城市政府肩负着经营城市和发展经济的重要使命。城市管理注重经济发展和社会控制,而对公共服务供给的重视程度不够。借鉴发达国家城市管理经验,要进一步转变政府职能,推进政企分开、政事分开、政社分开,政府主要承担经济调节、市场监管、社会管理和公共服务职能。此外,还要培育非营利性组织,支持社会组织参与社会服务供给。

(二) 精简党政机构,推进大部门制改革

发达国家的市政机构一般保持在 10 个左右。例如,日本东京都在知事之下设 10 个机构,德国科隆市政府设置 9 个工作部门,法国巴黎市政府设置 13 个机构。相比而言,我国城市党政机构要庞大得多。党的十八大启动城市管理组织体制改革,组建专门领导机构,推进大部门制机构组建模式。主要路径包括:一是组建或重建城市管理委员会或类似的职能机构,并将其议事协调机构变为市政府职能部门;二是从市政公用设施、市容环卫、园林绿化、城管执法、建委、爱卫办等职能部门中,划转归并城市管理行政职能,初步形成了大部门制组织体系;三是通过行政强制执行权、行政处罚权的扩权、增项,进一步扩大城市管理部门的行政权力,初步形成了统筹协调的"大城管"工作格局。①

(三) 推进权力下放,建设回应型政府

随着经济社会发展,城市政府承担的公共管理和公共服务任务日益繁重,行政放权和强化基层已是城市发展的必然选择,在财政支出和机构编制上,需要给予区政府更大的权力。同时,区政府也要强化社区管理和公共服务供给。作为基层政府的派出机关,当前,街道办事处是社区公共事务管理的主要承担者,负责统筹社区公共产品和服务的供给,有必要在人力和财力上获取更大支持。区政府各职能部门也要贴近基层、贴近社区,及时回

---

① 陆军,2022. 新时代我国城市管理体制改革的方向与进阶 [J]. 城市管理与科技 (5):6-8+12.

应市民的公共服务需求。

（四）推进城市法治，建设法治城市

城市法治是城市管理现代化的重要标志之一。推进城市法治，就要把政府机关的职能、机构、编制、工作程序纳入法治轨道。发达国家普遍实行城市自治。由于国情和政治体制不同，迄今，我国城市并不拥有完全的自治权。为了推进城市法治，需要加快城市管理法规建设，做到有法可依、有章可循、依法管理。为此，一方面，在国家立法层面，有必要针对城市公共事务制定专门法律法规；另一方面，在城市治理层面，需要扩大城市立法权，健全城市管理的地方性规章，明确行政程序，推进城市管理制度化、规范化。①

思 考 题

1. 什么是城市管理体制？简述我国城市管理体制的发展历程。
2. 现代城市管理体制的主要内容包括哪些？
3. 西方国家城市管理体制的特点是什么？
4. 试分析我国城市管理体制的问题及改革方向。
5. 简述市经理制的优缺点。

---

① 杨宏山，2019. 城市管理学（第三版）[M]. 北京：中国人民大学出版社.

第五章 城市管理的基本理念

> **学习目标**
> 1. 了解城市管理的基本理念
> 2. 明确遵循城市管理的基本理念对城市管理的作用
> 3. 了解各种理念形成、发展的背景以及各城市管理理念之间的关系
> 4. 熟练掌握城市管理理念的现实应用

理念是作为社会主体的人的一种主观思想认识,是人的思维对事物的规律及本质经过长期认识和判断而形成的观念、信念、理想与价值的总和。城市管理的基本理念是城市管理文化的核心和灵魂,是城市管理者的管理思想、管理意识和管理观念的总和。城市管理水平的高低以及管理功效的高低,归根结底要受管理理念的制约和引导,陈旧落后的管理理念势必阻碍城市社会经济的发展。

第一节 以人为本的理念

人本管理是确立人在管理过程中的主导地位,从人的需求出发,围绕着调动人的主动性、积极性、创造性,以实现组织目标和促进人的全面发展的一切管理活动。人是城市发展的主体,是城市设计、建设的主体,也是城市管理的主体。从价值的角度来看,以人为本的城市管理理念,就是要充分尊重人的价值,满足人的需求,使城市发展的成果惠及所有城市建设者,把体现人性化要求作为城市管理追求的终极目标。以人为本的城市管理理念突出了人的重要性,推动了城市社会中多元主体和社会力量的有机融合。[①]

---

① 叶林,宋星洲,邓利芳,2018. 从管理到服务:我国城市治理的转型逻辑及发展趋势 [J]. 天津社会科学 (6):77-81.

一、以人为本理念的提出背景

20世纪五六十年代美国城市化发展的转型，推动了人们对城市认识的转变。起初人们对城市的定位是"工具性"的，认为城市就是通过高密度的集中住宅承载日益膨胀的城市人口，给城市人口提供基本生活和工作场所的工具。沈体雁等（2023）指出，以人为本、以法为基的城市管理理念和科学的城市管理体系方法可以提高城市运行效率。在新型城市化转型的发展时期，城市管理和城市建设也应当更加关注以人为本。城市规划不仅应当关注城市功能的实现，更应当方便城市居民日常工作和生活。以人为本的理念与党"立党为公，执政为民"的宗旨相一致，标志着我国社会主义建设的发展模式从以物为本转向以人为本。

二、以人为本对城市管理的要求

城市管理以人为本，就要一切从人出发，一切为了人，一切尊重人，一切服务于人。思想是行动的先导，有什么样的思想指引，就会有什么样的行为内容和行为方式。以人为本的现代城市管理要求：在对城市管理的过程中应该以人为主体，充分考虑人的需求，始终将人的需求作为工作的出发点和重点，特别要注意满足执法相对人尤其是弱势群体的实际需求。

（一）转变城市管理理念，树立新型行政文化观

行政文化是一切关于公共行政活动的行政意识观、行政价值观、行政道德观和行政心理倾向等的总和。任何一个行政组织的结构、运转程序、决策过程以及行政人员的行为、作风、态度、价值观等，都直接或间接地受到行政文化的制约和影响。转变城市管理理念，首先要破除传统的"官本位""权本位"思想，树立起人本主义理念；其次，要把广大人民群众的利益放在首位，想人民群众之所想，急人民群众之所急；再次，要革除"统治"和"管制"的管理理念，真正树立服务意识；最后，树立以公众（尤其是弱势群体）满意的服务价值取向，公众的意愿、期望与要求是政府城市管理的出发点和落脚点。

（二）深化城市政府职能改革，突出服务本质

政府的官本位意识和与民争利思想，折射出的正是政府城市管理职能未转变的深层次问题。深化城市政府管理职能改革，关键在于政府角色的正确定位。首先，界定城市政府职能，调整政府组织架构，按照市场经济条件下城市的特点明确界定我国城市政府的职能，并以此为基础重新调整政府组织架构；其次，建立"有限政府"，政府要将越位代行的权力归还给企业和市场，并真正担当起市场经济"裁判员"的角色；最后，构建服务型政府，突出政府服务本质。从思想上认识到城市公众对城市发展的重要性，切实实现政府工作重心向城市公众的转移，从而提高城市公众满意度，并最终通过公众价值的增加来提升城市的价值。

(三) 构建科学合理的城市政府管理绩效评估体系

政府绩效评估是根据统一指标和标准、按照一定的程序，通过定量、定性分析，对政府一定时期内的业绩做出客观、公正和准确的综合评判过程。建立科学合理的城市政府管理绩效评估体系可从如下方面着手：首先，建立新的城市管理绩效考核指标体系，对城市管理效果进行客观评价，应涉及经济、社会和环境以及城市中的人诸多方面；其次，建立多元化评估体制，应包括政府机关与官员的自我评估、上级评估、国家权力机关（人民代表大会）评估、相关专业的专家评估、社会公众评估以及大众媒体评估等；最后，可探索建立政绩评估的连带责任制度，一旦发现评估结论失实，不但要追究被评估者的责任，而且要追究评估者的责任。

(四) 建立健全公众参与机制，改革传统城市管理模式

城市管理中的公众参与是城市管理部门与公众之间的一种双向互动，有利于管理部门了解民意、汇集民智、凝聚民心，从而提升城市管理工作水平，真正实现以人为本。建立健全公众参与机制，首先要加大宣传教育力度，使公众明确参与城市管理的重要意义及其对自身权利的重要保障，使公众参与城市管理理念深入人心；其次，建立必要的沟通机制，在公众与城市及各管理部门之间建立信息双向传递渠道，促进政府与公众的沟通，推进政务公开和管理民主化，开展多层次、多方位的告知服务，完善不涉密公文的网上浏览、下载，保证公众对城市管理的全程参与；最后，确定公众参与的主要内容并多方位告知，具体包括公众参与标准制定、监督活动、维护活动和检查活动。

第二节　遵循城市发展规律的理念

城市发展是一个以城市经济增长为特征，以城市产业结构演进为核心，包括整个城市经济、社会、技术变革的综合性进化过程，既是人类文明进步的象征，也是经济社会发展的产物，有其自身的客观规律。违背规律，就会出现问题。世界各国发展阶段不同、资源禀赋各异，虽然城市发展没有统一固定的模式，但有一些共性特点、规律性特征，需要我们充分认识、自觉顺应。

一、聚集经济规律

(一) 城市聚集经济内涵

聚集经济是指经济活动在地理空间分布上的集中现象，主要表现为相同（类似）产业或互补产业在一个特定邻近地理区位上的集中所形成的产业群或相互依赖的区域经济网

络。中国自改革开放以来，特别是随着经济特区、经济开放城市和经济开发区的不断发展，以产业群为代表的聚集经济已经是推动区域经济发展的重要力量。

城市聚集经济理论的早期文献沿用了阿尔弗雷德·马歇尔（Alfred Marshall）关于内部经济与外部经济的概念，将城市聚集经济理解为对外部经济的充分利用。基于经济活动的外部性，城市聚集经济被分为三种类型：①企业内部规模经济；②对企业是外部的，但对产业部门而言是内部的经济，即地方化经济（localization economies）；③对企业和产业都是外部，但由于聚集在某个城市而产生的经济，即城市化经济（urbanization economies）。

1. 企业内部规模经济

企业内部规模经济等同于新古典经济学所说的规模经济概念，它是一种技术经济意义上的规模经济，起因于生产过程中关键设备的技术不可分性。企业内部规模经济可以理解为在一个凸的齐次生产函数中，若各生产要素投入的产出弹性之和大于1，则该生产函数具有规模收益递增的特性，即具有规模经济的潜能。

2. 地方化经济

当一个企业因位于同一产业部门中的很多企业聚集的城市区域而降低单位成本时，就产生了地方化经济。地方化经济也是一种规模经济，但对一家企业而言，它是一种外部规模经济。也就是说，这家企业本身的规模可以很小，依然可以享受到规模经济的额外收益或好处。但这种地方化经济对一个产业而言，却是内部经济，因为它要求这个产业必须集中于某个区域，而且必须达到一定的规模。

3. 城市化经济

当聚集经济对企业和产业而言都是外部经济时，就出现了城市化经济。城市化经济即单个企业的生产成本随着城市地区总产出的上升而下降的经济现象。这就是说，由城市共享基础设施和经济聚集而产生的大量正外部性，使城市产出在不增加城市总投入的情况下随着城市规模的增大而上升。

（二）城市聚集经济的内在动力

收益递增对解释城市的存在至关重要，城市是地方总体收益递增（聚集经济）与城市拥挤成本之间的折中结果。在早期，马歇尔把城市聚集经济的来源分为三种类型：源自劳动力市场的相互作用；源自中间产品和最终产品供给商之间的联系；源自知识外溢。这里主要从生产效应、生活效应和创新效应三个方面进行介绍。

1. 生产效应

聚集经济源自聚集所具备的生产效应，这主要体现于聚集对厂商成本的影响，其通过影响原材料的获取成本、劳动力市场、销售成本和竞争优势四个方面来影响厂商的生产成本。新经济地理学派、新马歇尔学派和地区竞争理论是这一领域的经典理论。新经济地理学派提出了"中心—外围"论，对聚集经济的形成机制进行了开创性的研究。新马歇尔学派从外部性的角度对聚集经济的形成原因做了详细的阐述，认为聚集经济能够带来正的外部性，其中专业化分工的形成、知识的外溢和市场的共享是这种正外部性产生的主要来源。地区竞争优势理论将重点集中在聚集经济效益的研究上，认为聚集能够提高厂商的生产效率和创新能力，并吸引新企业在此选址。

2. 生活效应

聚集经济源自聚集所具备的生活效应，其主要从降低生活成本的角度探讨聚集对消费者的影响。新经济地理学派和新马歇尔学派是这个领域的经典理论。新经济地理学派认为聚集促进了厂商和居民之间的相互作用，从而具有降低生活成本的作用。新马歇尔学派则在全球化背景下，对消费群体的变化与聚集经济的关系进行分析。

3. 创新效应

聚集经济源自聚集所具备的创新效应，其主要分析个体、厂商甚至国家层面的创新行为。对这一领域展开研究的主要代表理论有新增长学派和创新经济学。新增长学派将技术创新变量引入经济增长模型，并指出聚集能够对厂商产生吸引的原因在于聚集能够产生两种创新效应，分别是创新外溢效应和创新持续驱动效应。新增长学派主要关注个体和厂商层面的创新，而创新经济学更注重强调国家层面的创新行为，其从经济体制、历史因素、国家政策和文化等方面探讨聚集对创新的影响。

二、城市产业结构演变规律

城市产业结构是城市社会再生产过程中形成的各产业之间及其内部各行业之间的比例关系和结合状况。由于可以从不同的角度对城市产业进行分类，城市产业结构也就具有多重内涵。在现代社会，产业部门已经突破物质生产领域，涵盖国民经济的方方面面，产业结构已成为一个国家（地区/城市）的经济结构中最基本、最具代表性的结构关系。城市经济增长不仅取决于城市的产业结构现状，还受制于产业结构未来的发展趋势。

（一）城市产业结构内涵

对城市产业进行划分，除了按照整个国民经济的产业划分方法，即区分为第一产业（primary industry）、第二产业（secondary industry）、第三产业（tertiary industry），以及每一产业中细分为不同的行业、部门，还可以从城市经济自身的特点出发，划分成两大类：①以满足城市以外地区的（区域的、全国的、国际的）需要为目的，生产转出商品和劳务的产业，即输出或出口产业。②为适应出口产业的生产活动所派生的需要，以及为满足城市居民日常生活、公共福利和社会文化需要的地方产业。

由于各个城市的自然条件和社会经济条件不同，国民经济部门配置和发展规模不同，不同城市的出口产业差别较大。产业结构的优化对经济发展起着至关重要的作用，产业结构失衡必然带来市场供求关系的波动。建立合理的城市产业结构，最基本的是要协调两大产业之间的比例关系。

城市性质和经济技术发展水平对城市的产业构成有重大影响。不同性质的城市，如综合性经济中心城市和专业性城市，其产业结构、部门结构以及与此相关的劳动就业结构、技术结构和组织管理结构等，都会有所不同。相同性质的城市，在不同的经济、技术发展水平条件下，其产业构成也不相同。发达国家与发展中国家相比，其城市服务部门占比较后者要高得多。城市经济的发展,要求城市内的各种产业配置合理、比例协调,特别是保持城市基础经济部门和城市服务部门的合理比例,使城市生产、市政建设、居民生活协调发展。

(二) 产业结构演变的理论

产业结构理论的研究最早可追溯到威廉·配第(William Petty)的《政治算术》：农业、制造业、商业的收入依次增高。在此基础上,科林·G. 克拉克(Colin G. Clark)经研究提出了产业结构演进和劳动力转移间的相互关系：经济发展过程中存在客观的产业相对收入差距,随着国民经济水平的提升,劳动力逐渐由第一产业转向第二产业,继而转向第三产业,最终导致第一产业的劳动力人数减少,而第二产业与第三产业的劳动力人数逐渐增加。这个规律性结论被称为"配第—克拉克定理"。

配第—克拉克定理有三个重要前提：

(1) 对产业结构演变规律的探讨,是以若干国家在时间推移中发生的变化为依据的。这种时间序列是和不断提高的人均国民收入相对应的。

(2) 在分析产业结构演变时,首先使用了劳动力这个指标,考察了伴随经济发展,劳动力在各产业中分布状况的变化。

(3) 以三次产业分类法为基本框架。

在配第和克拉克研究成果的基础上,美国著名经济学家西蒙·S. 库兹涅茨(Simon S. Kuznets)在产业结构演变动因的分析方面做了进一步的深入研究,其研究成果主要体现在《现代经济增长》和《各国的经济增长》等著作中。库茨涅兹得出如下结论：

(1) 第一产业实现的国民收入,随着时代的延续在整个国民收入中的相对比重与农业劳动力在全部劳动力中的相对比重一样,处于不断下降之中。

(2) 第二产业实现的国民收入的相对比重,大体上是上升的；然而,工业部门劳动力的相对比重大体不变或略有上升。

(3) 第三产业的劳动力相对比重,差不多在所有国家都是上升的；但国民收入的相对比重却未必与劳动力的相对比重同步上升。综合来看,国民收入的相对比重大体不变,略有上升。

(三) 城市产业结构演变规律及趋势

随着社会经济的发展,城市产业结构呈现一个不断变动和演进的过程,一般的演进规律是：在国民生产总值和社会总就业人数这两个指标中,第一产业所占比重呈不断下降的趋势,第二产业所占比重呈先增后减的趋势,第三产业所占比重呈不断上升的趋势。伴随人均收入的提升,经济重心将从农业向工业进而向服务业转移,具体的演变规律如下：

(1) 第一产业、第二产业、第三产业的发展速度,从历史过程来看呈现依次递增的趋势,在国民收入中所占比重依次增大。

(2) 在工业化初期,第一产业的产值和劳动力占比不断下降,劳动力的绝对数量减少,劳动力大部分转移到第二产业,小部分转移到第三产业。

（3）在工业化的发展过程中，第一产业的产值和劳动力的占比继续下降，减少的劳动力大部分流向第三产业，小部分流向第二产业，第二产业的占比由上升转为稳定增长，第三产业的占比迅速上升。

（4）在工业化后期，第一产业的产值和劳动力的占比继续下降或趋于稳定，第二产业占比呈稳定或缓慢增长局面，第三产业占比继续提高。

三、城市土地利用规律

作为人类社会存在和发展的必要条件之一，土地是城市实现一切生产活动所必需的物质条件。城市土地是一个与城市人口、社会、经济、科学技术、环境等相联系的地域性概念。城市的各种基础设施、各种公用事业的建设和其他一些建筑物都离不开土地。城市土地利用是指城市中工业、交通、商业、文化、教育、卫生、住宅和公园绿地等建设用地的状况。土地为工业提供操作场地，为商业流通提供交易场所，为城市人口饮食起居、休息娱乐等活动提供地基和空间。

（一）城市土地利用内涵

开发建设提高了土地的使用价值，土地的经济属性在很大程度上决定城市的土地利用情况。一般说来，地价随着距离市中心的距离的增加而降低。市中心地价高，导致建筑物向高密度和高层发展；而城市外围地区地价较低，建筑物密度和层数也较低。但实际的城市土地利用除考虑地价因素外，政府还要根据环境质量、生活需要和发展方向做出规划，从而构建相应的城市地域结构和用地结构。

城市用地大致可归纳为以下几类：①工业用地，包括各种工矿企业、车间、工厂、建筑基地，以及厂区内的附属动力、供水、仓储设施和厂区外专用线、专用码头、附属设施和各种排渣堆场等；②对外交通运输用地，包括铁路、公路干线和各种站场及附属设施，港口码头陆域和飞机场用地及附属设施，汽车运输及附属设施等；③仓库用地，包括为城市生产和居民生活供给服务的以及为国家储备、中转设置的仓库、堆场及附属设施用地；④市政公用设施用地，包括水厂、污水处理厂、煤气站、公共停车场、火葬场等以及城市防洪、排水等工程构筑物用地；⑤生活居住用地，包括中央商务区、居住区以及附属的市内道路、广场、公共建筑、庭院、绿地等建设用地；⑥大专院校、科研机构用地；⑦风景绿化地区，即城市风景区、名胜古迹、文物保护区等；⑧行政机构用地，包括市政机构和驻市国家各级行政机构、社会团体等用地；⑨特殊用地，包括军事、监狱、看守所及外交使团用地、宗教用地等。

（二）城市土地利用规律与特点

郊区农用地是城市建设用地的主要来源。城市是由各种产业和部门组成的空间集合。人口与产业的聚集，必须以一定的土地为基础，因而在城市形成的过程中，必然会形成对土地的需求。城市用地早期主要是荒地，到了近代则大部分是农用地。特别是在快速城市化时期，会有有大量的郊区农用地转化为城市建设用地。但是，政府应严格遵照土地管理法的要求，严格审批，加强土地用途管制，以确保耕地总量的平衡。

从低价值到高价值是城市土地利用的总趋势。伴随着城市的形成与发展，土地在开发、利用、流转和用途的改变过程中，总是沿着一条从未利用到利用、从低价值利用到高价值利用的轨迹演进，使土地不断增值。土地增值即土地投入产出的增加，在土地有偿使用的条件下，往往表现为地租和地价的上涨。城市土地利用规律与特点如下：

（1）土地总供给的有限性是土地增值的前提。一般来说，一个国家为了保持稳定与发展，首先要考虑国民的粮食供给问题，因此在利用土地时，城、乡用地在国民经济发展中总要保持一定的比例关系。城市用地不能无限度地占用农用地，这就是城市用地的有限性。

（2）土地投入的增加。土地投入主要是指土地基本建设，即所谓土地开发、整治和改造所投入的费用，如"三通一平""七通一平"与郊区土地改良等。土地投入的增加使城市土地更适合于城市发展的需要和城市功能的发挥。

（3）土地流转和用途的改变。随着城市规模的扩大，一定数量的农用地逐渐被城市建设占用。由于城市土地的高度集约化经营，即单位土地面积上活劳动和物化劳动的大量投入，土地价值必然提升。在城市内部，不同用地之间也存在用途的相互转换，并呈现高效益产业取代低效益产业的趋势。

（4）城市土地利用空间布局的有序性。城市是由不同性质、不同功能的行业和部门组成的整体，每个单位都需要在不同区位内占用一定的空间。然而，它们在城市中的分布是有一定规律的。一般来说，商业、服务业用地多靠近市中心（或区中心），其次是公用事业、批发业、仓储业、小型加工业和住宅，而大工业则多半在城市的外围。这只是一般规律，实际情况要复杂得多。

一个大城市往往是一个多中心、多层次的复杂系统。在建成区中，土地利用常常是多种功能混合使用，不仅在水平空间上同一用地多种功能混合使用，垂直空间也存在不同功能混合利用，如办公区、住宅区混合利用的建筑。尽管如此，城市土地利用在水平与垂直空间上仍呈现明显的有序性[①]，并形成各种功能用地的均衡区位。这种有序态势，除其他因素的影响外，主要是靠地租、地价的调节作用来实现的。

四、城市体系的位序—规模法则

位序—规模法则（rank-size rule）是一个城市的规模及该城市在一国所有城市按人口规模排序中的位序关系之间的规律，解释了城市位序与城市人口之间的关系。该法则最早由奥埃贝奇·菲利克斯（Auerbach Felix）提出，后经罗特卡·A. 詹姆斯（Lotka A. James）、辛格·H. 沃尔夫冈（Singer H. Wolfgang）、乔治·K. 齐普夫（George K. Zipf）等人完善。

---

① 许芸鹭，雷国平，2018. 辽中南城市群城市用地结构的时空演变分析 [J]. 经济地理（1）：69 – 77.

1913年，德国学者菲利克斯通过对美国及欧洲五国城市规模分布的分析，提出区域内城市按人口规模呈有规律的序列分布，即城市的位序—规模法则（见式5-1）。该法则认为城市规模分布接近帕累托分布。

$$P_i R_i = K \tag{5-1}$$

式中，P_i表示城市i的人口；R_i表示城市i按城市人口规模从大到小排列的位序；K为常数。

詹姆斯于1925年对美国一百多个城市进行研究，发现美国的城市体系符合式5-2，其学术贡献在于允许位序变量有一个指数。

$$P_i R_i^{0.93} = 5\,000\,000 \tag{5-2}$$

式中，P_i表示城市i的人口；R_i表示城市i按城市人口规模从大到小排列的位序。

1936年，沃尔夫冈提出了一般转换公式：

$$\lg R_i = \lg K - q \lg P_i \tag{5-3}$$

式中，R_i、K、P_i的含义同式5-1，q为参数。

齐普夫法则是著名的有关城市规模分布的法则，也叫位序—规模分布（rank-size distribution），由哈佛大学齐普夫教授提出。他用1940年美国的都市区人口进行数据分析，虽然考虑的城市个体是自然边界而不是政治边界意义上的，但齐普夫认为政治边界的城市满足同样的等式。他认为第二位城市及其后更小的城市应当与最大规模城市保持一定的比例关系。式5-4是一个简单的示意。依照齐普夫法则，正常的城市首位度应当是2，四城市指数和十一城市指数①都应该是1，指标高于这一些数值说明人口集中在首位城市的特征相当明显，指标过低说明人口集中程度不明显或者属于双中心格局。

$$P_i = P_1/i \tag{5-4}$$

式中，P_i为第i位城市的人口；P_1为最大规模城市的人口；i为按城市规模从大到小排列的城市位序。

虽然齐普夫并非最早提出位序—规模法则的西方学者，但齐普夫法则在理论研究中被广泛运用，也引发了更多学者对位序—规模问题的思考，后来的学者们对齐普夫法则进行了各种变换。现在我们熟知的城市规模的位序—规模模式如式5-5所示，实质上是修正后通用的城市规模分布模式，即齐普夫模式的推广。当$q=1$时，城市呈有规则的序列式分布，即等级规模分布，齐普夫模式就是$q=1$的理想状态；当$q<1$时，呈序列式分布，中间序列的城市比较发达，且q值越小特征越明显；当$q>1$时，则呈首位型分布，且q越大，首位城市特征越突出；当$q=0$或趋向无穷大时，表示所有城市规模一样大或只有一

---

① 1939年，马克·杰斐逊（Mark Jefferson）提出了城市首位律（law of the primate city），作为对国家城市规模分布规律的概括。他提出这一法则是基于观察到的一种普遍存在的现象，即一个国家的"首位城市"总要比这个国家的第二位城市大很多。城市首位律理论的核心内容是首位城市的相对重要性，即城市首位度。所谓城市首位度，也称"首位城市指数""两城市指数"，是指一个国家或地区最大城市人口数与第二大城市人口数之间的比值，它通常用来反映该国家或地区的城市规模结构和人口集中程度。为了改进两城市指数的简单化，又有人提出四城市指数和十一城市指数。四城市指数：$S = P_1/(P_2 + P_3 + P_4)$，十一城市指数：$S = 2P_1/(P_2 + P_3 + \cdots + P_{11})$。其中，$P_1, P_2 \cdots P_{11}$为城市按规模从大到小排序后对应位序城市的人口规模。

个城市。当然，这种情况在现实社会中极少出现。[①]

$$P_i R_i^q = P_1 \text{ 或 } P_i = P_1 R_i^{-q} \qquad (5-5)$$

式中，$P_1 \geq P_2 \geq P_3 \geq P_4 \geq \cdots \geq P_i \geq \cdots \geq P_n$；$P_i$ 为按人口计量的第 i 位城市的规模；R_i 为按城市人口规模从大到小排列的城市位序；P_1 为最大城市的人口；q 为参数。

对式（5-5）进行自然对数转换后得到：

$$\ln P_i = \ln P_1 - q \ln R_i \qquad (5-6)$$

如果将式 5-6 的结果以图表的形式表达出来，就得到了位序—规模分布。当城市等级足够多时，城市规模分布在双对数坐标图上形成一条直线，这种关系就称为齐普夫法则。齐普夫对美国 1790—1930 年人口规模大于 2 500 人的城市进行统计分析，发现美国的城市体系基本符合位序—规模分布，历年的城市规模分布曲线接近于直线（见图 5-1）。

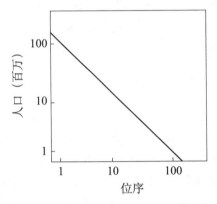

图 5-1　齐普夫法则的位序—规模分布

资料来源：ZIPF G K, 1949. Human Behavior and the Principle of least Effort [M]. Cambridge：Addison-Wesley Press。

第三节　由后果导向到原因导向转变的理念

一、城市管理过程的类型

当前存在两种城市管理方式，可概括为事后处理与事前控制。事后处理方式更重视城市问题发生之后进行治理，可称之为后果导向的城市管理模式；事前控制则把重点放在针对这些问题产生根源上的城市管理思路，可称之为原因导向的城市管理模式。

（一）后果导向模式

后果导向模式主要采用绩效评估的方法，即在一个系统的分析框架内，对活动的各个过程的绩效做出客观的评估。只有这样，才能很好地辨别影响活动的相关要素以及活动产

[①] 彭震伟，2004. 区域研究与区域规划 [M]. 上海：同济大学出版社．

生的后果，进而选择适当的评估指标体系和方法。

（二）原因导向模式

原因导向模式的核心在于，通过"结构序变"①，改变城市的力量构成，挖掘城市潜力，发挥城市功能。在实施城市管理时，不仅需要突击式地治理不时发生的城市问题，而且需要深入治理问题产生的深层次原因；不仅需要从发展方面控制城市问题发生的机制，而且需要从制度方面消除城市问题产生的条件。

二、后果导向城市管理存在的问题

（一）城市管理中治疗重于预防的种种现象

当前在城市管理中，大量的现象表明政府忙于反应性地应对问题，而不是预防性地避免问题。许多情况往往一直要等到问题变成了危机，政府才对那些受到影响的人们提供服务。在《改革政府：企业家精神如何改革着公共部门》一书中，奥斯本等人描述过美国社会种种这样的现象：

15 岁到 34 岁期间男性黑人致死的主要原因是他杀。自 1986 年以来，16 岁及以下的儿童因枪击受伤的概率，在大城市地区增加了 30%。枪击受伤致死的情况在黑人青年中剧增，而因其他暴力形式致死的情况则保持原来水平。

每年美国工业界为这个国家的男人、妇女和儿童每人生产两吨多有毒废料。据国会技术评价办公室估计，工业界能在 5 年内把这个总数减少一半。然而环保局将其预算的 99% 用于治理污染，而不是预防污染。

美国的婴儿死亡率在世界上排第 20 位——在工业化民主国家中仅列在希腊之前。据全国预防婴儿死亡委员会统计，医院平均为每个出生体重过低的婴儿花的钱是 50 万美元，至少是孕妇怀孕期间平均医疗费用的 250 倍。详细的医学研究证明，在怀孕期间实行预防治疗能节约费用。估计每投资 1 美元可节约 2—10 美元。然而美国有 2 000 万妇女和婴孩仍然没有健康保险。

1991 年，联邦债务达到 36 000 亿美元——美国的男人、妇女和儿童平均每人 1.4 万美元，每年光是用于偿还债务的利息，我们就得用去 200 亿美元。平均每个四口之家就要纳税 3 000 美元，如果当前这种趋势继续下去，那么到 2000 年，每个四口之家一年就得纳税 4 000 美元，用于支付国家债务的利息。

以上描述的是美国城市中的现象，我们的城市生活中也存在严重的类似问题，即城市管理过多地关注后果导向的反应性处理，而不是原因导向的预防性治理。这样做的结果是，在城市街头乱设摊、河道环境整治、城市建绿毁绿、违章建筑、道路交通管理、居住

---

① "序变"在生物学中是解释酶作用机制的一个专业术语，在哲学中也被解释为"量变引起质变的中介"。这里的"结构序变"可以理解为城市管理由"后果导向"转变为"原因导向"后的深层次变化，最终产生完全不同的管理效果。

物业等方面都可以看到大量的短效管理行为。

(二) 从反馈控制分析后果导向管理行为的问题

后果导向的城市管理模式具有反馈控制的特点。这方面的问题只有通过对反馈控制过程的分析认识其固有的局限性,才能从根本上改变城市管理的思路。反馈控制是施控者根据被控系统的输出变化去调整被控系统的输入状态。由于反馈控制是根据被控系统的过去结果或现实偏差去调整被控系统的未来行为,它具有两个不可避免的局限性。

一是反馈控制过程的浪费性。如图5-2所示,在管理控制系统的运行过程中,一旦被控系统偏离给定状态,使系统从偏离状态恢复到给定状态需要一个较长的过程。这个过程以消耗不必要的物质、能量和信息或不必要的人力、物力和财力为前提,因此反馈控制经常造成不必要的损失。

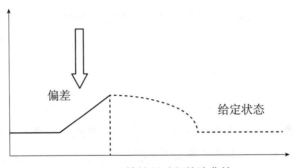

图5-2 反馈控制过程的浪费性

二是反馈控制过程的治标性。如图5-3所示,反馈控制的实施是以被控系统的输出状态为依据的,因此相对于被控系统的偏差行为,是一种滞后的"亡羊补牢"式控制方式,无法从根本上防止被控系统新偏差的产生。

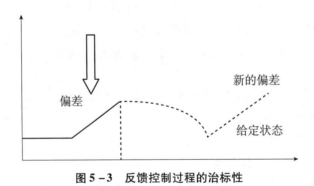

图5-3 反馈控制过程的治标性

三、原因导向对城市管理的基本要求

(一) 从前馈控制看原因导向管理思路的合理性

原因导向管理思路的合理性是以前馈控制所具有的特点为基础的。前馈控制是指施控

者根据被控系统在未来运行中可能发生的偏差,提前调整被控系统的输入,以避免系统未来运行造成给定状态的偏差。因此,前馈控制的特点在于它是根据被控系统的未来结果或可能发生的偏差来调整被控系统的未来行为。而前馈控制的作用就在于它有可能防止或避免被控系统对于给定状态的偏离。图 5-4 展示了由后果导向模式向原因导向模式变革的方向。

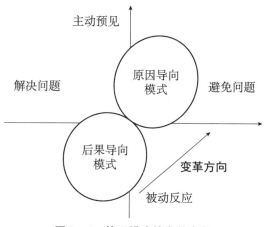

图 5-4 管理模式的变革方向

在采取针对原因的城市管理对策中,考虑结果与原因的因果关系可以有两种不同的对策(见图 5-5)。抑制性的对策重点是防止产生问题的原因再次发生;切断性的对策是假如产生问题的原因再次发生,可以防止它对结果产生影响。

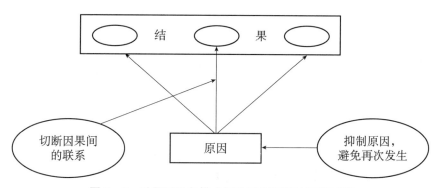

图 5-5 以原因导向模式解决城市问题的两种对策

（二）原因导向模式与城市战略管理

系统前馈控制的成功取决于多方面的科学预测:一是对系统所处外部环境规律性的认识;二是对外部环境作用于被控系统规律性的认识;三是对被控系统输出输入规律性的认识。

前馈控制对加强原因导向的城市管理的启示意义在于:可以把企业化的战略管理理念引入城市管理。战略管理强调预见性而不是反应性,强调长效性而不是短效性。通过科学分析城市发展面临的外部挑战和内部威胁,在城市发展的规划、建设、运行过程中规避可能的风险，从而使得城市更主动而非被动地塑造未来。如图 5-6 所示，使用 SWOT 分析可以帮助解决城市问题。

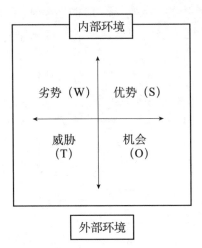

图 5-6　SWOT 分析

在城市管理中运用战略管理的思路，就是从当前对已发生问题的治理走向更多地思考未来可能会遇到的问题。问题有两种类型：在目标状态明确的情况下，纠正现状对目标的偏离，即解决已发生的问题；在现状既定的情况下，探索未来应有状态，即解决探索性问题。前者是城市事务的日常性管理，后者是对城市事务的战略性管理。城市战略管理的流程如图 5-7 所示。

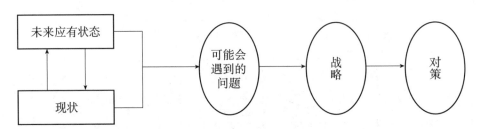

图 5-7　城市战略管理的流程

（三）加强城市发展全过程的战略管理

从原因导向的角度，认识城市发展的规划、建设和运行，我们可以对宏观的城市管理过程有一个整体的认识。

城市的发展，特别是城市基础设施的发展，有一个从规划设计到建设实施再到运行维护的过程，也就是通常意义上的城市规划、城市建设、城市运行三部曲。因此，城市管理应该囊括城市发展的整个流程或城市发展的整个生命周期，包括设计阶段的规划管理、实施阶段的建设管理、运行阶段的功能管理三大方面，可以将其对应于城市战略管理中的战略制定、战略实施和战略调控。只强调其中一个环节的城市管理理念会造成人为的管理分割，最终将影响城市管理的整体效益。

城市管理的三个环节是相互影响、相互支撑的，其中规划管理是城市健康发展的龙头，它对城市发展的未来功能进行了规定，为协调有序的城市建设提供了框架；建设管理是城市健康发展的基础，它是规划目标从构想到实现的中介，为城市功能的有效发挥提供了前提；功能管理是城市健康发展的关键，它决定着城市功能的实现和基础设施的正常运转，常常成为一个城市经济、社会、环境协调发展的外部表现和直接标志。

随着城市发展从以市政建设为主转向以功能开发为主，以基础设施维护和城市功能开发为特点的功能管理在整个城市管理过程中正变得日益重要。相对于规划管理和建设管理，当前人们对城市功能管理的了解较少。因此，当前的城市管理一方面要注意将规划、建设、运行三个环节相互衔接，另一方面也要把重点放在加强城市功能管理的研究和实践上。

（四）加强城市发展各环节的预防式管理

"以预防为主"是现代公共危机管理的重要原则，以预防为主的管理思想不仅应该用来理解规划、建设、运行的全过程，而且要体现在各个具体的环节之中。因为许多城市问题的发生可以在这些环节中找到原因。

1996年的联合国人类居住会议强调城市管理应该从战略高度认识规划的作用，这是要求将预防城市问题或"城市病"寄希望于做好城市规划。长期以来，城市规划较多地关注以"物"为主的物质形态规划，而对内在的社会、经济、环境领域可能产生的问题缺乏研究或关注不够。重视城市规划在预防式管理中的作用，就是要从传统的物质形态规划转向前瞻的以"人"为主的综合发展规划。

城市建设在城市发展中是至关重要的。城市规划得再好，但建设中发生扭曲，也不能达到预期的效果。现在有些城市的建设不仅未着眼于预防，甚至在加快城市问题的发生，例如在防洪的江边建设豪华房产，在被保护的旅游景点内建设有损于景点的建筑，等等。因此，预防导向的城市管理思想也应该贯穿城市建设的整个过程。

一方面，即使在城市规划和城市建设中已经充分注意到对城市问题的预防，但是如果在城市运行中管理不到位，也会导致或加快城市问题的发生。我国城市中的许多问题（例如交通拥挤、公共空间脏乱差）的现象严重，在很大程度上就与功能管理不到位有关。另一方面，即使城市基础设施供给暂时短缺，优质的功能管理也可以在可能的范围内对此进行弥补与改善。通过运行中的预防式管理，城市问题的发生频率或强度可以得到降低或减弱。

第四节　城市可持续发展的理念

可持续发展观已是当今人类的共识。可持续发展强调的是"发展"，而城市管理是为城市最终实现可持续发展提供契机。因此，在城市管理中要彻底改变以牺牲环境、破坏资源为代价的传统发展观念和经济增长方式，建立起新的经济、社会与资源的良性发展模式，从而促进整个城市的可持续发展。

一、城市可持续发展的内涵

城市可持续发展是指城市在一定的时空尺度上，在一定地域内与外部环境和谐统一，城市内部组织结构和运行机制协调优化，以公平原则实现城市资源和环境的管理，促进城市资源、城市经济、城市社会和城市环境之间协调发展的过程，是一种新的城市发展模式。关于可持续发展的内涵，本节从三个视角进行延伸：

（1）自然地理视角。研究自然地理和生态学等自然系统学科的学者认为：人类在促进文明进步的同时，侵占了自然环境，汲取了自然的能量，如果不加以控制，就会导致人类社会发展和生态环境发展的不可持续性。

（2）经济学视角。环境经济学家大卫·W. 皮尔斯（David W. Pearce）从经济学的角度出发，分析了可持续发展与人类发展的关系，他将环境与资源当作自然界给予人类的福利，这种福利不应只限当代人享有，后代的人们同样拥有享有这项福利的权利。杨开忠（2023）指出，生态文明建设必须充分重视时间因素的作用，统筹好世世代代的资源分配，实现既满足当代人的需要又不损害子孙后代福利的可持续发展。

（3）社会学视角。部分美国社会学家强调环境种族主义，即有色人种对生态环境和社区环境的破坏更大，他们在城市发展中往往承担破坏者角色。这种观念有着较强的种族不平等意识，不利于人类命运共同体的建设。社会学家还认为自然资源利用决策中的利益集团是造成资源倾斜及不合理利用的主要原因（刘迪，2022）。在市场经济的驱动下，城市中的利益集团为了赚取最大化的利益，通过合法或非法手段，使资源随自己的意志倾斜，导致资源不合理分配。

从资源角度看，城市可持续发展是指城市发挥和实现其内在的自然潜力，建立一个适合人类生存的、容量不断扩大的花园城市。城市养分可以来自城市内部，也可以从外界吸收，只有在资源的开发和利用达到平衡后，城市才能走上可持续发展的道路。

从环境角度看，城市可持续发展是指城市市民不断优化城市环境，将城市往适宜人类生存的方向改造，对社区的自然和人文环境改良做出贡献的过程。

从经济发展的角度看，城市可持续发展是指围绕生产过程和消费过程这两个中心环节，通过均衡地发展三大产业以及城市交通等活动，使城市结构更加合理、城市功能更加完善。

从城市发展的实际看，城市可持续发展是指城市在人口规模、土地规模、生产规模、产业结构、社会等级、城市功能等方面可持续性的变化，包括城市人口不断增加、城市规模不断增大、城市产业结构不断协调、城市功能不断完善、城市发展由不可持续到可持续的发展过程。

城市可持续发展作为新提出的一种城市发展理论，融合了城市发展理论和可持续发展理论，阐明了人文社会和自然环境的矛盾关系，以一种更加具体和接近现实的视角来描述人工—自然的城市系统。在城市系统中，人类生产生活和生态环境相互作用、相互影响，形成了既对立又统一的关系。城市人类活动对自然环境的影响十分深刻，气候、水源、地形等自然要素始终是一座城市产生和发展的基础，因此可持续发展对城市高质量发展具有重要意义。

二、可持续发展城市管理的内容和准则

（一）可持续发展城市管理的三个领域

一方面，从城市可持续发展的角度看，现代化城市是一个由经济系统、社会系统、环境系统组成的复合系统，它同时进行着经济再生产、人口再生产和生态再生产，城市在这三种再生产中分别产生经济效益、社会效益和环境效益。以城市基础设施为例，它可以分为主要用于经济再生产的生产性基础设施（如城市货运港口）、主要用于人口再生产的生活性基础设施（如社区物业管理）、主要用于生态再生产的生态性基础设施（如城市环境卫生）三大类。当然在多数情况下，城市基础设施兼有两种及以上的功能（如城市道路交通）。

因此，以可持续发展为导向的城市管理是一个三维概念，它包含了城市经济管理、城市社会管理、城市环境管理三个方面的公共事务。城市管理的任务就是要解决城市在经济、社会、环境方面表现出来的追求目标与当前现状之间的强烈反差，即通常所说的各种各样的城市问题或"城市病"。可持续发展的城市管理可以表达为：

$$U = \{A, R\} = \{(Y, W, Z), R\} \tag{5-7}$$

或

$$U = f(Y, W, Z)$$

式中，U 代表由经济—社会—环境三维结构组成的城市复合系统；A 代表组成城市系统的子系统结合；R 代表子系统间的各种关系；Y 代表城市经济系统发展变量；W 代表城市社会系统发展变量；Z 代表城市环境系统发展变量。

在由经济、社会、环境组成的城市三维复合系统中：

（1）城市经济子系统以产业为核心，由工业、农业、建筑、交通、贸易、金融、信息、科教等系统组成。该系统以物资从分散向集中的高密度运转，能量从低质向高质的高强度聚集，信息从低序向高序的连续积累为特征。

（2）城市社会子系统以人口为中心，包括基本人口、服务人口、抚养人口、流动人口等。该系统要满足城市居民的就业、居住、文娱、医疗、教育及生活环境等需求，以高密度的人口和高强度的生活消费为特征。

（3）城市环境子系统以环境为主线，包括人工设施（房屋、道路、管线等）、自然环境（资源、土地、水域、气候、大气、景观等）和生物（植物、动物、微生物）等，体现环境对城市活动的支持、容纳、缓冲及净化作用。

另一方面，从可持续发展的角度看，一座城市就是一个耗散结构，它每天输入食品、

燃料、日用品、工业原料、资金、商品，同时输出产品和废料，以维持稳定有序的状态，保证生存与发展（见图 5-8）。因此，对城市可持续发展的管理具有下列约束条件：

$$Y_{\max} \cup W_{\max} \leqslant Z_{\min} \tag{5-8}$$

式中，Y、W、Z 的含义同式 5-7。

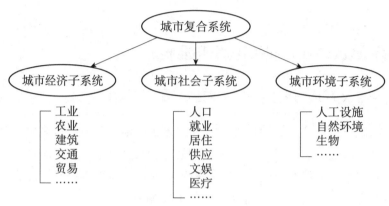

图 5-8 面向问题的城市三维复合系统

这表明，城市可持续发展的管理就是要运用规划、政策、法律、经济、教育和科技等手段，使得城市经济系统和社会发展系统得到发展，但又不超过城市环境系统的承载能力（见图 5-9）。

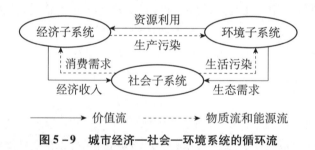

图 5-9 城市经济—社会—环境系统的循环流

需要指出的是，城市管理的对象是三维的，但它的重点在不同的发展阶段有所不同。因此，在城市管理中往往需要采取重点突破与协调发展相结合的战略。当前，从世界的角度看，对多年来偏重城市经济发展的矫正，已经使得环境管理逐渐成为城市可持续发展的主要理论课题和实践问题；从我国的角度看，随着我国政府职能转换，环境管理和社会管理也正在成为城市管理急须加强的内容。

（二）可持续发展城市管理的基本准则（3E 模型）

当一个国家或地区的城市化率达到 50% 以上时，通常这个国家或地区被认为进入了城市时代。因此无论是对全球还是对中国而言，21 世纪都被认为是一个以城市化为主的时代。当城市文明对人民生活和世界发展起主要作用时，人们就越来越清晰地认识到城市化不只是数量问题，更是质量问题。

对应于城市公共事务的三大领域，可持续发展城市管理的基本准则可以归纳为经济

(economy)、公平（equity）、生态（ecology），称为城市管理的"3E 模型"。这意味着以可持续发展为目标的城市管理，应当通过各种有效的管理手段，把城市引向经济繁荣、社会公平、生态友好的状态（见图 5-10）。

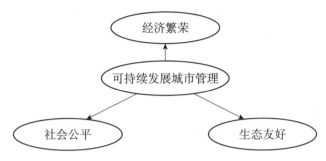

图 5-10　可持续发展城市管理的基本准则

1. 经济繁荣准则。城市经济繁荣要求城市的经济增长应该符合可持续发展的要求，具体指标包括城市经济总量规模、产业结构与生产方式、城市产业的空间布局等。经济增长要为社会和环境提供充分的物质基础，同时要求采取对社会有利和环境友好的发展方式。

2. 社会公平准则。城市社会公平包括地域社会的公平和代际社会的公平。城市社会公平要求通过对城市规划、城市建设、城市运作的管理，运用社会保障、全民教育、种族平等政策工具，提高社会的公平性。社会公平原则要求管理者注意城市各地域间的平衡，给城市各地域创造平等的发展机会。

3. 生态友好准则。城市生态环境的价值并不完全取决于商业价值或目前其对人类的价值，而是更多地体现在间接价值上，如保护水土资源、净化污染物质、维护地域生态平衡等。可持续发展的城市管理要求能维护和促进城市生态环境的价值。

因此，可持续发展的"3E 模型"要求城市三维复合结构的各个子系统都有正增长（$\triangle Y > 0$；$\triangle W > 0$；$\triangle Z > 0$），从而使得城市三维复合结构的总功能得到强化，总量呈增加态势（$\triangle U > 0$）。如果不是这样，城市的发展就不是可持续的。

（三）加强城市管理的综合决策与协调管理

可持续发展的城市管理模式为相关学者和管理者认识当前我国城市管理实践中的问题提供了有用的分析框架。我国城市问题中，既有单个城市的特殊性问题，又有一般城市的普遍性问题。运用可持续发展城市管理的三维分析方法，可以理清纷繁复杂的城市问题的线索，提高城市管理的政策研究和理论研究的科学化水平。

从可持续发展城市管理的多维性和协调性出发，可以发现作为城市发展层面的可持续性很大程度地依赖于城市体制系统的可持续性（institutional sustainability）。当前，人们对可持续发展引起的体制变革和管理变革问题往往重视不够。因此，人们在对城市可持续发展战略的认识逐步深入之后，必须把重点转移到制度创新和管理创新上。就加强城市环境与经济的综合决策与协调管理而言，需要从下列方向开展系统的工作：

1. 建立环境与发展的综合决策与协调管理体制。建立综合决策与协调管理体制的要义是：在决策与管理过程中，全面分析与通盘考虑环境问题与发展问题，使两者一开始就能够有机整合，以防止不可持续后果的发生。

2. 把可持续发展纳入城市国民经济和社会发展计划。计划是实施可持续发展战略的重要的体制工具和调控手段。将可持续发展纳入国民经济和社会发展计划，要求将资源环境问题放在与经济增长、社会发展同样重要的地位加以考虑，而不是像以往那样轻描淡写地一笔带过。

3. 制定和健全有利于城市可持续发展的各种政策。尽快建立包括经济政策（特别是财政、金融、税收、投资、价格、国际贸易等领域的政策）、法律制度、技术政策、人力资源政策在内的环境与发展协调共进的政策体系。同时，地方政府在国家赋予的权限范围内，最大限度地开展关于可持续发展的各项工作。

4. 对重大决策进行可持续发展影响评估。在重大政策出台和大型项目实施之前，进行可持续发展影响评估（特别是环境影响评估），可以有效降低风险，科学预防不利于可持续发展的后果发生。

5. 将环境资源成本纳入国民经济核算体系。"绿化"经济增长指标GDP，将环境资源成本纳入国民经济核算体系，建立资源有偿使用制度和污染付费制度，通过经济利益调节机制规范各类开发活动，将有利于从制度上消除资源浪费和环境破坏。

6. 建立公众和企业参与可持续发展的制度和机制。在推进可持续发展过程中，应当逐步把可持续发展重大事宜的知晓权、建议权、决策权、参与权、管理权、监督权赋予普通公众。积极培育公众参与可持续发展各项活动的机制，通过公众自下而上参与和政府自上而下推动的有机结合，形成可持续发展的内在动力。

三、三维协调管理的保障：组织与技术结合

（一）传统单一管理模式与城市可持续发展的矛盾

城市三维复合结构的概念对传统的、以条线为导向的城市管理模式提出了严峻的挑战。一方面，可持续发展要求城市实现以经济、社会、环境三位一体的综合发展模式，它要求在城市的规划管理、建设管理、功能管理中具有高度的多元性和协调性；另一方面，以条线划分、强调分工为特征的传统城市管理模式，无论是在组织体制还是在技术支撑上，对于处理部门之间、利益之间的问题都显得捉襟见肘，难以实现城市可持续发展所要求的多元协调目标。

以环境与发展为例，传统的城市发展和管理体系体现的是先发展经济后保护环境的思路，被视为发展部门的城市经济管理体系和被视为保护部门的城市环境管理体系之间往往是不协调的。由于传统的发展强调经济增长，城市发展首先制订的是城市经济规划。它根据当前经济状况，确定经济发展的阶段目标，并制定相应的经济政策，等等。在传统城市管理模式中，环境规划的制订虽然也考虑到未来的经济发展，但主要面对的是前期经济发展所造成的环境问题。这样的城市规划、建设和管理体系存在的不足之处表现为以下几

点：①层次差异。即经济规划先行、环境规划滞后，造成城市规划层次上的不协调和发展起点上的差异。②目标差异。环境规划和管理面对的是已经存在的问题，是前期经济发展中产生的问题，而经济规划是面向未来的。③内容差异。经济规划先行，受束缚相对较少，涉及内容较为广泛，也较为深入和详细，而环境规划严重依附经济、财政、管理体制等方面，涉及内容较为狭隘，在经济发展形势发生变化时很难相应地更新。④时效差异。制定环境规划时可参照先行的经济规划并提出相应的实施举措，但经济规划开始实施一般就不再回头了，由此环境规划、建设和管理的实施效率会低于经济规划的实施效率。

显然，这些差异表明现有的环境规划和管理体系与它在城市可持续发展中的重要性是不匹配的，没有反映出环境与经济相互平等、相互独立、相互影响、相互支撑的关系。因此，要实现城市可持续发展，就必须改变现有的经济、社会、环境相分裂的城市管理模式，建立有利于综合决策和协调管理的城市管理模式。

（二）变革单一管理模式的两种思路

针对城市可持续发展的要求，许多管理者和研究者分析了当前城市管理工作中存在的问题，提出了一系列变革方略。这些变革方略按照其主要解决的问题可以归纳为两种基本思路。

1. 强调组织结构变革的思路。这是指通过增设机构、集中权力，从组织机构变革层面来提高城市管理的综合性和有效性。例如，在成都市开发区的规划建设中，由于开发区群体分属不同层次、不同性质的部门主管，在规划、决策、管理等方面很难相互协调和配合，甚至一些基本信息和数据也难以汇总与交换，严重影响了开发区群体的合理建设发展。为此，他们成立一个统一的领导小组及其办公室，以对各类开发区进行统一领导和宏观调控，规范政策和管理，协调各方面的矛盾与问题。

2. 强调运用信息技术的思路。这是指通过高新技术、信息网络，从提高管理技术、管理手段的层面来优化城市管理，从而实现可持续发展。例如，一些学者认为，为了提高城市管理的综合化和科学化水平，城市必须建立 GIS 下的城市管理信息系统，创建城市管理自动化中心，同时在《中华人民共和国城乡规划法》的框架下制定符合当地实际情况的法则和图则。

上述两种典型的变革城市管理的思路虽然各有优点，但都不完善。它们都只涉及城市管理能力建设的某个部分，而不是整体和集成。第一，技术变革思路没有考虑到在城市管理中，技术只是重要的促进因素而不是决定因素。目前，城市管理部门与其他大多数行政部门一样，以计算机为代表的新技术投入并没有得到理想的回报，这在某种程度上说明仅靠新技术是不能从根本上解决问题的。第二，组织变革思路往往导致机构的升级和编制的扩张，是在管理上走"粗放型"道路。这些情况表明，可持续发展城市管理的挑战只是刚刚破题，还需要进行系统的思考，建立新的管理模式以适应城市可持续发展的要求。

（三）建立将组织与技术双重集成的综合管理模式

分工和集成是人类活动的两种基本形式。如果说传统城市管理的特征是强调分工，那么面向可持续发展的城市管理模式则强调集成。当然，分工和集成是对立而统一的，在强调分工时不可能没有集成，在强调集成时也不可能没有分工。随着时代的发展，分工和集成的相对重要性及各自表现会发生相应的变化。城市综合管理是以系统集成为重点的管理模式，它要求将现有的部门集成起来，在此基础上建立新的分工。城市综合管理的基本特征是"局部分工、整体集成"，追求整体效率和效益的提升。

在具体的实施上，城市综合管理要求将上述两种变革思路综合起来，构建合适的信息网络作为城市管理的技术基础，构建灵活的工作团队作为城市管理的组织形式。因此，面向可持续发展的城市综合管理模式包括部门的集成和技术的集成两个方面：

1. 部门的集成。部门的集成是对城市管理的传统组织机构的改造，但它不同于前述以增设协调机构为内容的变革。传统的城市管理是"分而治之"下的"树形结构"（见图5-11），在划分管理对象、管理任务时会出现"管理重叠"或"管理真空"的局面。而部门的集成是要构建能够承担多重任务的网络式的组织单元，以实现面向对象的城市管理（见图5-12），最终实现对各种问题的统筹处理。原有的线性组织单元通过跨组织的高效联系，灵活地组建成新的具有综合功能的网络组织单元，以实施面向对象的管理和服务。

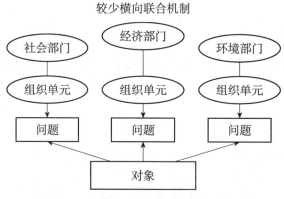

图5-11 面向问题的分离型管理结构

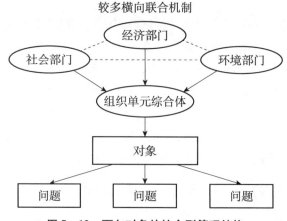

图5-12 面向对象的综合型管理结构

2. 技术的集成。综合城市管理模式在技术集成的层面，就是要集成以软件技术、硬件技术为主的计算机技术，以网络技术、光纤技术为主的通信技术，以及虚拟现实技术、电视电话技术、管理信息系统技术等，在国家信息基础设施和地方行政办公网的基础上建设网络上的城市管理信息系统，实现高水平的城市综合管理。技术集成是部门集成的重要条件，只有通过高效的信息传递、信息共享，才能实现高效率的跨组织协调和协作，减少管理过程产生的消耗，使城市管理真正走上"集约化道路"。

思 考 题

1. 遵循城市管理的基本理念对城市管理者有什么帮助？
2. 几种城市管理理念的关系是什么？
3. 新时代我国城市发展遵循哪些城市管理理念？
4. 城市发展的不同阶段应分别侧重于贯彻哪种城市管理理念？
5. 请分别举例说明几种城市管理理念。

第六章 城市管理的人文手段

> **学习目标**
> 1. 结合现代管理学理论,理解城市管理的五大职能
> 2. 掌握行政管理、法治管理、经济管理等不同管理手段的概念、内涵及特点

城市管理需要一定的手段、方法和先进的工具。城市管理者从实践中总结出一系列行政、法治、经济等管理手段,同时借鉴相关学科,尝试创造适合城市工作特点的管理方法。随着信息技术的普及,现代城市管理越来越依赖信息技术,并创造了良好的实践典范。本章在阐述城市管理职能的基础上,着重介绍实现城市管理职能常用的人文手段,包括行政手段、法治手段、经济手段等。

第一节 城市管理职能

一、城市管理中的计划职能

《礼记·中庸》有云:"凡事豫则立,不豫则废。言前定则不跲,事前定则不困,行前定则不疚,道前定则不穷。"这强调了计划对组织目标实现的重要意义。计划是决策的逻辑延续,组织将特定时期内的活动任务分解到各个部门、环节,从而为其在该时期内的工作提供具体依据,亦为决策目标的实现提供保障。

城市是具有高度分工特征的社会聚集体,包含经济发展、文化旅游、公共服务、环境保护等多个特定领域。政府部门作为城市管理的主要参与者,必须利用各种政策工具使得不同领域间实现协调统一,从而保障城市的正常运转与可持续发展。面对这项综合性强、复杂性高的管理工作,计划职能显得格外重要。

（一）城市管理计划的类型

城市管理是在地方层面上进行的管理工作，既包含不同时期的计划，也包括不同部门、不同层次的计划。一般而言，城市管理计划的划分可分为三种：一是按照时间划分的中长期计划和短期计划；二是按照部门划分的各种专业计划（专题规划）；三是根据详略程度划分的城市总体规划和城市详细规划。根据《中华人民共和国城乡规划法》（2008 年 1 月 1 日起施行）和《城市规划编制办法》（中华人民共和国建设部[①]颁布，2006 年 4 月 1 日起施行），我国的城市规划分为总体规划和详细规划，详细规划又分为控制性详细规划和修建性详细规划。

城市管理的计划涉及城市发展的方方面面，它是连接城市现状和未来发展目标的纽带与桥梁。因此，城市管理计划的制订应具有科学性、合理性和可操作性，这是实现城市发展目标的基本保障。

1. 中长期计划

城市的中长期计划年限一般为五年以上。城市管理机构根据城市功能，以城市发展战略的形式提出城市中长期发展目标和战略方针，并通过战略途径和战略措施体现城市的中长期计划。中长期计划更多地属于目标型、政策型和策略型计划，是城市长期发展的战略选择和政策保证。

2. 短期计划

短期计划包括年度计划、季度计划等形式，是城市对下一年度、下一季度所做的计划安排，是中长期计划的基础。这类计划侧重于年度（季度）的财政收支、投资、产值等状况的安排。因此，短期计划的内容更详细具体、更具可操作性，可归属于计划类型中的方案型和预算型计划。

3. 专业计划（专题规划）

专业计划是在总体计划框架内，针对不同领域分别进行的计划安排，主要由各部门围绕总体计划按部门特点组织完成。专业计划是总体计划的部门分解形式，不同总体计划对应不同的部门专业计划。一般来说，专业计划主要有城市经济社会发展战略、科教文卫发展规划、交通发展规划、产业发展规划、财政税收规划等。部门计划也有中期和短期之分，同时涉及目标型、策略型等多种形式。

4. 城市总体规划

城市总体规划是针对城市发展的空间扩散过程而进行的空间布局策划与安排。这种计划主要以城市土地利用为载体，从城市功能分区、人口与设施密度限定等方面进行，更强调各功能区之间的空间定位和空间网络联系。虽然总体规划侧重于城市发展的空间布局，但这种空间格局与人口规模、城市化水平、基础设施建设、产业特征、文化环境、城市发

---

① 2008 年，根据第十一届全国人民代表大会第一次会议批准的国务院机构改革方案和《国务院关于机构设置的通知》（国发〔2008〕11 号），中华人民共和国建设部调整为住房和城乡建设部；将城市管理的具体职责交给城市人民政府，并由当地政府确定市政公用事业、绿化、供水、节水、排水、污水处理、城市客运、市政设施、园林、市容、环卫和建设档案等方面的管理体制。

展定位等非空间因素也息息相关。

城市总体规划包括城市发展目标、建设方针、建设程序、建设任务分配、建设使用的资源以及实现发展目标所需的其他要素等多个方面，往往需要其他专业计划的支持。城市总体规划在时间上属于中长期计划，在内容上属于综合计划，在类型上属于规划型计划。良好的城市总体规划能够反映城市空间演变的未来趋势，有效促进城市有限空间的利用，激发城市发展的规模效应和聚集效应。

5. 城市详细规划

城市详细规划属于综合性计划，是在总体规划基础上制定的具体空间实施方案。控制性详细规划主要确定不同性质用地的界线、建筑物高度与密度、基础设施布局等方面，大多属于强制性内容。修建性详细规划则是城市土地利用的微观设计，包含建设条件分析及技术经济论证、建筑及景观规划设计、交通组织方案等，同时还需要对工程量和总造价进行估计，分析投资效益。城市详细规划体现了不同城市管理主体的价值观和文化内涵，使得各个城市呈现不同的特色。

（二）城市管理计划的层次体系

一般来说，计划的层次体系按照从抽象到具体，可以简单分为战略计划和运行计划，具体则可细分为使命、目标、战略、政策、程序、规则、方案、预算。不同层次的计划在各个管理层之中交叉进行，相互补充（见图6-1）。

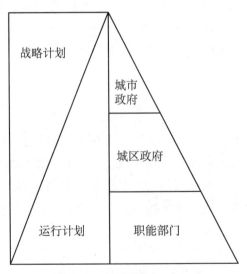

图6-1 城市管理计划的层次

战略计划是运行计划的指导，主要由城市高层管理者制定，应用于城市整体，时间周期较长；运行计划是战略计划的保障，通过具体的、可操作的安排实现城市发展的细分目标，制定主体为基层职能部门，时间周期较短。规则是形式最简单的计划，方案是综合性的计划，预算则是数字化的计划。只有将抽象的计划和具体的计划自上到下紧密贯通起来，形成一个综合的计划体系，才能实现城市发展目标。

（三）影响城市管理计划的因素

计划的制订建立在对未来预测的基础之上，然而各种客观或主观的不确定性都会对城市未来发展产生影响，从而降低城市管理计划的可靠性。因此，我们需要将各类主客观的影响因素加以统筹考虑，以增强城市管理计划的柔性。

1. 客观影响因素

城市管理计划基于对历史规律的总结和对发展现状的认识，为实现既定的目标提供思路。城市在各个发展阶段呈现不同特征，空间布局、产业结构、开放程度、人口结构、社会心理等都会随之发生改变；同时，由于科技的不断创新及其影响的快速渗透，信息化时代的环境具有高度的不确定性、模糊性和复杂性。一系列的挑战大大增加了预测城市未来发展趋势的难度，从而影响城市管理计划的制订。因此，在制订计划之前必须进行详细而深入的战略环境分析，包括外部一般环境、区域竞争环境和城市自身发展特征（优势、劣势、威胁、机遇）。

2. 主观影响因素

城市管理计划在由政府相关部门制订的过程中，在很大程度上取决于决策者与编制者对城市发展历史和现状的认知，以及他们对城市发展的预期。不同的决策者与编制者在背景、阅历和知识结构等方面的差异，使得他们会关注不同领域的工作。城市不同发展阶段的工作重点不同，所制订的计划自然也会有所侧重。

因此，我们在考虑城市管理计划是否符合客观的实际趋势时，需要将一些主客观因素所产生的影响考虑在内，并加以弹性约束，以保持计划的稳定性。

二、城市管理中的组织职能

城市管理计划的实施需要通过组织结构的设计和管理职权的划分来实现，这就是城市管理的组织职能。由于政治体制和传统文化的差异，各国城市管理的组织形式千差万别。篇幅所限，下文主要介绍我国城市管理的组织形式。

（一）城市管理组织的权力形式

从权力体系来看，我国城市组织的权力形式可分为权力系统和非权力系统。其中，权力系统按党政形式可划分为：①国家权力系统，包括国家权力机关（人民代表大会）、行政机关（人民政府）和司法机关（人民法院和人民检察院），统称为市政府系统；②政党的权力系统，由中国共产党的各级委员会组成。权力系统按职能可划分为：①决策权力系统，由中共市委、市人大及其常委会、市政府及市长组成；②执行权力系统，由市人民政府的职能部门和办事机构组成；③情报信息权力系统，由权力机构中提供信息、情报的调查研究中心及有关的新闻传播媒介组成；④参谋咨询权力系统，由协助中枢系统进行决策的各种组织组成，如数据库和领导决策信息中心等；⑤监督权力系统，由中共市委及市纪委、市人大及其常委会、市政府及其下属部门、市司法机关等组成。

(二) 我国城市的组织体系

我国现行的城市管理主体组织体系可参见本书第二章第三节，这里从城市层面对其进行具体阐述。

1. 中国共产党的城市组织体系

市级党组织原来主要有两个层次，即市级组织机构和区、街道的党组织。随着城市管理最终落实在基层社区，以及社区管理的推进，社区党员人数的增加和社区党组织的完善，社区也成立了规范的党的机构，使基层党的活动更加规范化。

市级组织机构由市委、市委常委和市纪委监委组成。其中，市委执行上级党组织的指示和本级党的人民代表大会决议，领导本地方的工作，并定期向上级党委汇报工作。市委常委在市委全体会议闭幕期间，行使市委职权，是主持市委日常工作的核心。市纪委监委在市委和上级纪委监委的双重领导下，检查党的路线、方针、政策和决议的执行情况；检查并处理党的组织和党员违反党章、党纪以及违犯国法的大案、要案，决定和取消对这些案件中的党员处分，受理党员的控告和申诉。

区、街道的党组织包括区委、街道党委和居委会党支部以及区、街道辖区内有关的企事业单位党组织等。其中，区委执行上级党组织的决议和区党代表大会的决议，领导本区党的工作，并定期向市委汇报。街道党委尽管不属于地方性的党组织，但同样执行区委的决议，全面领导街道的各项工作。

居委会党支部现多数已改为社区党支部，是城市党的基层组织，按照党章规定的各种形式完成基层领导工作。随着对流动人口管理的规范化，一些社区成立了流动人口党支部，使在特定地区集中和长期居住的流动人口向属地化管理过渡，党组织的属地化活动在其中起了重要作用。

企事业单位党组织包括所在地区内所有省、市、区、街道等企事业单位的党组织，它是属地化政策后党组织体系的新形式。

2. 城市国家权力机关组织体系

市人民代表大会简称市人大，它是我国城市最高国家权力机关。理论上，城市的行政机关、司法机关等都由它产生，并对其负责和受其监督。市人大代表由区、县人大选举产生，区和县级市人大代表由选民直接选举产生，每届任期五年，其职权包括决定权、执行权、任免权、监督权和地方立法权。

区人民代表大会的职权包括组织和选举区的人民政府、人民法院、人民检察院，选举产生市人大代表，通过和发布决议，审查和决定区的各项建设事业等。

3. 城市政府行政组织体系

市人民政府是市人大的执行机关，也是设在城市的地方国家行政机关。它由市人大选举产生，向市人大和上级国家行政机关负责并报告工作，在市人大闭会期间向市人大常委会负责并报告工作。市政府由市长、副市长、秘书长（或办公厅主任）、厅长（或局长）、委员会主任等组成。城市政府的主要职权包括执行市人大及其常委会的决议以及国务院、省级人民政府的指示、规定和命令；领导所属工作部门和下级人民政府的工作，改变或撤销县、区政府和市政府所属工作部门不适当的决议、指示和命令，讨论制定和组织执行国民经济年度计划和长期计划，决定与生产建设和人民生活有关的重大措施；讨论制定年度财政预算，决定实现预算的重大措施；依据城市总体规划，研究决定和组织实施城市建设的重大工程项目；决定加强城市管理的重大措施；等等。总之，城市政府对于涉及城市的公共事务都要进行管理。

除了市人民政府，在设区的市还有区人民政府以及街道办事处，它们分管不同范围内的经济、社会事务；不设区的市则以街道办事处作为城市行政管理的基层组织。

区人民政府由区人大选举产生，行使县级以上人民政府的职权。管理职能主要涉及解决直接与居民生活相关的经济、社会问题，以及就业、治安、市容和一些市政设施建设等方面的管理工作。其机构设置与市政府相似。

街道办事处是市辖区或不设区的市人民政府的派出机关，也是城市地区的基层管理机构。作为上级政府的派出机构，街道办事处主要配合上级机构的管理和协调工作。主要任务是接触民众，了解民众的实际需求；宣传和落实上级政府的管理措施与政策；监督上级政府管理措施的实施。因此，我国城市的街道办事处仅是市区政府的驻地办事机构，对具有实际责任风险的管理工作承担不多。

4. 城市司法机关组织体系

市各级人民法院是设在城市的地方国家审判机关，代表国家依照法律独立行使审判权，通过审理和判决刑事案件、经济案件、行政案件等控制手段纠正城市在发展和运行过程中出现的各类问题。

市人民检察院是设在市的地方国家法律监督机关，通过独立行使检察权的控制手段来监督与纠正城市法律的执行情况。因此，其职能是对城市管理中的控制手段进行监督与控制。

5. 城市非权力政治与社会体系

非权力体系的组成随国情和市情的不同而异，一般包括非权力政治系统和非权力社会体系。[①] 其作为参与性主体独立于决策体系和行政体系，能够从社会公平与公民权利的角度看待城市管理的种种措施。

市政协是城市中具有广泛代表性的爱国统一战线组织，也是城市全体社会主义劳动者和爱国者的政治联盟。市政协是在中国共产党领导下和全国政协指导下，实现党派合作的形式，也是在城市中发扬社会主义民主，实现政治协商、民主监督的重要形式。

市民主党派组织是根据我国八个民主党派在直辖市、部分地区和县级建立的组织体系。它们对中国共产党的领导起监督作用，为城市建设献计献策，协助有关部门扩大统一战线和维护各民主党派的合法权益。

市人民团体是代表特定阶层的具体利益，按照一定章程组织起来的群众性社会团体。在我国主要包括总工会、共青团、妇联、科协、侨联、文联等。

居委会是由区人民政府设立的，用于城市居民自我管理、自我教育、自我服务的基层

---

① 马彦琳，刘建平，2005. 现代城市管理学 [M]. 北京：科学出版社.

群众性自治组织,不设区的市、市辖区的人民政府或者它的派出机关对居委会的工作给予指导、支持和帮助。① 居委会遵照便于居民自治的原则,在100—700户的范围内设立,一般由主任、副主任和委员共5—9人组成,并由本居住地区全体有选举权的居民或每户派代表选举产生,每届任期3年。居委会作为基层的管理组织在城市社区自治、市民组织等领域发挥重要作用。居委会的主要任务比较繁杂,例如,宣传宪法、法律和国家的政策,维护居民的合法权益;发展集体经济,开展便民利民的社区服务活动;调整民间纠纷,促进家庭和睦、邻里团结;协助有关部门做好社会治安综合治理工作,落实治安承包责任等。随着我国城市管理民主化进程的推进和居民参与程度的不断提高,居委会的管理职能将逐渐向社区转变,居民自我管理的职能在城市管理中将起到越来越大的作用。

市民在狭义上是指居住在城市所辖区域内,持有本市户籍的公民;广义上,市民是指在城市中相对稳定地工作、生活和居住的所有公民(不包括暂住人口,但应当包括长期居住的非户籍人口)。② 市民是城市社会的主体,城市的一切公共设施和政治活动都是以市民为服务对象的。但是,在中国的城市管理中,市民作为城市管理主体之一的地位经常被忽略。实际上,依照相关法律的规定,城市公民享有广泛的政治权力和自由,其中包括在城市中参政的权利。市民参政的途径有利益表达、行使监督权、行使选举权和罢免权。市民参政是民主化建设的重要内容,也是城市规划、建设、管理、发展的重要保证和监督力量。

与企业管理中按照地区划分机构类似,目前我国城市管理的组织体系是按照职能和地区划分而组成的矩阵型框架,其地域与专业分工的概念要远远大于一般管理中的组织结构。

(三)城市管理的授权与分权

在当前各国的公共管理实践之中,授权与分权已经成为一种国际趋势,它对城市管理的组织体系产生了深远的影响。授权是上级将决策权力委派给下级,分权则是授权的一个基本方面。城市管理之中,广义的分权是高层级政府将决策权力分配给低层级政府,以及将经济运行交给市场。分权的前提是下级政府比上级政府更了解城市发展状况,居民能够实现有效自治,市场能够有序运行。

分权规则要与国家法规相协调。国家法规是城市管理工作的前提,国家法规给城市的空间越大,分权就越容易实施。分权必须考虑财政问题。分权在很多时候是与财政税收和经费相挂钩的,因此分权时需要考虑下放权力时随之下放的税收和经费。同时,还要考虑落后地区财力不足时,下放权力容易导致管理失控的问题。

授权与分权可以使低层级政府更加灵活地根据城市发展需求做出快速反应,提出更加

---

① 《中华人民共和国城市居民委员会组织法》(施行于1990年1月1日)。
② 目前我国人口普查采取常住人口口径。常住人口是国际上进行人口统计、发布人口数据时通用的总人口指标口径,指经常居住在某一地区的人口。在我国,常住人口是指实际居住在某地区半年以上的人口。主要包括三种类型的人口:一是居住在本乡镇街道且户口在本乡镇街道或户口待定的人;二是居住在本乡镇街道且离开户口登记地所在的乡镇街道半年以上的人;三是户口在本乡镇街道且外出不满半年或在境外工作学习的人。

适应本地实际的发展方案。但是，不是所有的权力都可以下放，且不一定所有的授权与分权都是有利的。

（四）城市管理中的沟通与协调

企业管理组织的实施需要沟通和协调，城市管理同样如此。城市管理的部门更多，垂直关系和横向部门之间的关系都很复杂，更需要充分的沟通与协调；加之我国部门分割又十分严重，同级别不同部门与同部门不同级别，以及不同部门不同级别，在同一个地区存在的现象非常普遍。沟通和协调是政府部门日常工作的重要内容。

城市管理中的沟通主要有人际沟通和组织沟通两种方式。

1. 人际沟通

人际沟通是指各部门负责人通过个人关系进行的信息交流。交流的基础是负责人之间保持良好的个人关系和融洽的工作关系。尽管沟通是为了工作，但个人之间的沟通却是必不可少的，它需要沟通者的耐心和智慧，甚至个人情感。因此，城市管理者往往又是社会活动家。

2. 组织沟通

组织沟通是通过部门之间的工作流程进行的。无论是哪两级之间，都需要通过正常的组织程序进行沟通。部门过多、审批程序复杂常常会降低管理效率。因此，简化部门关系、减少审批程序是提高沟通效率的关键。组织沟通的基础是建立组织和部门之间共同的工作利益出发点，在矛盾冲突领域寻找双赢机会、开展合作。

无论是哪一种沟通，都必须以减少工作障碍为前提，而不应以寻找个人利益为目的。因此，任何一种沟通和达成的协议都要符合法律程序与管理的要求。

三、城市管理中的领导职能

城市管理中的领导职能是在宪法及其他法律规定的严格的权力边界下，实现指挥、协调和激励的作用，它由一定的机构在特定的市政体制下执行。

（一）城市市政体制与领导职能

市政体制是国家行政机关行使领导城市发展权力的各种制度安排的总和，这里的行政机关就是城市政府。不同国家在城市领导机构的组成关系方面存在较大差异。英国、德国、美国的一些城市、北欧各国一般实行"议行合一"，即议会本身直接产生领导城市的执行机关；美国另一些城市、日本、法国等则实行"议行分立"，即由选民直接选举出执行机关和长官，或由选民选举出议决机关进而产生长官。我国的市政体制是由行使国家权力的机关按照一定的方式组成的体系，包括城市权力机关（市人民代表大会）、行政机关（城市政府）和司法机关。城市政府是直接行使城市管理领导权的行政机构，它在国家法律框架内领导城市建设与发展。

（二）城市管理领导的方式

一般来说，领导权力的来源可以分为法定性权力、奖赏性权力、惩罚性权力、专长性权力、感召性权力。这些权力形式的组合使得城市管理具有多种多样的领导方式，从而实现指挥、协调与激励的作用，促进城市发展的公平与效率。主要的领导方式包括：

（1）制定法规、政策来指导城市各项事业的发展。这是通过计划和控制性手段来引导、激励和鞭策企业、社团、机构和市民向市政府的计划目标努力，启发城市内所有机构和市民的自觉意识和自觉行动，是城市管理领导的重要内容。

（2）通过政府投资和支持开发新技术，引导、刺激城市经济和技术的发展。其支持与引导途径主要通过对基础设施的改善和对新技术产业的扶持，改善投资环境和经济运行环境，并通过技术水平升级来提高城市竞争力。

（3）通过树立典型，为类似群体树立学习和效仿的榜样，鼓励相关群体向榜样目标努力。

（4）通过管理者以身作则的行为，带领和规范市民和相关群体的行动。

城市管理中的领导是通过规范的权利与义务的组合来实现带领和激励作用，其最终目标是为城市内的全体居民创造更好的生活条件，它是所有管理手段的综合体现。

四、城市管理中的控制职能

在复杂的社会环境下，尽管可以制订计划、调整组织结构、调动人员的积极性，但是仍然不能保证所有的行动按计划执行，不能保证管理者追求的目标一定能实现。城市管理之中，内外环境的变化、权力的分散、管理者能力的差异等因素，决定了控制职能的必要性。

（一）城市管理控制的类型与机制

按照时机、对象和目的的不同，控制可以分为前馈控制、同期控制和反馈控制。前馈控制是在各类城市建设活动开始之前进行的控制，其目的是防止问题的发生，而不是问题出现时再补救；同期控制又称过程控制，是指在城市建设活动开始之后，对活动中的人和事进行指导和监督；反馈控制则是在一个时期的城市建设活动结束以后，对本期的资源利用状况及其结果进行总结。

城市管理中的控制要求城市运行的各部门之间形成一个封闭的控制环路。为了实现运行的可监督性，需要建立一套严格的城市运行控制机制，通过沟通和协调，及时发现城市日常运行中问题，提交给相关部门，并能及时得到处理的反馈信息（见图6-2）。

城市管理有效控制包括以下环节：对城市运行态势的掌控，这是控制的关键；沟通协调，这既是组织职能，也是实现控制的保障；程序的规范化和法治管理及其实施力度，这是保证控制效果的武器；对运行效果的评价，主要通过成本—收益关系，选择最优方案。城市的控制机制便是针对控制要求，建立使这些环节顺利进行的机制。具体机

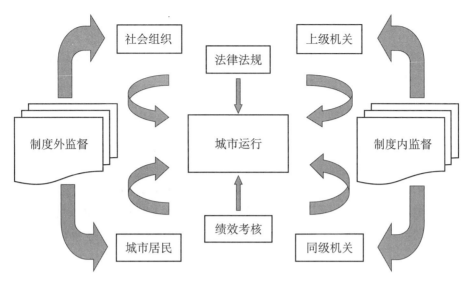

图 6-2 城市运行控制结构

制包括：

（1）信息共享机制。随着信息技术在城市管理中的应用越来越普遍，通过空间信息技术采集和获取信息已成为城市管理的主要手段，对城市态势的掌握也变得容易。通过公共信息平台建立信息共享机制，是实现城市控制职能的关键。

（2）沟通协调机制。部门分割在很大程度上阻碍着部门之间的有效监督，定期的联席会议、文件和政策等的及时交换能消除这种隔阂，是沟通协调机制的主要内容。

（3）法治化机制。法治具有强制性、规范性和稳定性的特点，它能起到行政手段、经济手段起不到的特殊作用。但现实情况是，城市管理中的法律效率低，监督控制力度不够。随着"依法治理"理念的深入，法律将在监督和控制中发挥越来越重要的作用。因此，监督和控制各环节的法治化是增强控制力度的有力工具。

（4）监督评价机制。监督得到有效改进的途径之一是，对监督对象进行评价以及对监督程度进行评价。因此，建立有效的监督评价机制也是保证控制职能实现的机制之一。

（二）城市管理控制的过程与原则

一般来说，为确保有效性，城市管理控制的过程主要可以分为三步：确立标准、衡量绩效、纠正偏差。

1. 确立标准

首先是要确定控制对象（如资源的投入、工程的周期、治理的效果），其次是选择控制的重点（如人力资源管理、长短期目标的平衡），确立的标准可进一步分为统计性标准、工程标准等。

2. 衡量绩效

在衡量绩效的过程中，应当检验标准的客观性和有效性，确定适宜的衡量标准，并建立信息反馈系统，方便管理者及时掌握偏差信息，为制定纠偏措施提供指导。

3. 纠正偏差

纠正偏差则需要注意找出产生偏差的主要原因，确定纠偏措施的实施对象（部门或人员），选择纠偏措施时应当充分考虑原计划实施的影响，注意消除人们对纠偏措施的疑虑，促进纠偏方案优化。

（三）控制绩效

根据控制管理，控制所组成的环路必须是封闭的，即参与和涉及控制的各部门之间的信息必须有一个对解决结果的信息反馈，以实现有效的控制。城市管理的控制途径一般是由群众、媒体或学者发现问题，司法管理机关等制定法规或管理办法，管理部门、执法机构依照法规和管理办法采用警告、处罚或刑法约束、控制手段解决城市发展过程中的问题（见图6-3）。这些途径基本兼容了前馈控制、同期控制、反馈控制的特点。

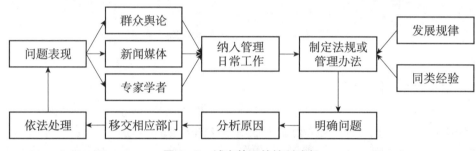

图6-3 城市管理的控制途径

在这个控制途径中，由于责任不明确以及控制者与损失承受人的分离，控制程序的效果会大打折扣。随着我国城市建设信息化程度的提高，对公共资源使用的严格控制、任务完成期限的约束以及管理责任的进一步明确，相关部门会更多地采用资金约束和时间约束等控制手段，更严格地监督和约束城市管理中的种种现象，以纠正偏差；信息技术的广泛使用，也为数据的搜集、运行过程的监控和信息分析提供了条件。

五、城市管理中的创新职能

组织、领导、控制是城市管理的"维持职能"，其目的是保证城市按既定的规则和预定的目标运行。然而，由于科技的不断创新及其对人的持续影响、市场环境的复杂变化等因素，城市管理在"乌卡①时代"变得更加困难，因此管理者需要不断调整系统活动的内容和目标，以适应环境变化的要求，提高城市发展的持续性。在这样的背景下，城市管理的创新职能应运而生。

（一）城市管理创新的基本内容

创新工作是管理过程的重要一环，城市管理创新的基本内容包括目标创新、技术创

---

① 乌卡指 VUCA，即 volatility（易变性）、uncertainty（不确定性）、complexity（复杂性）、ambiguity（模糊性）。

新、制度创新、组织创新、环境创新等。

1. 目标创新

城市是在特定的经济社会环境之中运行的，特定的环境要求城市按照特定的方式运行，并提供特定的公共服务。新时代我国社会主要矛盾的变化决定了城市治理必须致力于提高发展质量，满足人民群众对美好生活的需要。在新型城镇化背景下，城市应当更加注重基本公共服务均等化和城市生态环境治理，提高城市的宜居性、发展可持续性。

2. 技术创新

科技发展不仅带动了产业转型升级，还为城市治理带来了新的机遇。创新城市管理要素组合方法，促进基础设施互联互通，有利于释放城市发展新动能。加快智慧城市建设，促进大数据、物联网、云计算等新一代信息技术与城市管理服务融合，发展民生服务智慧应用，有利于提升城市治理和服务水平。

3. 制度创新

城市管理制度对城市发展具有导向功能、激励功能和协调功能，管理目标会随着时代要求变化，决定了管理制度也必须随之创新。农业转移人口市民化进程加快，户籍制度改革势在必行。然而，如何推动财税体制改革、优化基本公共服务供给制度同样是城市制度创新面临的一大考验。

4. 组织创新

城市系统的正常运行既要求具有符合城市及其环境特点的管理制度，又要求具有与之相适应的运行载体，即合理的组织形式。2023年3月，中共中央、国务院决定组建国家金融监督管理总局，并向各省和部分重点城市派出监管局，这一举措正是为了加强城市金融风险管理和防范处置，统筹金融消费者权益保护。

5. 环境创新

城市与经济社会环境的关系，不是单纯的适应，而是在适应的同时去改造、引导，甚至创造。环境创新是指通过城市积极的创新活动去改造环境，引导环境向着有利于城市运行和发展的方向变化。当前，许多城市深入贯彻落实创新驱动发展战略，注重优化创新创业生态链，吸引了大量创新创业人才聚集，为城市发展增添了新动能。

（二）创新的过程及其管理

卓越的管理是实现维持与创新最优组合的管理。新时代，城市发展所面临的内外部环境快速变化，因此需要树立发展的紧迫感，在变化之中积极寻找机遇。加强和改善党对城市工作的领导，党委统一领导、党政齐抓共管，从而形成强有力的领导联盟；以人民群众对美好生活的向往为愿景，坚持人民城市人民建、人民城市为人民，积极调动市民、企业、社会组织参与城市治理的主动性，畅通建言献策的相关渠道。城市管理者应广泛授权，将治理重心向基层下沉，同时积极了解城市基层治理中的创新做法，及时给予反馈；巩固已有的创新成果，思考如何继续深化创新；将城市治理的创新成果制度化，并加以宣传推广。

第二节　城市管理中的行政手段

城市管理的行政手段即城市行政管理，主要依靠行政措施和行政级别的服从关系，直接对管理对象施加影响，通过行政机构和上级部门的行政权力，对管理对象采取强制性管理手段，如命令、指示等，是城市管理中最传统、最简单、最基本的手段。

一、城市行政管理的概念

城市行政管理一般指城市政府依靠行政组织的权威，运用决议、命令、规章、制度、纪律、指示等行政手段，按照行政系统和层次，以权威和服从为前提，直接组织指挥、监督城市内各部门的各种社会经济活动的管理方法。城市行政管理的实质就是通过城市组织中的职务和职位进行管理，它特别强调职位、职责、职权的统一。

城市行政管理具有特殊性和综合性的特点。特殊性是指城市行政管理区别于国家一般行政管理，前者是中观层次的概念，涉及的内容（如城市规划等）均体现单个城市的特殊性；后者是宏观层次的概念，主要涉及行政管理的基本原理和方法。如果把国家一般行政管理比作一条"线"，那么城市行政管理就是这条"线"上有一定深度的"点"。综合性是指城市行政管理与各种专业行政管理之间既有联系又有区别，专业行政管理是微观层次的概念（如工商行政管理、教育行政管理等）。如果把各种专业行政管理比作多根"伞骨"，它们支撑起城市的正常运转，那么城市行政管理就是这把伞的"伞柄"。

二、城市行政管理的特点

第一，城市行政管理影响广泛。不同类型的城市，其功能虽然不完全相同，但它对周围地区都有不同程度的辐射作用。城市发展的方针政策是否连贯，民主建设是否成功，经济发展是否稳定，教育、科技、文化发展是否受到重视，都会对辐射区域产生或大或小的影响。

第二，城市行政管理职能与城市的规模和定位息息相关。大城市（特别是区域中心城市）经济发达，人口与设施密度较高，功能复杂，只有实行全面的行政管理，才能维持城市运行的稳定。中小城市和县城人口相对较少，并且不具备大城市的部分功能，即使城市管理部门不具备某些行政管理职能，也可以保证城市的正常运行。

第三，城市行政管理敏感性较高。相较于农村地区，城市人口密度更大，人员流动性更高，经济活动更加多样，人们对现代化的基础设施具有更高的依赖性。某一局部发生问题，容易快速引起连锁反应。因此，城市行政管理者必须做到快速反应，果断决策，妥善处理行政事务。

第三节　城市管理中的法治手段

城市管理的法治手段即城市法治管理，是城市管理者为了实现特定发展目标，直接或间接地以法律作为各项职能活动的准绳，以调整社会关系、合理分配与协调相关资源的过程。具体来说，上述过程主要包括司法机关依照法定职权和法定程序，具体运用法律处理案件；政府职能部门依法制订各种城市发展规划，或直接依法实施行政行为（如行政许可、行政命令、行政监督检查、行政处罚、行政强制等）；地方人大及其常委会和地方政府还可依据相关法律规定，在上位法框架内制定符合城市特色和发展需求的地方性法规、地方政府规章，促进城市管理的法治化。[①]

一、法治管理的要求与内容

城市法治管理的基本要求是建立健全城市的法律体系，城市党政机关、企事业单位、社会团体和全体市民必须严格自觉地遵守，做到有法可依、有法必依、执法必严、违法必究，真正实行依法治市。2020年召开的中央全面依法治国工作会议明确了习近平法治思想在全面依法治国工作中的指导地位，会议提出的"十一个坚持"是习近平法治思想的集中体现。在这一思想的指导下，城市管理必须坚持科学立法、严格执法、公正司法和全民守法，在法治轨道上推进城市治理体系和治理能力现代化。

城市法治管理体制、机制的形成是一项复杂的工程，实现依法治市，必须建立一套符合中国国情的城市法律体系。当前，我国城市法律体系包含三个层次的内容：①城市和农村普遍适用的法律法规，如民法、刑法、行政法、经济法、刑事诉讼法、民事诉讼法等；②只适用于城市的法律法规，如城市房地产管理法、城市管理条例、城市供水条例等；③部分城市根据特殊需要，依据立法权限而制定的城市法规，如首都、特别行政区、对外开放城市、风景旅游城市、少数民族地区的地方性法规。

二、城市法治管理的沿革与现状

城市的法治管理伴随着城市的出现而产生。《韩非子·内储说上》中记载："殷之法，弃灰于公道者断手。"其意是在街道上随意抛弃垃圾废物的人，要受到砍手的处罚，表明在商朝已有城市管理的相关法律。这是我国历史上最早关于运用法律手段保护城市环境卫

[①]　根据《中华人民共和国立法法》，我国正式的法律渊源主要包括：①全国人民代表大会及其常委会制定的法律和全国人大常委会的法律解释；②国务院制定的行政法规；③省、自治区、直辖市和较大的市的人大及其常委会制定的地方性法规，以及民族自治地方的人大制定的自治条例、单行条例；④国务院各部委制定的部门规章，以及省、自治区、直辖市和设区的市、自治州的政府制定的地方政府规章。实践中，司法解释通常也被认为是法律渊源之一。

生的法律条文。在西周,城市规模同样依据法律设定,不得僭越,《左传·隐公元年》中记载:"先王之制,大都,不过三国之一;中,五之一;小,九之一。"唐朝重视对工商业经济关系的调整和社会公共事务管理,《唐律疏义》对于借贷和雇佣契约、商业方面的度量衡及城市交通方面有着详尽的规定。

总之,从战国的《法经》,到后世的《秦律》《汉律》《唐律》《大明律》《大清律例》,都包含管理城市及其经济、环境和社会公共事务的内容。

中华人民共和国成立后,尤其是党的十一届三中全会以来,我国的法治建设进入了一个新的历史阶段。以城市为中心的经济体制改革深入进行,政治体制改革逐步推开,城市的法治管理不断得到加强。国家及各个城市颁布了一系列关于城市建设与管理的法律法规,持续建立健全法治管理机构。目前,我国的城市法律体系仍然不够完备,随着新型城镇化的不断推进,新的社会问题的出现对城市法律法规的制定提出了更高的要求,党政干部与城市居民法治观念的强化、复合型专业法律人才的培养也是亟待解决的问题。

三、我国城市法治管理的任务

第一,城市管理要走上法治化道路,前提是必须有法可依。因此,政府必须充分了解城市复杂的社会关系与社会矛盾,以及由此产生的公共问题,否则法律法规就难以有效调整某一类社会关系。立法是一项极为严肃的工作,要严格遵守国家宪法与立法法,注意城市法律体系建构的科学性、严谨性与严密性。在全局层面,凡适用于所有城市的法律法规,应当符合全国城市管理的共性要求;在局部层面,只适用于某一城市的法律法规,要符合该地区特定的市情。在继续提高立法质量的同时,还应对原有的、已经无法适应城市发展需要的法律法规进行及时清理,酌情修订或废止。

第二,加强城市法治管理,关键在于落实。法律法规一经颁布就应做到有法必依、执法必严和违法必究,否则就会损害城市法治体系的威信。切实抓好城市法治的实施工作,一是要大力开展普法教育,普及法律知识,为法律法规的落实提供广泛的社会基础;二是要做到党政机构、领导干部带头遵守法律,并严格执行法律,严肃处理各类违法行为。

第三,抓好法治队伍建设。复合型法律人才匮乏是影响依法治市的重要因素,因此要提高法律专业人才培养培训的质量,建设一支素质高、业务精、配合协调的法治队伍,这是提升城市法治管理水平的关键所在。

第四节 城市管理中的经济手段

根据经济学的定义,如果某种涉及经济利益的政策调节能够对当事人的行为产生实际的影响,该手段就可以称为"经济手段"。城市管理中的经济手段主要是指城市管理部门通过各种经济手段和经济杠杆来调节、控制城市中的各种活动,实现城市管理目标的一种间接管理方法。它不直接干预经济组织和企业的生产经营活动，也不依靠国家政权的强制力量，而是依靠企业和各类经济实体的主动行为来实现城市经济管理。它是城市管理部门根据客观经济规律的要求，运用经济利益原则，从影响成本效益入手，引导各个城市主体选择保持或改变某种影响城市运行的行为，以实现城市资源的优化配置和宏观调控的目标。

经济手段的实质是利益关系的调控，即从利益上处理政府、企业或集体、个人等主体的各种经济关系，把城市企业和广大居民的利益与国家利益或城市整体利益正确地结合起来，为城市高效率运行提供经济动力。

一、城市管理中主要的经济手段

经济手段的主要工具是经济杠杆。所谓经济杠杆，是一种通过市场机制来调节有关各方的经济利益关系，协调各种经济活动的手段，这种手段主要由国家掌握运用。最主要的经济杠杆有以下几种：

（一）价格杠杆

价格是一种灵敏度高、作用力度大、有效性强的经济杠杆。其杠杆作用是通过调整和控制价格水平的高低与升降，以及各种商品的比价和差价的变化，引起交换双方对经济利益的关心和市场供求状况的变化来实现的。一方面，可以通过调整不同产品之间的比价关系，调整各部门、各行业和各类产品的盈利水平，正确引导企业的生产经营方向和扩大再生产的投资方向，促进产业结构的合理化；另一方面，可以通过合理调整产品的质量差价、进销差价、批零差价、地区差价及季节差价，调动商品经营者的积极性，促进商品流通的顺畅进行。尤其是要通过贯彻"按质论价"的原则，实行优质优价、劣质劣价，拉开优质产品与劣质产品的价格档次，促使企业提高产品质量，进而提高经济效益。

然而，价格调节作用具有双向性，具体体现在：提高价格会在刺激生产、增加市场供给的同时，抑制消费和市场需求；降低价格则会在刺激消费、扩大市场需求的同时，抑制生产和压缩市场供给。同时，价格变动还会引起一系列的连锁反应，而价格杠杆运用的主体是国家。因此，城市政府运用价格杠杆调节城市的经济活动除了要考虑价值规律的要求和市场供求的变化，还要符合国家价格政策。

（二）税收杠杆

税收是一种具有强制性、无偿性特点且作用范围广的经济杠杆。其杠杆作用体现在国家通过法律形式，设置不同的税种和税目，规定不同的税率和纳税环节，体现国家对各种经济活动的鼓励政策或限制政策，从而调节国民经济的运行。

税收能够深入经济活动的各个领域，在较为广阔的范围内发挥作用。在生产领域，可以通过规定较低的税率或减税免税的优惠办法，扶持重点部门和重点产品、新兴产业和新产品，以及短线产品的发展；也可以通过规定较高的税率、增加税种的办法，限制长线产品、老产品、奢侈品的发展，引导企业的生产经营方向和扩大再生产的投资方向。在分配领域，可以通过设置有关的税种、规定相应的税率，把靠优越的外部条件而获得的级差收入收归国家，调节由于外部条件的不同而给企业经济效益造成的不合理差距，促进企业的平等竞争；还可以通过征收个人所得税来缩小个人收入的差距。在进出口贸易中，可以通过低税率和减免税来吸引外资、引进先进设备、鼓励产品出口，增强本国商品在国际市场上的竞争能力，为国家增加外汇收入；同时，可以用高税率来限制某些非必需品的进口。

但是，税收杠杆难以对复杂多变的经济运行情况做出灵敏的反应，而且目前各种税目、税率均由国家统一制订并在全国执行，地方税务部门只能用减免税作为杠杆来调节经济。因此，城市政府要用好地方权限，做好专项审批，并强化税收管理，严格依法治税，充分发挥税收在增加财政收入和宏观经济调控中的职能作用。

（三）信贷杠杆

信贷杠杆具有与税收杠杆同样的特点，其杠杆作用是通过多种信贷制度和多种利率形式来实现的。银行可以通过降低贷款利率、放宽贷款条件、增加贷款数量，或者提高贷款利率、严格控制贷款条件、减少贷款数量、终止贷款等措施，有效调节各个经济部门的发展，贯彻国家的产业政策，促进产业结构的合理化。同时，合理的利率有利于在合法的范围内广泛筹集社会闲散资金，将其投入生产建设。而差别利率的实行则能促进企业合理使用资金，提高资金的使用效率。比如，对企业生产经营正常周转所需的定额流通资金收取低息，对定额之外的信贷资金收取高息；对占用资金时间较短的贷款收取低息，对占用资金时间较长的贷款收取高息；对生产经营好、产品适销对路的企业予以贷款支持，对生产经营差、产品积压滞销的企业加以贷款限制。此外，根据国民经济发展的需要，控制贷款规模也是稳定金融产品价格的重要途径。但是，信贷杠杆常常会受到信贷业务范围的限制。

（四）工资和奖金杠杆

国家利用工资和奖金杠杆，可以把企业的经营效益和经济利益结合起来，鼓励企业挖掘生产潜力。运用工资杠杆，主要是使工资总额与利润挂钩。比如，企业职工要想提高工资，就得增加利润，要提高利润就得减少生产消耗，取得更多的经济利益。运用奖金杠杆，主要是使奖金与劳动生产率挂钩。比如，奖金的发放要以每个职工创造的利润为前提，要与工资利润率的提高成正比，工资利润率越高，奖金就越多。因此，职工要想多得奖金，就要提高劳动生产率和工资利润率，并提高经济效益。

除了上述几种主要的经济杠杆，还有财政、汇率、补贴等经济杠杆。由于各种经济杠杆都具有各自的优点和局限性，因此要根据具体条件加以综合运用，尤其要注意政策的配套，选择各种经济杠杆的最佳配合方案，使各种经济杠杆的作用方向一致，形成一股强大的合力，并使其作用的深度和广度互相衔接，避免作用力相互抵消而造成经济秩序的混乱。

二、经济手段的优缺点

尽管经济手段能够把企业和劳动者的生产经营成果与其物质利益结合起来，促使其从物质利益上关心生产经营状况，提高经济效益，开展公平竞争。但是，在城市管理中，经济手段也存在一定的局限。

（一）经济手段的优点

第一，能较好地处理各方面的物质利益关系，兼顾城市整体利益。通过各种具体的经济手段不断调整各方面的经济利益关系，把个人的、集体的、国家的利益结合起来，既不损害国家利益，又能根据情况不断提高集体和个人的利益。在市场经济条件下，经济管理方法显得尤其重要，由于利益主体多元化，仅凭借行政方法难以兼顾各方利益。

第二，能激发城市经济活力。由于经济方法直接建立在物质利益原则的基础上，因而能够从根本上调动各方面的积极性，使组织的工作成效显著。城市中各部门、各环节之间存在密切的、复杂多样的分工协作关系，利用市场经济规律，运用价格、税收等经济杠杆，可以激励城市各部门、各集团以及市民个人从自身的经济利益出发，把自身的活动与城市规划的意图和城市发展结合起来。利用经济制约关系，便于实行分权的组织管理，发挥各方面的主动性和创造性。

第三，有利于发挥城市建设的调控作用。利用经济规律，在城市规划管理中间接地协调各方面发展关系，从而使城市布局结构、规模和发展速度等朝着有利于规划目标的方向发展。

（二）经济手段的缺点

第一，容易产生单纯追求物质利益的倾向，出现拜金主义，使组织成员陷入对各自利益斤斤计较的狭隘圈子，失去政治上的远大目标和高尚情操，以至于影响整个社会的精神文明建设。

第二，各单位都需要建立并巩固自己的物质利益机制，因而容易导致利益目标的分散和混乱，增加互相矛盾现象的发生，下级向上级讨价还价，居民向国家讨价还价，单位与单位之间利益争执。这些经济利益纠纷，反而会成为城市运行的障碍。

第三，从宏观管理的角度看，经济手段借助市场机制的调节功能来发挥作用，因此它必然带有一定的盲目性和自发性，特别是在调整产业结构、重大工程项目的建设、重要技术的引进、重大经济活动的组织指挥、保障良好的经济秩序等方面都显得迟缓或无能为力。而且，单凭市场机制的作用，无法解决管理中的一切问题，必须辅以其他的方法和手段。

由于我国目前各种手段还不能很好地衔接和配合，在市场经济机制下，在对个人进行控制时，往往过多地使用了经济杠杆，尤其过多使用了罚款的方式，以罚代管，这成了有关部门变相牟取利益的重要途径，也成为被控制对象不服从的理由。针对部门之间的管理，常常由于过多地照顾企业经济收益对地方财政收入的作用，而忽视生产过程给环境带来的负面影响，通过罚款的手段进行控制显得很乏力。

思 考 题

1. 西方管理学理论对于当今中国城市管理具有怎样的启示？
2. 城市管理的维持职能（组织、领导、控制）与创新职能有哪些联系和区别？
3. 城市管理创新过程之中可能会遇到哪些阻碍因素？如何克服？
4. 城市管理中的经济手段有哪些优缺点？
5. 你认为城市基层治理还需要注意哪些问题、做出哪些改进？

第七章　城市管理方法与技术

> **学习目标**
> 1. 了解城市管理中常用的几种方法和技术，以及如何运用这些方法和技术进行城市管理
> 2. 了解数字化城市管理的基本要件和流程，以及目前智慧城市在城市管理中的初步应用

现代城市管理具有综合性，是对城市生活各个方面的综合管理，因此需要综合运用多种管理方法和技术。本章介绍城市管理过程中常用的几种方法和技术。

第一节　城市管理常用方法与技术

一、战略管理法

目前，"战略管理"一词在管理学中用得比较多。但事实上，战略管理最早被用于宏观层次的区域管理和城市管理。这主要是因为区域和城市本身就是综合的管理对象，区域管理和城市管理的主要工作是在宏观层面和整体性、长期性角度展开的。最传统的管理方法就是区域（城市）发展战略方法。从严格意义上说，城市发展战略是对未来阶段的提前安排，属于计划职能的范畴，但由于它在方法上具有特定的模式，故也被认作一种管理方法。

这个方法要求管理者从一个更高、更长远的角度看待地区发展问题。其主要关注点包括：环境，用来识别发展条件和机会；本地优势资源与短缺资源，用来描述其绝对优势和区域比较优势；战略目标、战略重点、战略步骤和实施措施等若干部分。具体方法一般为描述性统计和数据分析，现在也越来越多地借助管理学中的SWOT分析思路，分别从优势、劣势、机会、挑战这几个方面对地区（城市）的发展环境进行分析。这个发展战略往

往用来指导区域和城市的宏观和长期发展，可以说是战略规划的前期工作。

二、目标管理法

目标管理（management by objective，MBO）指通过建立目标、分解目标、指导目标的实施和对目标进行检查评定进行管理，并使各项管理工作都围绕总目标的实现而统筹运转。这是一种以目标为导向、以人为中心、以成果为标准的现代管理方法。

目标管理法具有以下特点：第一，有一套完整的目标体系，每一级的目标与权利相对应；第二，自我控制；第三，目标成果必须经过评价和考核，才能决定奖惩力度；第四，强调根据目标进行自我控制的过程；第五，注重成果，放松过程。

目标管理法在城市管理中的应用还有很多地方需要完善。例如，目标管理与城市政府机构的职能和分工是否需要重新划分；城市管理的很多目标指标难以量化；是否需要建立新的绩效评估体系；如何处理不同级别、不同部门目标的关系，等等。

三、定量分析技术

英国哲学家培根首先提出"方法论"的概念，他认为要以方法的体系来武装科学。马克思认为，一门科学只有在成功地运用数学之后，才算达到完善的地步。把定性分析和定量分析结合起来，在自然科学研究中早已形成共识。但这既不是单方面支持定性分析，也不是单方面支持定量分析，更不是将两者简单地拼凑，而是从社会系统的整体性特征出发，根据研究问题的需要，从命题到建模、收集数据，再到反复检验，最终得出结论。当前，定量型社会科学研究借鉴自然科学的方法，以经验性的证据为依据，以严密的逻辑为基础，以量化为主要手段，已经形成相当成熟的方法体系。

定量分析侧重于收集和分析可量化的数据，以便得出统计结论和推断。定量分析技术可以对城市领域的定性分析提供以下补充和帮助：

第一，确定问题的普遍性和频率。通过引入定量分析，研究者可以收集大量数据并进行统计分析，以确定特定现象在整个样本或人群中的普遍性。这有助于研究者更全面地理解和解释现象。

第二，识别变量之间的关系。通过定量测量和统计分析，研究者可以确定变量之间的相关性、差异和影响程度，评估不同变量之间的差异和关联。

第三，预测和建模。通过引入定量分析，研究者可以建立数学模型并进行预测，基于统计推断方法从样本中得出结论，使得研究结果更有说服力。

第四，支持政策制定。准确的量化数据对于理解和解释现象至关重要，在社会科学领域的研究中，定量分析可以帮助测量人口统计数据、观察特定行为的频率和强度、评估变量之间的关系，以支持政策的制定。

第五，数据验证，提高可靠性。定量分析可以提供客观的数据，用于验证和支持定性分析的结论，这可以提高结论和政策启示的可靠性和信服力。

第六，综合研究结果。定量数据可以量化与支持定性分析的观察和发现，从而提供更全面的结论和解释。使用统计假设检验和置信区间分析等方法，研究者可以评估假设的有效性并确定其是否得到数据的支持。

四、信息技术

随着信息技术的发展与城市管理模式的多样化，越来越多的信息技术在城市管理中得到广泛和深入的应用。信息技术对于城市管理的重大贡献主要表现在：为城市管理提供信息获取工具、计算和存储功能、信息传输方式、公文流转功能，以及查询信息、信息资源共享的平台，助力数字城市、智能城市、智慧城市的建设。可以说信息技术的应用给城市管理带来的是全面的管理信息化。

1. 提供管理信息系统

在城市管理中，需要将各种信息存储、利用起来，用于查询、分析和决策。这些信息分别来自不同部门，采用不同的格式，在使用时需要将所有信息都用同一种格式存储起来，并通过方便的方式进行查询分析。这就需要建立适用于不同管理模式的信息系统，为城市管理提供工具。比如用于资源调查的"自然资源信息系统"，用于土地利用管理的"土地利用信息系统"，用于市政设施管理的"城市地理信息系统"，用于防汛指挥的"防汛信息服务系统"，用于区情分析和方案决策使用的"决策支持系统"，用于地籍管理的"地籍管理信息系统"，用于人口管理的"人口管理信息系统"等。这些信息系统有一个共同的特点，就是通过系统获取信息，利用计算机硬件和软件将所获信息进行分析，再通过特定的方式将信息存储起来，供管理人员查询、分析和制定决策方案时使用。

2. 实现办公自动化和电子政务

信息技术可以帮助管理者建立办公自动化系统，并通过网络实现电子政务。信息系统可以自动生成电子文档，经过存储、管理，然后通过局域网将用户分层级关联起来，将公文按照行政审批程序进行流转，实现网上审批等办公程序的自动化。通过网络环境技术、认证和安全查核系统、办公决策支持系统和信息交换应用系统，实现政府之间、政府与企业之间、政府与市民之间的信息服务，打造网上处理事务的电子政务平台。

3. 提供可视化服务

目前的数字城市建设包含了空间信息内容，通过 GIS 将这些空间信息内容显示出来，提供给用户，这就为管理人员提供了一个新工具——可视化的信息查询、信息分析与决策方案展示。通过 GIS 可以将相应的数据所对应的空间图形展示出来，并达到空间与属性的互联互动，从而在查询、分析数据时伴有相应图形变化的展示，既实现了直观效果，又可以直接利用图形在系统内对各种信息进行查询和分析。与此同时，还可以通过 GIS 对空间特征进行进一步分析，其结果可以作为决策支持，也可以作为政策评估的依据。

第二节　城市项目管理

尽管城市管理活动形形色色、千差万别，但城市不断进行改造和建设以及创建新的城市区域，都离不开具体的项目。这种达到目的之后便结束的一次性管理活动——项目管理，在城市管理中具有重要地位。

一、城市项目管理的含义及特征

（一）城市项目管理的含义

所谓城市项目管理，是指为实现特定的城市项目预设目标，在有限资源、有限时间的条件下，运用科学的方法和手段，对城市项目涉及的全部工作进行计划、组织、指挥、协调、控制和监督的一系列活动。城市项目管理的目的是实现城市项目目标。城市项目管理的目标是：在有限的资源条件下，实现城市项目时间、质量、成本等的最优化。城市项目管理的职能由计划、组织、指挥、协调、控制和监督组成，城市项目管理的主体是项目经理，他通过有效运用这些职能来实现项目的目标。

（二）城市项目管理的特征

（1）城市项目管理具有创新性。项目的一次性特点，决定了每实施一个项目都要具有创新性。城市项目管理是针对特定任务目标的实现而展开的管理活动，由于管理对象是某一项具体和相对独立的特定任务，城市项目管理对应的往往是某项轮廓清楚的独特任务，在客观上要求管理者必须注重管理创新。

（2）城市项目具有时限性。每个项目都有明确的开始时间和结束时间，即具有时间约束，而日常活动则是连续不断、周而复始的，且在实践上具有可持续性，或者说在时间上具有相对无限性。但是，项目具有时限性并不意味着持续时间短，许多项目长达几年、几十年甚至更长，如旧城区改造工程。

（3）城市项目管理面临许多不确定因素，是一项复杂的管理工作。城市项目一般由多个部分组成，工作跨越多个组织、多个学科、多个行业，可供参考的经验很少甚至没有，管理过程中会面临许多不确定因素。因此，城市项目管理是一种混序运营，即城市项目管理同时具有混沌与有序双重特征，是对传统管理模式的一种挑战，也是一项复杂的管理工作。

（4）城市项目管理需要专门的团队组织。城市项目管理通常要跨越现有部门的职能界限，因此要根据实际需要和对有关人员的要求选择项目负责人，组建由不同部门的专业人员组成的项目团队。

城市的项目管理与日常管理有许多不同之处，如表 7-1 所示。

表 7-1　项目管理与日常管理的差异

要素	项目管理	日常管理
目的	独特的	常规的
责任人	项目经理	部门经理
组织结构	项目团队	职能部门
时间	有限的	相对无限的
资源需求	多变性	稳定性
结果与过程	创造新产品	重复生产产品
持续性	一次性	连续不断
管理办法	创造性办法	现成的办法

资料来源：姜杰，彭展，夏宁，2005. 城市管理学 [M]. 济南：山东人民出版社。

二、城市项目管理的程序

城市发展项目的建设是一个系统工程，而项目管理过程也是一个动态的系统管理工程。每一个项目从目标择定、项目执行到项目总结，都包含了很丰富的管理内容，构成了一个完整的管理周期流程，如图 7-1 所示。

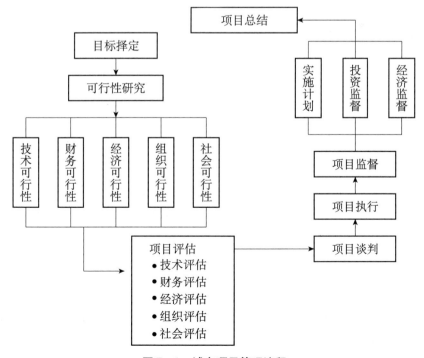

图 7-1　城市项目管理流程

目标择定和可行性研究是关键基础；项目评估、项目谈判、项目执行是管理的主要内容；项目监督、项目总结是项目顺利完工的组织保障。要强调的一点是，在目标择定后，一定要进行可行性研究。世界银行在决定项目建设贷款业务时便规定，建设者除了要提供选定项目有关资料的数据，还要提供本国的主要经济资料，如生产情况、市场情况、外贸情况、国民收入、平均消费等。在进行可行性研究时，要掌握以下信息：①项目的目标，如架桥后通行能力要达到每小时10万人次；②若干备选方案，如连接江河两岸的交通，可以架桥，也可以建隧道和开辟轮渡线等；③取得项目有关数据的方法；④投资效益的粗略估计值。只有经过一系列较科学的预调查工作，主管部门才能根据有关资料和数据，对各个项目的目标和备选方案投资支出的效益进行明确的估计与分析。在项目总结阶段，其管理内容必须由项目执行者和上级主管（或验收部门）双方共同进行。首先要由项目的执行者提交一份项目完成报告，报告中应反映以下内容：物资、财务、管理方面存在的问题、原因及其采取的措施等内容；该项目准备与审定时，估计的费用和进度发生的偏差及其原因；项目重大修改及其原因；项目有关人员的业绩；贷款中的不正常情况；双方在培训项目工作人员方面的教训；应对违约事件的对策；项目经营情况与原定财务计划的偏差；项目评估时的预测与实施发生重大出入的内容及原因；项目对社会、政治和环境的影响；促使项目效益最优化的措施；项目前景的展望。然后由执行董事指定有关部门对项目进行一次比较全面的总结评价。最后形成审核报告，并直接送至执行董事会主席。与此同时，上级部门也应对项目进行总结，总结中应说明以下几点：项目是否达到预计效益；在项目选定和准备时预计到的不利条件是否已消除；在本项目的整个实施过程中，应吸取哪些经验教训。

三、城市项目管理的效益特征

以城市公用事业和市政设施为主要内容的城市发展项目建设，其自身经济效益的特征在某种程度上决定了对管理效益的评估原则。城市项目建设的效益特征主要体现在以下几点：

首先，城市发展项目为城市生产活动提供服务，也为居民生活提供直接的服务，因而其经济效益既表现为促进城市经济的增长，也表现为给城市居民带来生活便利。在提供这两类服务时，其社会效益和经济效益具有不可分割性。例如，城市的公用事业和市政设施服务在很大程度上是为了满足城市居民生活和社会活动的需要。城市污水及时处理能减少城市下水道的污染；城市垃圾等固体废弃物处理系统能改善城市地面卫生；城市的集中供暖和园林绿化能改善城市居民居住空间的环境质量。这些效益的取得都是居民生活改善的反映，属于广义的经济效益的范畴。

其次，城市项目建设的效益具有长期性、后发性乃至潜在性。市政设施项目和公用事业项目具有一般基本建设项目的共性，即建设周期长，投资几年以后才能看到经济效益。因此，在评价这类城市发展项目的经济效益时，必须充分考虑这一时滞，做一些必要的调整。一般来说，应在较长一段周期内进行项目评价，评价周期太短，结果就不科学。由于市政设施和公用事业项目一旦建成，将长期发挥作用，因此在规划和建设时，不仅要考虑城市近期发展的需要，还要考虑城市长期发展的需要。

最后，城市各类建设项目之间具有显著的系统相关性效益。某个项目系统的效益提高，可以使另一个系统的效益也得到提高。例如，发达的通信事业有助于提高市内交通的效率。有人统计，市区交通客流量中的30%—35%本来可以通过电话联系解决，属于不必要的交通量。又如，拓宽道路或架设立交桥后，在不增加公交车辆投资的情况下，也可以提高客货运的效率。同样，某一系统的效率不高或功能不全也会影响另一系统的经济效益。目前，我国城市的总体效益差，城市系统的配套性差就是一个重要原因。

四、城市项目管理的经济效益分析

在西方经济学中，效益是指单位产品或服务对消费者的使用价值，而成本从根本上则被看作被放弃的效益。在私人市场体系中，消费者每天在购买单位产品或服务时对该产品或服务的使用价值（效用）进行的评估，实际上就是一种简单的成本—收益分析。这时对生产者来说，如果消费者对某个产品所愿意支付的价格，足以使其收回多生产一个同样产品的追加成本，生产者就会多生产一个；反之，生产者则不会生产。同样，对消费者来说，如果在生产者已达到其最合理生产量（边际收益等于边际成本）的条件下，所有消费者所享受的全部效用仍然大于这一生产者所支付的全部成本，那么上述收益与成本之间的差额就被称为消费者剩余。

评估城市发展项目投资方案的成本—收益分析，就是以消费者剩余理论为基础的。用通俗的话来说，评估政府公共事业投资方案就是权衡它的利弊。只有当利（全部收益）大于弊（全部成本）时，方案才值得考虑。而在好几个值得考虑的备选方案中，利大于弊的差额（消费者剩余）最大的方案就是最佳方案。例如，在开展一个城市环境保护设施项目时，投资经济学假定：政府每多花一美元费用，就能多生产一个单位的、减轻环境污染的服务（从环境中减少一定量的污染物）。此外，在边际效用递减的规律中，经济学者认为，公众通常对减轻污染的、最初若干个单位服务的项目效益评价，比以后单位服务的项目效益评价要高。例如，在一个污染严重的地区，最初减少污染物的若干个单位的项目服务据认为会显著减轻环境污染危及人们健康的程度，而最后减少污染物的若干个项目单位的服务只是减轻人们对污染环境的厌恶程度。

目前，国际范围内评估城市项目管理效益常用的经济分析方法就是成本—收益分析法。它是在原则上将某个拟议中的项目投资方案的全部收益和全部成本进行评估，以便与其他可供选择的方案进行比较的方法。

第三节　城市规划管理

城市规划（urban planning）是城市管理的重要内容之一。从公共管理的视角看，城市规划既是城市管理的重要内容,也是城市管理的重要手段。①② 由于城市规划是一项实用性很强的应用技术,其中包含了以工程技术为主体的"纯技术",以及因社会制度、经济发展水平、社会观念而异的"非技术"因素③,因此它也是城市管理的重要技术。城市规划在城市发展中起着战略引领和刚性控制的重要作用,做好规划是任何一个城市发展的首要任务。

一、城市规划概述

(一) 城市规划的内涵

规划是进行合理选择并对未来活动加以控制的行为。要把城市建设好,就必须把城市规划好,制订出一个统一的、科学的城市规划。城市规划是在充分了解城市所在区域的自然条件、历史情况、现状特点和建设条件的基础上,根据国家城市发展和建设的方针、经济技术政策、国民经济和社会长远规划与区域规划,确定城市的性质、规模、发展方向及空间布局,管理各项资源,安排城市各项建设事业的综合部署。由此可见,城市规划是一项动态多变、涉及部门众多、需要多学科参与编制的综合性工程。

城市规划具有悠久的历史,城市规划活动伴随着城市的形成而出现。早期的城市规划内含于建筑学之中,主要是针对城市物质形态进行的建设规划。伴随着城市规模的扩大,城市规划经历了从简单到复杂、从平面到立体、从粗略到精细、从空间规划到政策规划的发展过程。如今,城市规划日益成为改进城市管理和实现城市功能分区的重要手段。

城市规划是国土规划、区域规划的组成部分,在制定规划的过程中需要正确处理城市与其腹地之间、与其辐射区域范围内的城镇体系之间的关系。城市规划要在国土规划、区域规划及其城镇体系规划的指导下,对区域进行综合分析,明确城市在区域城镇体系中的地位和作用,弄清楚影响城市发展的各种制约因素,从而确定城市的性质、规模和发展方向,拟定城市工业、商业、居住、仓储、交通运输、公共建筑、园林绿化以及城市基础设施的建设规模和标准。通过城市土地的合理利用,统筹安排城市系统的各种物质要素,达到布局合理,人与环境之间协调发展,经济建设、城市建设与社会各项事业之间协调发展的局面,促进城市经济效益、社会效益、环境效益的和谐一致,最终实现城市总体效益的最优化。

总而言之,城市规划就是在正确把握城市定位和发展趋势前提下,对城市各种要素进行合理、科学的综合部署,促进城市的可持续发展。

(二) 城市规划的目的

城市规划是一定时期内城市发展的蓝图,是合理布局城市空间、综合安排城市中各项

---

① 姚永玲,2017. 城市管理学(第二版)[M]. 北京:北京师范大学出版社.
② 杨宏山,2019. 城市管理学(第三版)[M]. 北京:中国人民大学出版社.
③ 谭纵波,2001. 国外当代城市规划技术的借鉴与选择[J]. 国外城市规划(1):38−41.

事业的长期计划。科学的城市规划对于城市的建设和发展以及城市的经济活动有着极其重要的意义。城市规划的目的是使城市按照客观规律有计划地发展、城市各项建设事业协调地发展和运转，且城市能够充分发挥经济中心、政治中心、文化中心、社会生活中心的作用。要把城市建设为有利于生产、方便生活、清洁优美、生态健全的社会主义现代化城市，首先要有一个科学的城市规划。实践证明，有效的城市规划管理对于保证城市各项建设事业有秩序、协调地发展，对于城市发展建设的经济效益、社会效益和环境效益具有十分重要的作用。

（三）城市规划的功能

城市规划的功能主要体现在以下几方面：

（1）综合性分析。城市管理关注城市的各个方面，包括社会、经济、环境、政治和文化等。城市规划可以帮助管理者进行综合性分析，考虑多个因素的相互作用和影响。这种综合性分析有助于帮助管理者制定更全面、协调和可持续的城市规划策略，促进城市的整体发展。

（2）可行性评估。城市管理强调实践导向和可行性，关注政策和策略的实施效果。以城市规划的视角进行可行性评估，有利于考虑到政策和规划的实施难度、资源需求、利益相关者的意见等方面。这种可行性评估有助于确保规划方案的可行性和可操作性，提高规划的成功率和效果。

（3）制度和治理。城市管理研究城市的组织结构、决策过程和治理机制。从城市规划的视角出发，可以考虑到规划的制度性和治理性问题，包括政府、市民、社会组织的互动，以及参与机制的建立和决策的合法性。这种制度和治理的分析有助于改善规划的决策过程，增强社会参与和民主性，提高规划的可接受性和可持续性。

（4）实践与理论的结合。城市管理注重理论与实践的结合，强调理论的指导和实践的反馈。从城市规划的视角出发，有利于促进理论与实践的互动。实践中的经验和问题可以为理论提供反思与深化，而理论的洞察和指导可以为实践提供思路与指导。这种理论与实践的结合有助于提高城市规划管理的科学性和实效性，推动城市管理规划的创新和发展。

二、城市规划管理的实施

城市规划的主要内容是以土地利用为基础，根据城市发展对城市建设管理所做的空间安排。在具体实施过程中，涉及建设用地、工程项目以及一系列实现规划的活动。因此，城市规划管理的实施就是对规划中涉及的建设用地、工程项目和由于规划而重新构成的城市空间等内容进行管理。可见，城市规划管理的主要内容包括对规划区内建设用地、工程项目的布局与管理，城市空间变化过程中的旧城改造与新区开发等方面的计划安排。

（一）城市土地用途管理

《中华人民共和国城乡规划法》规定，城乡规划确定的铁路、公路、港口、机场、道路、绿地、输配电设施及输电线路走廊、通信设施、广播电视设施、管道设施、河道、水库、水源地、自然保护区、防汛通道、消防通道、核电站、垃圾填埋场及焚烧厂、污水处理厂和公共服务设施的用地以及其他需要依法保护的用地，禁止擅自改变用途。对于其他土地的用途改变，必须进行登记管理。

（二）城市建设用地规划管理

城市建设用地规划是指根据城市发展的特点和不同地段的区位特征，以及土地的价值、地租价格等，确定每一块土地的使用性质，从而对其将来的使用方向做出具体的规划。建设用地规划是城市规划实施的关键，各项建设的选址、定点等用地要符合城市规划的要求。其管理内容为：根据城市规划的要求，控制土地使用性质；通过考虑区位因素、经济条件、环境容量等核定建筑容积率和建筑密度，核定土地开发强度。

对于城市规划区内的建设项目，不论是以划拨方式获得土地使用权，还是以出让方式获得土地使用权，都需要领取建设用地规划许可证。其中，对于以划拨方式获得国有土地使用权的建设项目，其建设单位在取得建设用地规划许可证后，方可向政府土地主管部门申请用地。对于以出让方式取得国有土地使用权的建设项目，在签订国有土地使用权出让合同后，建设单位应当持建设项目的批准、核准、备案文件和国有土地使用权出让合同，向城乡规划主管部门领取建设用地规划许可证。

（三）规划区内建设工程管理

城市规划管理还涉及城市建设工程项目的规范和对景观要求的管理。建设工程管理包括对工程的性质、位置、规模、开发强度、设计方案等内容等进行审核，核发建设工程规划许可证。其主要目的在于保证建设工程项目符合城市规划的要求，保障城市公共利益，改善城市景观和市容环境，综合协调建设过程各利益群体的矛盾。建设工程管理的内容包括地区开发建筑工程、单项建筑工程、市政交通工程、市政管线工程等。法律规定，在城市、镇规划区内进行建筑物、构筑物、道路、管线和其他工程建设的，建设单位或个人应当向城市、县政府城乡规划主管部门或者省、自治区、直辖市政府确定的镇政府申请办理建设工程规划许可证。需要建设单位编制修建性详细规划的建设项目，还应当提交修建性详细规划。对符合控制性详细规划和规划条件的，由城市、县政府城乡规划主管部门或者省、自治区、直辖市政府确定的镇政府核发建设工程规划许可证。建设单位应当按照规划条件进行建设。确需变更的，必须向城市、县政府城乡规划主管部门提出申请。

（四）城市空间结构与规模管理

城市空间结构是城市规划效果的体现，合理布局城市空间结构也是城市规划的主要目标之一。城市空间结构除城市功能分区、由中心向外围逐渐扩散外，旧城改造与新区开发也是现代城市管理的主要内容。城市空间结构管理的主要内容有：①根据城市发展性质和特点合理划分城市功能区；②根据各功能区的要求合理配置建筑用地、空地和绿地；③根据土地价值规律合理安排用地性质；④遵循旧城改造的原则与法律，合理拆迁；⑤在节约使用土地、城市规模与经济发展相适应的原则和条件下，有限度地进行新区开发。

城市空间格局的形成不仅是城市规划的结果，也是城市空间发展政策施行的结果。为了更好地实现规划中的空间格局，还需要城市功能布局和空间产业政策提供支持。城市政府正是通过城市发展计划、产业政策、交通政策、基础设施安排等其他相关政策以及其他规划来保证城市在空间扩张上符合规划要求的。

由于前端的作用远胜于末端，因此前端管理比末端管理更为重要。但我国目前主要侧重于对城市规划实施的管理等末端环节，而忽视对城市规划编制、审批等前端环节纠错和追责等的严格管理，致使末端管理矛盾重重或难以真正按照规划实施。此外，城市规划既包括很多类型，也包括很多领域的专业规划，各种规划之间的协调是城市规划取得预期效果的根本保证。由于我国的部门分割较为严重，专项规划之间的协调尤为重要，而专项规划也是城市规划管理的关键点和难点。①

在城市及区域发展从面向生产空间的规划建设到面向运营空间的功能管理的演进中，将国民经济和社会发展规划、城乡规划、土地利用规划、生态环境保护规划等多个规划融合到一本规划、一张蓝图中，实现统筹规划、动态调整、协调发展，推动区域协调可持续发展是十分重要的。2017年2月，习近平在北京市考察城市规划建设时强调，要把握好战略定位、空间格局、要素配置，坚持城乡统筹，落实"多规合一"，形成一本规划、一张蓝图，着力提升首都核心功能，做到服务保障能力同城市战略定位相适应，人口资源环境同城市战略定位相协调，城市布局同城市战略定位相一致，不断朝着建设国际一流的和谐宜居之都的目标前进。

三、城市规划管理的制度变革

（一）扩大公众参与渠道

城市规划需要兼顾市民、开发商和政府的利益，构建多方参与的对话平台，增进协商民主。城市规划编制既不能以政府利益最大化为诉求，也不能一味地偏袒开发商，而应当倾听多主体的声音，识别多元利益诉求，寻求多方利益的最大公约数。

（二）推行"四条线"管制方法

"四条线"管制方法具体包括：①绿线管制，即城市的绿地系统管制。绿线一经确定，任何人都不得侵犯。②紫线管制，即历史保护区管制。历史保护区包含完整的历史信息，应当将点和片结合起来进行保护。在紫线范围内，只能通过整治的办法进行保护性维修，

---

① 姚永玲，2017. 城市管理学（第二版）[M]. 北京：北京师范大学出版社.

古建筑修复要遵循"修旧如旧"原则。③蓝线管制,即城市水系管制。把水系整治保护好,有利于改善生态环境。④黄线管制,即城市基础设施用地规划管制。应预先通过规划,把城市快速交通干线、标志性大道、地铁、轻轨周边的土地控制好。

(三) 引入理性预期收益管理

通过城市规划预先对重大建设项目的周边土地进行管制,更好地经营城市资产。比如,一所大学要在郊区建设新校区,规划部门先把周边的土地控制好,新校区投入运营后,周边土地就会增值,政府通过公开拍卖土地就能收回前期的基础设施投入。如今,美国斯坦福大学周边的地价和房价都很高。但在多年前,该地块是偏僻的农场,一位农场主将部分土地捐给斯坦福大学。随着斯坦福大学的建立,周边土地大幅升值,农场主变成了富翁。

(四) 推行城市规划委员会制度

目前,我国很多城市的规划修编决策权集中在书记、市长和规划专家手中。有的城市决策者为了搞"换届工程""形象工程""政绩工程",热衷于修编城市规划。为了减少城市规划的随意性,有必要完善城市规划委员会制度。在城市规划委员会中,专家、学者、人大代表、政协委员应各占一定比例。正如习近平总书记所指出的:"城市规划要保持连续性,不能政府一换届、规划就换届。编制空间规划和城市规划要多听取群众意见、尊重专家意见,形成后要通过立法形式确定下来,使之具有法律权威性。"

(五) 加强对规划管理机构的监督

在城市规划的过程中,规划管理机构拥有较大的自由裁量权。规划管理为开发商提供了寻租机会,在利益诱惑下,规划部门官员有可能以权谋私,致使城市规划偏离公共利益。加强对规划机构的监督主要有三种途径:一是政治监督,即完善人大监督、司法监督和纪检监察监督;二是社会监督,即让公众参与监督;三是行政监督,即强化审计等内部监督机制。①

第四节 数字化城市管理与智慧城市

数字化城市管理是未来城市管理的发展方向,它是指利用信息化的手段,整合多项数字城市技术,以单元网格管理法、城市部件管理法、城市管理评价体系和再造城市管理流程等城市管理模式,实现精确、敏捷、高效的城市管理。

---

① 杨宏山,2009. 城市管理学(第三版)[M]. 北京:中国人民大学出版社.

一、数字化城市管理

（一）数字化城市管理的构成要件

1. 单元网格

数字化城市管理运用网格化管理技术，将城市区域划分为若干个边界清晰的地域单元，形成一个个无缝拼接的单元网格，实现了小区域分块管理。单元网格构成了数字化城市管理的基本单位。由于细分了管理区域，过去由十几个人共同管理 2—5 平方千米的城市空间（街道办事处辖区），现在缩小为每个城市管理监督员对应若干个单元网格，避免出现管理盲区。

2. 城管监督员（信息采集员）

数字化城市管理聘有专职城管监督员，他们在各自负责的单元网格内不间断地巡逻，当发现城市问题后，立即用可移动的信息采集设备（如"城管通"）进行现场拍照，并将问题情况迅速报告给城市管理监督中心。

3. 信息采集设备

数字化城市管理利用移动通信技术，以具有拍照功能的手机为原型，研发设计了可移动的信息采集设备。它可以帮助城管监督员即时采集现场问题信息，具有通话交流、短信交流、表单填写和传送、语音群呼、无线定位、录音和图片传送等功能。

4. 信息网络

针对传统城市管理信息传递慢、政府回应不及时的问题，数字化城市管理依托计算机网络和移动通信技术，设计了专门的数字信息网络系统，极大地提高了信息传递和反馈的速度。通过数字信息网络系统，还可以将各个城市管理主体分散的信息资源整合起来，实现信息资源共享。

5. 监督指挥中心

数字化城市管理通过组建城市管理监督指挥中心，设立了监督中心和指挥中心两个平台，实现了城市运行的管理职能与监督职能、评价职能相分离。[①]

（二）数字化城市管理的方法

数字化城市管理主要有以下几个基本方法：

1. 信息驱动管理法

数字化城市管理基于信息驱动管理，实施监督、指挥、绩效管理和追踪评价等职能，目的在于不断提高和改进城市管理、公共服务的效率和质量。它通过及时发现和识别各类问题，促使各职能部门和专业机构及时处理问题，并基于统计数据定期评估各部门的绩效状况。

[①] 杨宏山，2009. 数字化城市管理的制度分析［J］. 城市发展研究（1）：109 – 113.

2. 单元网格管理法

即把城市划分成若干单元网格，每个网格单元都配有城管监督员，分别对分管的单元网格实施动态监控。单元网格是数字化城市管理的基本单元，各个单元网格相互连接。

3. 分类编码管理法

数字化城市管理依据一定的标准，对城市管理部件和事件进行分类编码管理。基本做法是：在对城市部件进行普查的基础上，按照类别赋予其一定的代码，建立城市部件信息数据库和地理编码数据库。城市突发和非常态事件也基于一定标准进行编码。

4. 闭环控制管理法

传统城市管理偏重项目执行，却弱化了结果控制。数字化城市管理建立了监管分离的监督指挥体系，监督指挥中心独立于各职能部门之外，专门负责问题立案、信息反馈和绩效评价。这种监督反馈机制使各部门的工作都受到了有效监督。

5. 动态化管理法

传统城市管理在信息获取上基本处于被动状态，它往往是等某个领域的问题累积到一定程度，市民普遍不满或导致严重后果之后，经由媒体报道或领导批示，相关部门才会突击强化管理工作。数字化城市管理实现了信息的及时更新和动态监控。

（三）数字化城市管理的业务流程

数字化城市管理是目前我国采取的一种城市管理模式。在这一模式下，管理对象被分为部件和事件两类，前者主要指桥梁、道路等市政基础设施，后者则指需要处治的破坏城市管理秩序的行为。在此基础上，城市管理部门采用实体数据库、空间信息、无线网络等现代科技手段，以单元格的形式进行城市管理。通常而言，城市管理者会采取"一个中心，两条轴线"的具体形式：以市、区的专门城市管理机构为中心，由其负责辖区内城市管理的规则制定、行政指导、行业管理；同时，以管理与监督职能划分为基础，围绕城市管理机构，形成案例处置、调度协调两条轴线，前者包括案件的受理、监督、核查、结案、评价等工作，后者包括部件、事件的派遣以及与城建、环保、卫生等各职能部门关系的协调工作。数字化城市管理的流程设计，在不同城市的实际情况有所不同。大体而言，基本流程可以概括为以下环节（见图7-2）：

1. 信息采集

数字化城市管理聘有城管监督员专门负责发现并上报城市问题。他们在各自负责的单元网格内发现问题后，立即用信息采集设备"城管通"进行现场拍照，并将问题情况（包括时间、地点、问题编码等）迅速反映给城市管理监督中心。此外，监督中心也通过热线电话和政务网站等渠道，收集媒体和社会群众的在线举报信息。

2. 案卷移交

监督中心收到反映的问题信息后，立即进行信息分析和问题甄别。基于数据库资源，监督中心工作人员通过信息比对，快速识别问题并做出判断。如果反映问题符合立案标准，工作人员则通过监督平台立案，并移交给指挥中心。

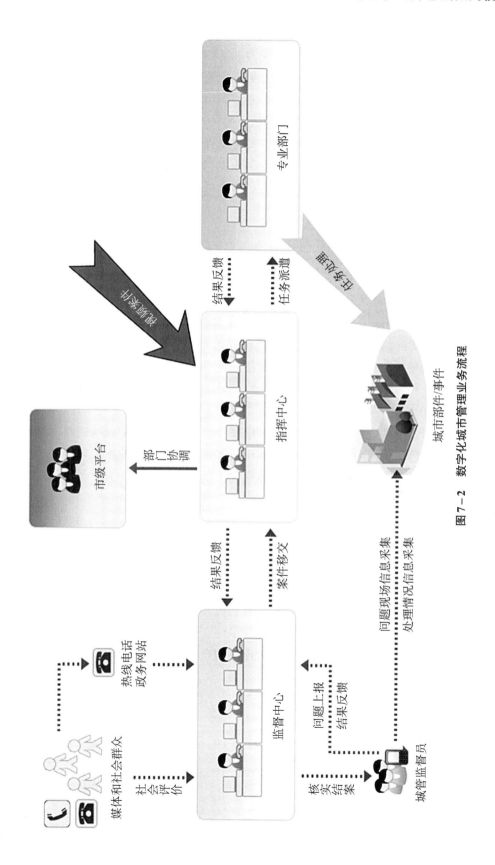

图 7-2 数字化城市管理业务流程

3. 任务派遣

指挥中心根据问题归属，立即派遣相关专业部门到现场进行处理。根据层级安排，区级指挥中心有权直接指挥区属专业部门。如果确定是市属部件或市管事件发生问题，区级指挥中心则需上报市级平台，由市级指挥中心协调市级部门进行处理。

4. 任务处理

任务处理主要由专业部门承担。比如，垃圾清理和渣土堆放问题由环卫部门承担；校园安全由学校、公安部门和教育行政部门共同承担；街头非法广告由城管执法部门负责清理。数字化城市管理系统本身并不承担任务处理责任，它通过信息驱动和监督指挥，促使专业部门履行责任。

5. 结果反馈

专业部门在现场处理完问题后，需要向监督指挥中心报告处理结果。监督指挥中心派遣监督员到现场进行核查。这种信息反馈机制不仅注重任务处理的过程，而且强化了结果控制。

6. 核实结果

如果现场核实问题已经妥善解决，现场核查结果与处理反馈信息一致，则予以结案。专业部门若不能在规定时间内履行责任，致使案件不能在限定的时间内结案，则应承担相应的责任。

7. 综合评价

数字化城市管理系统在运行过程中，系统平台会自动存储相关数据资料。这些数据资料，尤其是各部门发生问题数、结案率、回应效率等方面的统计数据，可以通过图表、排名等方式显示出来，为考核评价各部门的绩效状况提供依据。

（四）数字化城市管理的主要成效

在数字化城市管理的发展过程中，主要取得了以下成效：

1. 从粗放式管理走向精细化管理

数字化城市管理系统通过划分单元网格，以监督员和热线电话等为信息源，以监督指挥中心为轴心，对城市运行进行动态监控。监督员和市民群众在第一时间发现问题，监督指挥中心在第一时间立案并将任务派遣给责任单位。责任单位到现场处置后，将结果反馈给监督指挥中心。这种即时发现问题、即时传递信息、即时处理问题的流程安排，使城市管理由粗放式管理走向精细化管理。

2. 从运动式管理走向常态性管理

传统城市管理在信息获取上处于被动状态，往往是问题累积到一定程度、对城市运行产生明显的负面影响后，才会引起管理部门的关注。数字化城市管理由监督员在单元网格内巡视，专门负责发现问题和上报问题。单元网格覆盖了整个城区，城市管理可以不留死角。

3. 从各自为政走向一体化管理

针对传统城市管理存在职责交叉、相互推诿的问题，数字化城市管理系统通过设立专门的监督指挥中心，建立了执行和监督相分离的管理机制。各部门都有明确的管理责任和服务标准，都要接受监督指挥中心的统一调度。各部门在接到任务派遣通知后，要在规定时间内处理问题，并将结果反馈给监督指挥中心。

4. 从随意性管理走向标准化管理

数字化城市管理利用信息传导机制，促使相关部门履行职责，做到规范执法、文明执法。只要市民电话举报或监督员发现问题，经由监督指挥中心立案，追踪监督系统就会自行启动，相关部门不得推脱责任。监督指挥中心掌握问题信息后，持续催促办理，并定期汇总形成统计数据报告给市长（区长）。

二、大数据及其应用

（一）大数据的定义及内涵

随着移动互联网、物联网和云计算技术的快速发展，移动云时代的序幕缓缓拉开，大数据（big data）也越来越吸引人们的视线。正如世界预测大师、未来学家约翰·奈斯比特（John Naisbitt）在1982年提出的"我们现在大量生产信息，正如过去我们大量生产汽车一样""人类正被信息淹没，却对知识感到饥渴"，等等，诸如此类的预言均在当下得到充分的证实，这也恰恰说明世界正处于一个信息爆炸的时代。互联网的出现缩短了人与人、人与世界之间的距离，整个世界成为一个"地球村"，人们通过网络实现无障碍交流、交换信息和协同工作。与此同时，随着互联网的快速发展、数据库技术的成熟和普及、高内存高性能的存储设备和存储介质的出现，人类在日常学习、生活、工作中产生的数据量正以指数形式增长，呈现"爆炸"状态。2011年5月，全球知名咨询公司麦肯锡在美国拉斯维加斯举办了第11届EMC World年度大会，设定的主题为"云计算遇上大数据"，发布了"Big data：The next frontier for innovation, competition and productivity"的报告[①]，首次提出了"大数据"的概念。其在报告中指出："数据已经渗透到每一个行业和业务职能领域，逐渐成为重要的生产因素，而人们对于海量数据的运用预示着新一波生产率增长和消费者剩余浪潮的到来。"大数据是指大小超出典型数据库软件的采集、存储、管理和分析等能力的数据集。该定义有两方面内涵：①符合大数据标准的数据集大小会发生变化，会随着时间推移、技术进步而增长；②不同部门符合大数据标准的数据集大小会存在差别。目前，大数据的一般范围是从几个TB到数个PB（1PB = 1 024 TB）。根据麦肯锡的定义可以看出，数据集的大小并不是大数据的唯一特征，数据规模不断增长以及无法依靠传统的数据库技术进行管理，也是大数据的两个重要特征。

---

① MANYIKA J, CHUI M, BROWN B, et al., 2011. Big data：The next frontier for innovation, competition and productivity [R/OL]. Las Vegas：The McKinsey Global Institute. (2013 – 07 – 24) [2023 – 12 – 13]. http：// www. mckinsey. com/insights/business_ technology/big_ data_ the_ next_ frontier_ for_ innovation.

（二）大数据的应用

大数据应用是利用大数据的分析结果，为用户提供辅助决策，发掘潜在价值的过程。数据驱动的应用被广泛地应用于各个领域。例如早在20世纪90年代，商业智能就成为了一个在商界流行的术语，而21世纪早期就出现了基于海量数据挖掘处理的网站搜索。

城市政府各个部门都拥有构成社会基础的原始数据，比如气象数据、金融数据、信用数据、电力数据、煤气数据、自来水数据、道路交通数据、客运数据、刑事案件数据、住房数据、海关数据、出入境数据、旅游数据、医疗数据、教育数据、环保数据等，若将这些数据关联起来，并对这些数据进行有效的关联分析和统一管理，这些数据必将获得"新生"，具有很高的应用价值。

三、智慧城市在城市管理中的应用

智慧城市基于物联网、大数据、云计算等新一代信息技术以及搜索引擎、社交网络、综合集成法等工具和方法，营造有利于创新涌现的生态环境，实现全面透彻的感知、宽带泛在的互联网、智能融合的应用，以及以用户创新、开放创新、大众创新、协同创新为特征的可持续创新。

智慧城市是指运用信息和通信技术及其他创新技术，提升城市的可持续性、效率、舒适度和生活质量的城市。智慧城市与数字城市既有区别，也有联系。数字城市是"物理城市"的虚拟对照体，两者是分离的；智慧城市是通过物联网把数字城市与"物理城市"连接在一起，本质上是物联网与数字城市的融合。智慧城市是数字城市的智能化，是数字城市功能的延伸、拓展和升华，通过物联网把数字城市与物理城市无缝连接起来，利用云计算和网格计算技术对实时感知数据进行快速与协同处理，并提供智能化服务，主要表现为感知能力、逻辑思维能力、自学习与自适应能力、行为决策能力。

（一）智慧城市的特征

（1）数字化基础设施。智慧城市依赖于强大的数字化基础设施，包括高速宽带网络、传感器网络、数据中心等。这些基础设施可以收集和整合各种城市数据，支持智能决策和运营。

（2）数据驱动决策。智慧城市基于大数据和实时数据，通过数据分析和预测模型进行决策。城市管理者可以利用数据来了解城市运行状况、问题和趋势，从而做出更准确、高效的决策。

（3）智能交通系统。智慧城市倡导智能交通系统，包括智能交通管理、智能公共交通、交通信息系统等。这些系统利用传感器、数据分析和通信技术来优化交通流动、减少拥堵、提高交通安全性。

（4）可持续能源管理。智慧城市推动可持续能源的管理和利用，包括智能电网、分布式能源系统、能源监测和管理等。通过优化能源供给、能源消耗和能源转换，智慧城市可以降低能源浪费和碳排放。

（5）智慧环境管理。智慧城市关注环境保护和可持续发展，通过智能传感器和数据分析来监测与管理环境质量、垃圾管理、水资源利用等方面，有助于提高城市的可持续性、改善生态平衡。

（6）电子政务和公共服务。智慧城市利用信息技术和电子政务系统来提供更高效、更便捷的公共服务，包括电子政务平台、在线公共服务、智能城市管理系统等，使政府和公民之间的互动更高效、更透明。

（7）智慧建筑和智能家居。智慧城市鼓励智能建筑和智能家居的发展，通过自动化和智能控制技术来提高建筑的能源效率、舒适度和安全性。

（8）社会参与和创新。智慧城市鼓励社会参与和创新，通过数字化平台和社交媒体等工具，促进市民参与城市决策和治理，并支持创新的城市解决方案。

这些特性共同构成了智慧城市的基本特征，旨在提高城市的可持续性、效率和生活质量，为城市的发展和管理带来新的机遇与挑战。

（二）智慧城市的应用举例

基于智慧城市的数据类型，智慧城市可以实现多元数据交互应用。智慧城市多元数据交互是指在智慧城市中，不同数据来源、数据类型和数据系统之间的整合。这种交互可以促进城市各个领域的数据共享、协同分析和智能决策，从而实现城市的高效运行和可持续发展。多元数据交互在智慧城市中的应用举例如下：

（1）交通管理。智慧城市通过多元数据交互来实现交通管理的优化。例如，交通传感器可以实时收集道路交通流量、车辆速度等数据，与交通信号系统进行交互，实现智能信号控制和拥堵预测。同时，公共交通系统、出租车和共享单车等交通服务的数据也可以与交通管理系统交互，为居民提供更好的出行体验和路线规划。

（2）能源管理。智慧城市利用多元数据交互来优化能源管理和节能减排。能源监测设备可以收集建筑物和设施的能源消耗数据，与能源管理系统进行交互，实现能源使用的实时监控和优化。此外，可再生能源的数据和电力网络的数据也可以进行交互，实现智能电网的管理和调度。

（3）环境监测。智慧城市通过多元数据交互来监测和管理环境质量。例如，空气质量传感器可以收集空气中的污染物数据，与环境监测系统交互，实现实时的空气质量监测和预警。水质传感器和气象传感器等也可以与环境监测系统进行交互，提供水质和气候方面的数据，支持城市环境管理和资源保护。

（4）公共安全。智慧城市利用多元数据交互来提升公共安全管理。例如，视频监控系统可以与警务系统交互，实现实时的视频监控和事件响应。社交媒体数据和公共安全数据也可以进行交互，帮助预测和应对突发事件和紧急情况。

（5）公共服务。智慧城市通过多元数据交互来提供更高效的公共服务。例如，电子政务平台可以与不同的政府部门和公共服务机构进行数据交互，提供一站式的在线服务和信息查询。市民的个人数据和偏好数据也可以与公共服务系统进行交互，提供个性化的服务和建议。

思 考 题

1. 在城市管理中如何使用定性和定量相结合的方法？该方法具有哪些优势？
2. 城市规划管理的目的有哪些？
3. 城市项目管理与日常管理有哪些区别？
4. 城市管理数据有哪些特性？
5. 智慧城市的应用场景有哪些？未来有哪些拓展方向？
6. 在智慧城市管理中，如何提高跨学科知识共享的效率？

第八章　城市经济管理

> **学习目标**
> 1. 了解城市经济管理的概念、内涵及主要任务
> 2. 了解城市公共经济、公共财政的职能与作用

传统的城市管理理论认为，城市发展与管理的主要任务就是城市经济的运行与调控。如巴顿指出："城市化、城市现代化，都是一种经济现象，也是一种经济过程。"[①] 城市管理运作的主要目标是使各种资源趋于最优配置，从而促进城市社会经济的可持续发展。从这个意义上说，可以将城市管理看作一种广义的社会经济活动。在当前社会主义市场经济条件下，部门之间的关系、人与人之间的关系以及个人与集体之间的关系实质上都集中在利益分配问题上，因此城市经济管理是城市管理的重中之重。我们认为城市经济管理有两层含义：其一，城市经济管理是城市管理的重要手段之一，即采用经济手段来管理城市的相关事务；其二，城市经济管理是城市管理的重要内容之一，即对城市经济的发展与运行进行管理。城市管理中的经济手段已在第六章第四节中介绍，本章主要涉及作为城市管理重要内容之一的城市经济管理。

第一节　城市经济管理概述

一、城市经济管理的含义

经济管理是整个社会管理系统的一个重要子系统，主要是指管理主体对社会生产和再生产全过程的各种经济活动进行决策、规划、组织、指导、控制、调节、监督和服务，以实现预定的经济目标的过程。根据经济活动的管理范围的不同，经济管理可以分为宏观经

[①] J. K. 巴顿, 1984. 城市经济学 [M]. 城市经济研究室, 译. 北京：商务印书馆.

济管理、中观经济管理和微观经济管理。

城市经济管理属于中观经济管理的范畴，是指以城市地方政府为核心的管理主体，对城市经济活动的各个领域和环节的生产要素进行合理组织，调整城市经济不同产业、不同行业以及不同社会群体之间的经济利益关系，以实现城市经济发展目标、获得最佳城市经济效益的活动与过程。

城市经济管理的对象是城市社会生产和再生产全过程中的各项经济活动。它是由生产、分配、交换和消费四个环节所组成的一个多层次、多部门、多行业的经济活动体系。城市经济管理涉及的范围非常广，包括宏观城市经济和微观城市经济两个不同领域。前者主要涉及城市的形成、城市化过程中城市经济的发展、城市与外部的经济联系、城市经济发展规划与建设、人口与就业、土地开发与利用、住宅建设与管理等，以及城市与国民经济、城市辐射地区、邻近地区的经济关系和活动；后者主要侧重城市内部的各个主体的微观经济活动，包括个体的就业、个体的消费、个体的迁移以及各个主体之间的经济互动关系。从这个意义上看，城市的宏观经济活动与微观经济活动是对城市经济活动从不同视角观察的结果，宏观经济活动更侧重城市经济活动的总量结果，微观经济活动则更侧重微观个体的行为，当然，宏观经济活动是以微观经济活动为基础的。

同时，城市经济与地区经济和国民经济是一个有机整体，城市内部的经济活动与城市外部的经济活动之间存在密切的联系。因此，城市经济管理活动不能只在单独的城市经济体系中孤立地进行，而必须在考虑国民经济和地区经济的前提下，根据城市所处的发展阶段、在国家和地区中的地位及其自身特色，对城市经济体系、经济活动和经济关系进行规划、组织、调控并提供必要的服务。

二、城市经济管理的主要任务

城市经济管理的任务就是要按照城市经济发展规律的内在要求，建立一整套与市场经济相适应的城市经济运行机制，运用各种方法和手段，有效地组织城市各项经济活动，从而优化城市经济结构，提高城市经济效益，实现城市经济的良性循环，进而达到城市经济持续、稳定、协调的发展。

（一）指导宏观经济活动

城市经济管理对宏观经济活动的指导体现在以下几点：第一，维护经济秩序，监督各类商品生产者和经营者（包括各类企业、经济组织和个体经营者）遵守国家的宪法和法律，执行国家的方针政策，保证它们的合法经营和合法权益，取缔非法的经营，制裁非法利益获得者，打击各种经济犯罪活动；第二，主要运用经济政策、经济杠杆、经济信息等手段，辅以其他调节手段，指导各类商品生产者、经营者从事有效经营活动，沿着符合社会需要和国家要求的方向发展，向社会提供有效产品和有效劳务；第三，正确指导和保护竞争，引导和促进各类企业实行专业化协作，在自愿互利的基础上进行改组联合，积极进行技术改造，改善经营管理，发展横向联系，提高综合的社会经济效益；第四，在法定的职权范围内，调节和仲裁各方面的利益关系，力求把各方面的经济利益关系理顺，特别是把价格体系和国民收入分配、再分配关系理顺，使各类商品生产者、经营者的积极性得到正确发挥，并使国家和广大消费者的利益得到切实保障；第五，为微观经济的正常发展创造必要的条件，提供良好的服务，包括做好城市多种基础设施和公用设施建设工作，办好各项公共服务事业，等等。

（二）正确调节经济结构

促进经济结构优化是城市经济管理的基本任务之一，城市管理在研究和调节经济结构的实际工作中应着重注意四个问题：第一，要把城市的经济结构与全国的经济结构有机地联系起来，通过与全国城乡建立广泛的、横向的经济联系，实现物质资料的生产、交换、分配和消费之间的平衡，物的生产与人的生产之间的平衡，社会生产系统与自然生态系统之间的平衡；第二，要使城市的经济结构与本市的性质相适应，按照城市性质的客观要求，分别扶植、鼓励一些行业、企业的发展，限制、禁止一些行业、企业的发展和开办；第三，要从"市情"出发，全面评估本市的经济、文化、人力、自然资源条件，按照扬长避短的原则，积极扶植、建立和发展城市的优势产业，逐步限制、改造或淘汰劣势产业，使城市的经济结构适应全国经济的发展和经济合理布局的客观要求；第四，要按照方便城市人民物质文化生活和有利于城市经济、文化、政治、对外交流等活动正常进行的原则，合理调整城市的产业结构、投资结构、就业结构和建设布局。

（三）有效控制城市发展规模

中外城市管理的经验教训都证明，必须按照城市的具体情况对城市规模进行合理、有效控制，否则会陷入长期被动和混乱的局面，进而产生灾难性后果，危及城市生存。需要指出的是，城市总体规模的发展有两个限度：一是"相对限度"，即城市规模不能超过城市现有的各种基础设施的承载能力，超过就会发生混乱；二是"绝对限度"，即城市规模绝不能超过当地的自然力（主要是土地、水源，包括引进水源）的承载能力，超过这个负荷极限，就会产生灾难性后果，受到自然规律的严厉惩罚。这两个限度的关系是前者服从后者。

三、城市经济管理的主要内容

城市经济管理的根本目的是要促使城市经济资源的有效配置，实现城市经济可持续发展，不断提高城市居民的生活水平。为此，城市经济管理要根据特定的社会经济条件，按照城市经济运行的内在规律，确定具体的管理内容。由于城市经济系统本身是复杂的有机体，相应地，城市经济管理的内容也很庞杂。从不同的角度出发，城市经济管理包含不同的内容。从城市经济管理的职能来看，城市经济管理主要包括经济运行规划、经济运行调控和综合经济管理服务三部分内容。

（一）经济运行规划

科学、合理的经济社会发展规划是影响城市经济高质量发展和社会效益的关键因素之一。这里所说的规划，是指城市要根据国民经济发展的总体规划，结合城市的实际情况，制订适合城市发展战略的社会经济发展规划，确定经济结构的比例与主导系统，规划经济结构的中间配置。城市需要根据国家对城市发展和建设的方针、经济技术政策、国民经济和社会发展长期规划、区域规划，结合城市的资源禀赋，全面地布置城镇体系，合理地确定城市在规划期内的经济和社会发展目标，确定城市的定位、发展方向、发展规模和建设布局。

（二）经济运行调控

经济运行调控是指对城市经济活动的开展进行协调，通过各种调节活动，推动城市社会经济协调发展，从而促使城市经济结构趋于合理。同时，根据宏观调控与市场调节相结合的原则，在积极发挥市场调节作用的基础上，合理选择调控手段，综合运用财政税收、银行信贷等调节工具，引导城市经济发展方向，提高整个城市经济的运行效率。

（三）综合经济管理服务

综合经济管理服务职能是指在城市经济管理中应遵循"宏观管好、微观放开"的原则，综合考虑环境、土地、资源、经济、人力、社会、文化等因素，围绕环境保护、资源开发、土地利用、交通通信条件改善等工作，加强城市基础设施与公用设施建设，制定和完善各项经济与行政法规、规章，培植、完善城市市场体系，为企业等经济主体的经营活动提供良好的外部环境。

第二节　城市公共经济管理

一、城市公共经济

城市生活无法离开公共产品。公共经济的核心是公共产品的供给和配置，随着公共经济的发展，公共产品已经同私人产品一样成为我们生活中不可缺少的部分，城市公共产品的质量和数量已成为衡量一个城市甚至一个国家文明与进步程度的标志。

（一）城市公共经济的含义及范围

城市公共经济作为城市经济的重要组成部分，在城市经济发展过程中发挥着巨大的作用。公共经济是相对私人经济而言的，是以政府等公共部门为主、以非营利性的公共服务为宗旨，面向社会无偿或部分有偿提供公共产品，以满足全社会的公共消费需求的全部生产和服务活动。

城市公共经济是一种产生于竞争性分散经济基础之上的，又反过来对分散经济起扶助、制衡、服务和推动作用的经济系列。它通常涉及公共设施、公共服务、公共工程和公共投资领域。城市公共经济的发展能为社会扩大再生产创造协作条件，保护和保障公私各类经济、分散经济的发展，并推动和制约公私各类经济、分散经济的发展。城市公共经济的质量与数量对城市经济的发展不仅具有短期影响，而且具有长远和根本的影响。

一般认为，公共经济必须具备以下三条标准：①经济服务的目的和内容必须是为社会公众提供产品和服务，而且这种产品和服务必须具有非排他性、非竞争性；②公共产品和服务一般是私人和分散经济所不能（如投资额过大）、所不愿（如微利甚至免费）、所不宜（如涉及国防、治安、司法等）提供的；③这种经济发展的资金一般来自无偿性的税收收入，同时国家对这种经济发展具有直接的监督和控制职能。由此可见，城市公共经济实际上是以国家财政收入为资金来源，对于与政府活动有关的公共主体以及一切不直接进行生产活动的主体进行投资，为满足社会一般共同需要所进行的一种服务性活动。正是在此基础上，公共经济与公共财政有了紧密联系。公共财政通常必须保证公共经济发展所必需的资金，并实施对于公共经济的管理；而公共经济的发展又可以带动整个城市经济的发展，从而增加公共财政收入。

（二）城市公共产品的适度规模和有效供给

1. 城市公共产品的适度规模

一方面城市公共产品的范围和构成反映了城市生活与公共产品之间密不可分的关系，另一方面城市公共产品的逐渐多样化也反映了城市微观经济主体对公共产品不断丰富的需求。这种不断丰富的需求导致由城市政府支配的城市社会资源规模呈不断上升的趋势，其结果是政府活动和规模随着对公共产品需求的丰富而扩大。德国经济学家阿道夫·瓦格纳（Adolf Wagner）在分析国家活动的范围时曾提出，随着一国工业化经济的发展，人均 GNP 的增加必然导致财政支出比 GNP 更快地增长，这种关系可以用 OG 曲线来表示（见图 8-1）。OG 曲线的一个显著特征是 $[(G_b - G_a)/G_a] / [(Y_b - Y_a)/Y_a] > 1$，即财政支出的收入弹性大于 1，表明随着人均 GNP 的提高，人均财政支出的增长速度快于人均 GNP 的增长速度。

瓦格纳将政府规模扩大的原因归结为：随着工业化发展和社会进步，人们对公共产品的需求不断扩大，包括对政府保护和管理服务方面的公共产品需求的扩大；对政府干预经济以及从事直接性生产经营活动需求的扩大，主要是那些具有极大外部效应的行业出于规模和技术要求等方面的原因，要求政府直接经营；对政府提供文化、教育、卫生与福利服务方面需求的扩大，包括通过转移支付进行收入再分配需求的扩大。

理查德·A. 马斯格雷夫（Richard A. Musgrave）在对经济发展不同阶段的公共产品支出状况进行大量的比较研究之后认为，在经济发展的不同阶段，人们对政府提供的公共产品需求规模有所不同。这种变化取决于人们对公共产品需求的收入弹性，以及随着总资本的积累，资本在私人投资和公共投资中分配比例发生的变化。

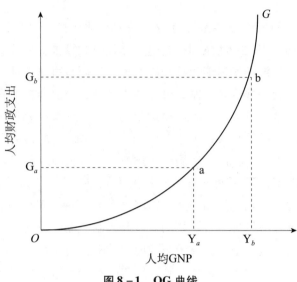

图 8-1　OG 曲线

在经济发展的早期阶段,交通、通信等基础设施的落后直接影响私人部门的生产性投资效益,从而间接影响整个经济的发展。而对这类基础设施的投资往往具有规模大、周期长、收益少的特点,私人部门不愿意或没有能力投资。同时,这些基础设施又具有较大的外部效应,需要政府提供,为经济发展创造一个良好的投资环境,克服可能出现的基础设施"瓶颈"效应。因此,在这一阶段公共资本的作用很大。一旦经济发展进入中期,私人资本存量不断增加,那些需要由政府提供的具有较大外部效应的基础设施已基本建成,社会和经济发展对其需求的增加开始变缓,公共支出的增长便开始下降。当经济发展进入成熟期,公共净投资的份额又会上升。这是因为随着人均收入的进一步增长,人们对生活质量提出了更高的要求,私人消费形式将发生变化,从而预算形式也将发生变化。在这一阶段,对人力资源的投资和对私人产品的补偿性公共投资将处于显著位置,公共支出又出现较高的增长率。

瓦格纳和马斯格雷夫的理论描述虽然都是以一国公共产品支出规模为基础,但其理论模型同样适用于城市公共产品规模的变化。正处于工业化发展进程中的我国城市对公共产品的需求一直呈增长趋势,这必然要求城市政府转换职能,将更多的财力、物力用于公共产品供给,以满足市场化经济发展的需要。

2. 城市公共产品的有效供给

经济学意义上的有效供给,其含义就是以适度的生产成本尽量满足消费者的需求与偏好。公共部门提供城市公共产品是一种经济活动,因而也必须依照效率优先的原则尽量满足城市居民的消费偏好。

城市公共产品的有效供给取决于两个方面,即公共产品的补偿方式和公共产品的供给方式,二者相伴而生、互相影响。其一,因公共产品的性质不同,其补偿方式有所区别,对纯公共产品而言,补偿的方式只能是税收,准公共产品的补偿方式既可以是税收也可以是使用者付费;其二,因公共产品性质及政府能力的不同,供给方式也会有所不同。

在城市公共产品供给中，公共产品的特性导致市场在这一领域的"失灵"，政府成为公共产品的当然供给者。从政府层次上看，中央政府也可以是城市公共产品的供给者，当把效率因素考虑在内时，城市政府无疑是更合适的供给主体。但是，公共产品的政府供给①并不等于公共产品由政府直接生产。事实上，城市政府究竟以哪种方式提供公共产品最有效，还受到公共产品自身特性的影响。一般来说，纯公共产品必须由政府提供，而准公共产品在这一领域可以采取的供给方式是多样化的。公共产品的提供从总体上说主要有三种方式：政府采用公共方式提供、政府通过市场方式提供、政府通过制度安排等方式引导私人企业提供。

民营化研究的著名学者 E. S. 萨瓦斯（E. S. Savas）通过区分"供给"和"生产"，总结了公共产品供给的十种不同形式，如表 8-1 所示。其中，生产者和安排者都是公共部门的制度安排只有政府服务和政府间协议两种，其他八种制度安排都不同程度地涉及私人部门。

表 8-1　公共产品供给的制度安排

生产	供给	安排者	
		公共部门	私人部门
生产者	公共部门	政府服务 政府间协议	政府出售
	私人部门	合同承包 特许经营 政府补助	凭单制 自由市场 志愿服务 自我服务

资料来源：E. S. Savas, 2000. Privatization and Public-Private Partnerships [M]. London: Chatham House Publishers.

（1）政府服务（government service），即政府扮演公共产品的生产者和安排者的双重角色。一些政府部门通过政府职员或者设置附属性的企事业单位，亲自指挥生产并提供公共产品和公共服务。当前，我国城市的公立学校、邮政、公园、警务、消防、供水、供气、供电、通信等部门的服务，普遍由政府部门或国有企业亲自生产和提供，服务成本或由政府财政支出，或由消费者支付。除提供公共产品外，城市政府还介入一些私人产品领域，如商场、宾馆、房地产、制造业等。

（2）政府间协议（intergovernmental agreements），即政府之间或行政部门之间达成协议，由某个政府或行政部门支付费用，委托或雇用另一个政府或行政部门提供某些公共产品和公共服务。比如主城区政府与郊区政府达成协议，委托郊区政府提供污水处理服务。在美国，一些学区由于高中生数量少，常与邻近学区达成协议，把学生送到邻近学区接受教育，并向该学区支付费用；一些市政府通过政府间协议，购买其他市政府提供的消防、

---

① 公共产品的政府供给是指政府必须向社会提供一定数量和质量的公共产品，而公共产品由政府直接生产是指不仅公共产品所需的资金来源于政府预算，而且其生产还是由政府直接经营，这显然是有区别的。政府"供给"公共产品，并不等于政府直接"生产"公共产品。1961年，奥斯特罗姆等学者指出，需要区分公共产品和公共服务的"生产"和"供给"，公共产品和公共服务的"生产"既可以由私人部门承担，也可以由公共部门承担，要允许生产这些产品和服务的机构开展最大限度的竞争。

医疗保健、公共卫生、精神健康、儿童福利等服务项目。

（3）政府出售（government vending），指政府将自身拥有的一些公共产品和资源，通过市场化经营途径出售给私人部门使用。例如，私人部门可以从政府那里购买土地资源使用权、水资源使用权和矿产资源开发权，私人部门还可以租赁公共部门拥有的建筑物、房地产。在美国，一些市政府甚至出租警员为私人部门举办的大型活动提供安全保卫；市警察局为体育馆、剧院和展览提供安全服务，按小时收取费用。

（4）合同承包（contract），指政府与私人企业、非营利性组织签署关于公共产品和服务的生产合同，将公共产品和服务的生产任务外包出去。在这一安排下，私人部门是生产者，政府是公共产品供给的安排者，如政府购买办公设备，购买建筑服务、环卫服务、社区医疗服务等。实证研究表明，合同承包往往比政府组织"内部生产"的效率更高。

（5）特许经营（franchises），指政府将垄断性特权给予某个民营企业，让它在特定领域提供特定服务。在这种制度安排下，政府通常会实施一定的价格管制。在市政管理领域，出租车、供电、供气、供水、污水处理、废物转化、通信、机场、收费道路、收费渡桥、过江隧道、公共汽车等，常常实行特许经营；高速公路沿线、公园、机场、体育场等场所的饮食和特色服务，也常常引入特许经营。特许经营与合同承包的区别在于：前者是消费者向生产者支付费用，后者是政府向生产者支付费用。

（6）政府补助（grants），指政府对一些收费性的准公共产品（包括部分私人产品）的消费提供补贴。政府提供补贴是为了鼓励此类产品的消费行为。补助是对生产者的补贴，补助的具体形式包括提供资金、免税、税收优惠、低息贷款、贷款担保等，也可能在土地使用、审批环节等方面给予优惠。政府通常对农产品、社区医疗服务、公共租赁住房建设、文化艺术团体等给予一定补助，降低相关产品和服务面向符合资格的消费者的价格。

（7）凭单制（vouchers），指围绕特定产品，针对特定消费者群体的消费行为实施的专门补贴。凭单由消费者自主安排，消费者可自由选择享受补贴的产品和服务。政府面向贫困者发放食品券，面向流动人口子女发放教育券，面向低收入家庭发放经济适用房购买券、廉租房租赁券等，都属于此种制度安排。企业手持凭单，可以到政府相关部门兑换成相应数额的货币。有的凭单制对持券者的选择权有所限制，要求在名录限定的商家范围内做出选择。

（8）自由市场（free market），指政府基本不介入，由消费者自行安排某种服务并选择生产者。尽管自由市场也需要政府制定安全规范和其他标准，但政府并不直接介入交易过程。自由市场的安排者和生产者都是私人部门，这种制度安排是提供普通服务和收费性产品最普遍的形式。自由市场也可用于部分准公共产品的供给。一些社区服务，如供水、住房、医疗、健康、休闲、教育、运输等，也可以通过自由市场进行安排。

（9）志愿服务（voluntary service），指由志愿人员和慈善组织提供公共服务项目。比如，邻里协作组织提供志愿巡逻、房屋建设、文艺聚会等服务；社区组织提供小区垃圾清扫、杂物捡拾、幼儿看护、老人照顾、宠物看管、免费体检、信息咨询等服务；宗教机构、慈善组织和基金会通过筹集捐赠，面向社会提供慈善服务，为街头流浪者提供食物和居住帮助，甚至兴办大学、医院等服务项目。

（10）自我服务（self-service），指个人通过自我帮助、自给自足的方式提供公共产品。它是公共产品和服务最原始的供给方式。在公共组织形成以前，人们只能通过这种方式提供服务。在现代社会，自我服务仍是公共产品的供给方式之一，如个人自行安装警报器预防火灾，自行锁上房门防止偷盗，家庭自行修建住房，个人进行健康锻炼等。在美国，尽管公立学校和私立学校都很发达，但目前仍有许多中小学生在家庭学校（home school）接受教育。

上述十种制度安排属于公共产品供给的单一形式，它们也可混合使用。随着公共产品供给由单中心机制向多中心机制的转变，政府和私人部门会形成公私合作的伙伴关系。这种多中心供给机制并不意味着政府可以不履行公共产品的供给责任，而是说政府履行责任的方式发生了变化。萨瓦斯指出，"公共服务的安排和生产的区别十分重要，它是整个民营化概念的核心，是政府角色界定的基础。所谓公共服务的民营化，其实就是表明，对于那些属于政府天职的公共服务，政府应该是个安排者，决定什么应该通过集体去做、为谁而做、做到什么程度和水平、怎样付费等问题。至于公共服务的生产和提供，完全可以通过合同承包、政府补助、凭单制、特许经营等形式，由私人机构或社会机构来完成。"①

我国城市公共经济发展迅速的一个重要原因是，各地不同程度地改革了城市建设由政府包揽一切的传统做法，转向以城市建设投融资体制改革为突破口，以市政公用设施项目分类为基础，以市场化运作为主导，多渠道、多元化地筹集城市建设资金，初步形成"政府引导、市场运作、社会参与"的发展格局。因此，实行投资主体多元化，打破国有经济对城市公共经济的垄断，将市场机制引入公共产品的决策、投资、建设和经营，使资源配置达到最优化，是我国城市经济管理的发展趋势。

二、城市政府规制

（一）政府规制的含义

1. 政府规制的概念

"regulation"是个外来词汇，国内很多学者将其译为"规制"，也有学者译为"管制"。其中，"规制"强调在法治背景下进行的一系列有规可依的控制活动；"管制"并不一定有法律依据，有些管制行为可能是自由裁量的任意行为。政府规制是在法律的制度框架下，政府有关部门为矫正市场失灵和维护社会多元利益平衡，对微观经济和社会主体的直接干预与控制行为。

2. 政府规制的特点

政府规制离不开一定的管制活动，但规制与管制又有区别。简单地说，政府规制是附带前提条件的管制活动。政府规制的特点在于：

---

① E. S. Savas，2000. Privatization and Public-Private Partnerships [M]. London：Chatham House Publishers.

(1) 政府规制以市场经济体制为制度前提。在市场经济体制下，私有产权与公共产权受同等保护。

(2) 政府规制具有明确的法律依据。

(3) 政府规制具有明确的程序规定性，要求做到公开透明，被规制者拥有知情权和参与权。

(4) 政府规制具有法定的救济途径和纠错机制。这相当于对规制者也进行"规制"，以纠正政府的非理性行为，保障被规制者的正当权益。

3. 政府规制的种类

城市政府规制一般可分为经济性规制和社会性规制两类。

经济性规制是指政府为了保障公平竞争、防止资源配置低效和确保市民的使用权利，通过许可或认可的方式，对企业进入市场、退出市场、产品的价格、服务的数量和质量等进行限制。经济性规制主要针对自然垄断行业和公用事业。

社会性规制是指政府以保障劳动者和消费者的安全、健康、卫生，保护环境，保护未成年人，增进社会福利为目的，通过制定一定的标准去禁止和限制特定的企业行为。社会性规制涉及环境规制、交通规制、教育规制、文化规制等领域。无论是竞争性行业还是垄断行业，政府都要对它们进行社会性规制。

(二) 政府规制的作用

1. 城市政府规制的积极作用

(1) 有利于防止过度竞争。在城市基础设施和自然垄断行业等领域，由于存在规模经济效应，在市场需求没有达到一定规模之前，单个企业生产比多个企业同时生产更有效率。如果放任自由竞争，就会导致资源浪费。政府对这些行业实施价格规制，可以防止企业利用垄断地位谋取超额利润。

(2) 有利于维护交易公平。在某些城市产业部门中，即使存在竞争性市场，但由于信息不对称，生产者和消费者之间常常一方处于信息优势地位、另一方处于信息劣势地位，拥有信息优势的一方可以利用其优势地位进行不公平交易，从而使另一方利益受损。为此，政府需要制定政策，规范市场交易行为。

(3) 有利于提高社会福利水平。在市场交易中，各种利益主体基于个体利益最大化原则进行活动。在缺少外在约束的情况下，环境污染、假冒伪劣产品等具有负外部效应的活动容易增多，需要政府对微观行为进行规制，促进社会福利的提升。

2. 过度规制的负面影响

(1) 引发企业寻租和政府腐败。寻租行为是指通过非生产途径而获取特殊利润。市场准入规制为受规制企业减轻了市场竞争压力，价格规制又使企业更容易获得稳定的经营回报。因此，已经进入某些产业领域的企业乐于接受政府规制，并通过输送利益鼓励政府维系既定的规制政策。市场准入规制和价格规制还会诱使被规制企业通过价格联盟获取利益。

(2) 抑制组织创新。过度规制减轻了潜在竞争者对现有企业的威胁，组织创新受到抑制。

(3) 增加行政成本。政府规制不是免费提供的，任何政府规制项目的创设和执行都需要投入财政经费，因此大量设置规制机构会增加行政成本和公共财政负担。

(三) 政府规制的理论演化

政府规制的理论经历了从强化规制、放松规制到重建规制的演化过程。

1. 公共利益理论

长期以来，公共利益理论一直是强化政府规制最重要的理论依据。它以福利经济学为基础，认为政府规制之所以必要，是因为存在市场失灵问题，需要通过政府规制提高资源配置效率，实现社会福利最大化。在公共利益理论看来，市场是脆弱的，如果放任自流就会导致不公平和低效率，政府规制的目的在于防止受规制企业对消费者滥用权力。公共利益理论认为，政府可以代表公众对市场进行理性计算，并使市场规制符合帕累托最优原则，从而保护消费者免受垄断厂商的侵害。由于实证研究结果与规范分析并不支持公共利益理论，甚至得出相反的结论，该理论遭到质疑。

2. 规制俘虏理论

一些实证研究发现，政府规制与市场失灵没有很强的关系；相反，政府规制往往朝着有利于生产者的方向发展，提高了产业内厂商的利润。这一现象就是规制俘虏理论（capture theory of regulation）产生的背景。规制俘虏理论认为，政府对企业行为的规制是为了满足产业对规制的需要而产生的，规制的最初发动者往往并不是政府，而是产业组织，政府规制的实质是规制者和立法者被产业组织俘虏与控制。在产业组织的影响下，不仅政策制定机构会被俘虏，行政执法者也会被俘虏。美国经济学家乔治·J. 施蒂格勒（George J. Stigler）对政府规制俘虏现象进行了开创性研究，其结论是：规制结果有利于生产者，受政府规制的产业并不比无规制的产业具有更高的效率和更低的价格。规制立法总是对那些组织良好的利益集团有利，因为它们能够更有效地获得政治支持，并愿意花费资源来取得政治支持。但是，规制俘虏理论也受到一些批评，一些学者举证在现实中存在很多不被产业支持的规制，有些产业的利润水平因政府规制的介入而下降。

3. 放松规制理论

由于过度规制抑制了市场竞争，不利于提高经济效率，20 世纪五六十年代，西方国家反对政府规制的呼声高涨。20 世纪 70 年代以来，发达国家纷纷进行规制改革，开始放松规制（deregulation）和重建规制（reregulation）。放松规制主要发生在经济领域，而社会性规制则表现出强化的趋势。支持放松规制的理论主要有政府失灵理论和可竞争市场理论。

公共选择领域的学者詹姆斯·M. 布坎南（James M. Buchanan）指出，公共部门在提供公共产品时总是趋向于浪费和滥用资源，致使公共支出成本规模过大。如同市场失灵，政府同样存在失灵问题。人们必须破除政府会一心一意为公众谋利益的观念。政府由政治家和公务员组成，他们也是"经济人"，以追求自身利益最大化为行动准则。可竞争市场理论认为，只要取消人为的市场进入和退出壁垒，同时依靠科技进步尽量消除沉没成本，就可以在自然垄断行业形成可竞争市场，在进入和退出完全自由的市场中，不可能存在超额利润。

4. 激励性规制理论

放松规制理论虽然为自然垄断行业的规制改革提供了理论依据，但放松规制并不等于取消政府规制。由于市场失灵问题，有些经济领域必须保留政府规制。例如，对于那些存在市场进入壁垒的强自然垄断行业，为防止企业操纵价格、谋取垄断利益，政府部门必须介入并实行规制措施。在规制俘虏理论和放松规制理论的影响下，为了提高规制效力、降低规制成本，激励性规制（incentive regulation）理论应运而生。

由于信息不对称，在政府规制过程中，企业行为存在逆向选择和道德风险问题。政府制定有效率的规制政策，必须尽可能地获得企业的真实经营信息，而企业则倾向于隐匿信息（商业机密）。激励性规制理论侧重于研究如何设计激励机制和设置诱因，鼓励企业披露真实的经营信息，实现以最小成本获得规制信息，并刺激企业提高生产和经营效率。在实践中，激励性规制的实施机制主要有特许投标竞争、区域间比较竞争、价格上限规制、社会契约规制等。

（1）特许投标竞争，即在一定的质量要求下，政府通过拍卖的形式，让多家企业参与竞争自然垄断行业的独家经营权，从而在投标阶段对服务质量和价格形成竞争，由报价最低的企业取得特许经营权。特许投标竞争由市场决定价格，它提高了垄断性市场的可竞争性，有利于激励企业降低运营成本。特许投标竞争还为规制机构提供了价格规制所必需的成本信息。企业对垄断经营权的竞争，缓解了政府在进行价格规制时所面临的信息不对称。

在实践中，特许投标竞争也存在一些问题，首先是特许投标竞争仍可能出现竞争不充分问题。如果某个企业取得了特许经营权，在下一轮投标竞争中，该企业由于积累了经验，往往具有更大的获胜机会。其次是资产转让问题。上一轮竞争中获得特许经营权的企业投入的固定资产，如何转移给新一轮投标获胜的企业呢？资产转让协议的达成往往要经过艰难的讨价还价过程。最后是合同款项的变更和修改问题。许多特许经营合同是不完全合同，需要不断进行细化，这样难免会产生监管费用。

（2）区域间比较竞争也称区域间标尺竞争，其基本思路是：以与本区域受规制的自然垄断企业具有相似生产技术、市场需求的其他区域企业的生产成本为参照，制定本区域垄断企业的价格和服务水准，从而激励本区域内垄断企业提高生产效率、降低生产成本、改善服务质量。

自然垄断行业常常由一两家企业垄断经营。为了防止企业滥用市场垄断地位，保护消费者的合法利益，政府需要实施价格或质量规制。由于企业垄断了经营成本的真实信息，政府难以按照实际成本制定规制价格。鉴于此，政府可以定期调查和公布不同区域的自然垄断产品价格水平，从而打破本地企业对信息的垄断，为制定合理的指导性价格提供依据。在此基础上，政府可以得出自然垄断产品的合理定价，为本地产品确定最高限价。

（3）价格上限规制，该机制起源于英国学者斯蒂芬·理查尔德（Stephen Littlechild）于1983年发布的一份报告《对英国电信公司利润的规制》（*Regulation of British Telecom's Profitability*）。在报告中，理查尔德建议采取价格上限办法规制英国电信业。价格上限规制的基本思路是：把受规制行业的产品和服务价格与零售价格指数（retail price index，RPI）结合起来，受规制行业的价格上涨不能高于通货膨胀率。同时，该定价机制还考虑到技术进步带来的劳动生产率（X）提高会使行业产品的价格下降。价格上限定价机制的谈判焦点是，如何选择和确定劳动生产率的值？X值的大小由各自然垄断行业的技术经济特点决定。一般来说，技术进步潜力越大的行业，其X值也就越大。

这种方法规制的是企业的价格而不是企业的利润，它有利于激励企业提高生产效率和促进创新，因为任何成本降低带来的利润都归企业所有。被规制企业在不超过价格上限的情况下拥有灵活定价权，可提高资源配置效率。

（4）社会契约规制也称成本合同规制，是指规制机构与受规制企业签订合同，就产品价格、运行成本等主要指标做出约定，规制机构根据企业执行约定的情况实施相应的奖惩措施，鼓励企业降低成本、节约能源、保护环境和提高服务水平。[①]

第三节　城市公共财政管理

城市通过公共财政活动提供基础设施、公共产品和服务，调节收入分配，对市场机制的初次分配进行"矫正"，保障弱势群体和落后地区也能享受发展成果。城市公共财政还可引导产业发展，向战略性新兴产业提供政策支持。

一、城市公共财政及其职能

城市公共财政是指城市政府为实现公共管理职能，参与社会产品分配和再分配的活动。城市公共财政的职能包括资源配置、收入分配、稳定经济三个方面。具体地说，针对城市公共产品、俱乐部产品、外部效应、公共资源、自然垄断等方面的问题，政府应执行资源配置职能；针对城市贫困和城市失业问题，政府则分别执行收入分配和稳定经济职能。但是，这三方面的职能不应均由城市政府独立执行；相反，必须根据政府间职能分配的基本原理来认定具体的城市公共财政职能。

（一）资源配置职能

1. 财政执行资源配置职能的主要手段

支出手段是财政执行资源配置职能最主要的手段。对于市场不能实现最优产量的产品，政府可直接提供，如公共产品、准公共产品、私人经营容易产生垄断的产品等。

公共产品的定义只与产品的消费特性有关，某产品并不是因为是政府部门提供的才成为公共产品。政府提供的有些社会产品并不是纯粹意义上的公共产品，同样，有些纯公共

---

① 杨宏山，2019. 城市管理学（第三版）[M]. 北京：中国人民大学出版社．

产品的生产私人企业也可以参与。比如国防属于典型的公共产品，应由政府提供，但武器等一些具体的国防产品可由私人企业生产，政府也可以通过发包、税收优惠、补贴等多种方式鼓励和吸引私人企业甚至非营利性组织①来提供。

从一般意义上说，政府对私人产品的购买均可视为对产品的补助，因为它直接体现为对该产品的需求，具有刺激产品的生产、扩大供给的效果。因此，直接购买也是政府参与资源配置的一种手段。

除支出手段外，政府也可利用收入手段来执行资源配置职能，如通过调整税率来鼓励或限制某些产品的生产。

2. 财政资源配置职能的范围

由于公共产品、俱乐部产品、外部效应、公共资源、自然垄断等资源配置方面的市场缺陷具有一定的区域性，往往发生在人口集中的城市区域，在这种情况下，由城市政府修复这些市场缺陷一般比更高级别的政府更合适。

（1）城市政府提供城市公共产品的优势如下：

① 有利于适应需求的多样性。需求的多样性是受益范围仅限于某地方的公共产品由地方政府提供更有效率的一个最主要的原因。由于不同地方的居民对公共产品往往有不同的偏好，城市地方政府更接近本地居民，能更好地了解居民的不同偏好，并且能对当地的偏好及环境做出反应，因而应由城市政府承担受益范围限于本地的公共产品的供给，从而提高资源的配置效率。

若由中央政府提供城市公共产品，则由于不便于获取居民需求信息，往往在全国范围内推行统一的公共产品提供水平，从而造成经济效率和福利的损失。

图 8-2 说明了由中央政府统一提供公共产品所产生的福利损失。简便起见，假设仅有两组居民，每组内部居民对公共产品的需求是相同的，而两组之间居民的公共产品需求是不同的，D_1、D_2 分别表示第一组和第二组居民的需求曲线，其中第二组居民的需求量大于第一组。再假定公共产品成本的人均负担额不变，即税价均为 P_0，则第一组居民对公共产品的需求量为 Q_1，第二组为 Q_2。若由中央政府负责提供公共产品，则只可能存在一个统一的供给量 Q_3（Q_1 与 Q_2 的折中）。这样，对第一组居民来说，公共产品的供给量大于需求量，他们将承担的成本会超过从公共产品的消费中获得的效用，其福利的损失为阴影部分 △ABC；对第二组居民来说，所提供的公共产品数量小于需求量，因此造成的福利损失为 △CDE。可见，实行分权的公共产品提供方式比集权提供更加有效。

从图 8-2 中还可以看出，△ABC 和 △CDE 的面积大小与 Q_1、Q_2 的距离及 D_1、D_2 的斜率有关，即福利损失的大小与两组居民的需求差异及各组居民需求的价格弹性有关。具体地说，Q_1、Q_2 的距离越大，福利损失越大；需求曲线 D_1、D_2 的斜率越大（即需求的价格弹性越小），福利损失越大。因此，如果一国范围内各地的公共产品需求差异很大，并

---

① 近年来由非营利性组织提供公共产品的模式受到较广泛的关注，但非营利性决定了这些组织提供公共产品往往是不充分的，政府在公共产品领域的干预仍不可或缺。不过，为了提高公共产品供给的效率，减轻政府的财政压力，政府有必要利用税收优惠、补贴等方式对非营利性组织的发展给予扶持。

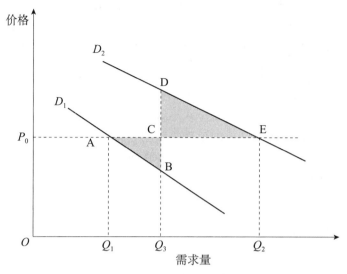

图 8-2 中央政府提供公共产品的福利损失

且需求的价格弹性又比较小，那么采取分权的提供方式——由城市政府提供公共产品，可以大大提高资源的配置效率，增进社会福利。

② 有利于鼓励政府间竞争，推动提供公共产品和服务的创新。一般认为，相对于企业管理者而言，政府官员缺乏以最低的可行成本提供公共产品和服务的压力与积极性，因为他们不会面临企业倒闭及破产之类的风险。但是，如果由城市政府而非中央政府提供公共产品，就会形成一种各地方政府间的竞争态势：公共服务的提供令公众满意的地方会吸引更多的资本和居民，财政收入也更充裕，这无疑将提高当地官员的社会地位、影响力，增加其可支配的资源；而不能提供令公众满意的公共服务的地方则会使资本和居民迁往其他地区。这种竞争的压力有助于促使政府官员更有效率地提供公共服务，并更加关注居民的需要。

对许多公共产品和服务来说，往往不能断言哪种提供办法更好。若由地方政府承担提供城市公共产品的责任，则每个地方政府都有可能做出新的尝试，通过对这些新方案的结果进行比较，最佳的方法就会脱颖而出。从历史经验看，往往一些在地方开始实行的做法，最终证明有效而成为在全国推行的政策。相反，如果城市公共产品都由中央政府统一提供，就会丧失很多创新的机会。

(2) 城市政府提供城市公共产品的劣势如下：

① 不利于实现规模经济。有些公共产品具有显著的规模经济特征，即大规模的提供可以大大降低单位成本，使成本最小的产出大于该地区的需求量。因此，若由辖区范围较小的地方政府分别提供这类产品，则会因生产达不到一定规模而增加单位成本，降低效率。比如，让一个消防队服务一个较大的区域比由几个消防队分别服务于几个较小的区域成本更低、更有效率。当然，不同类型的城市公共产品，诸如下水管道、消防和警察，实现规模经济的人口规模条件是不同的，因此需要进行谨慎的实证研究以辅助关于适当政府辖区范围的分析。

② 不利于消除外部效应。如果某一城市政府辖区范围不够大，那么其提供公共产品的利益或成本就可能溢出到辖区以外。与私人部门的决策相似，城市政府在决定公共产品的供给时，考虑的主要是本辖区范围内的成本与收益，因而会产生对有外溢利益的公共产品提供不足或对存在外溢成本的公共产品过量提供的问题，影响资源的有效配置。比如，由于居民可以在不同辖区之间流动，城市政府提供公共教育会使本辖区以外的人们获益。因此，最终所提供的公共教育和公共安全水平就可能低于最优水平。为避免外部效应影响公共产品的供给效率，此时由辖区范围更高级别的政府提供公共产品更有利。

综合考虑以上因素，当城市政府提供公共产品的优势（满足居民多样化的需求等）超过其劣势（不利于实现规模经济等）时，应由城市政府提供公共产品；反之，则应由中央政府提供公共产品。

（二）收入分配职能

1. 财政执行收入分配职能的主要手段

政府为了改善收入分配不平等状况而采取的财政措施主要是税收。税收属于转移支付制度的一种，包括按照支付能力原则设计的税收制度和按照受益能力原则设计的转移支付制度。政府可以通过征税强制性地把财富从收入过高的人们手中收集起来，再通过补助金或救济金制度，以货币或实物形式把财富转移给收入过低的人们。

政府可将征收累进所得税的收入用于公共事业投资，如公共住宅等，以提高低收入阶层的福利水平。政府可对奢侈品按高税率征税，对日用品进行补贴，借此加重高收入阶层的负担，减轻低收入阶层的负担。

2. 财政收入分配职能的范围

通过收入再分配手段解决城市部分人口的贫困问题，对于保证城市经济稳定发展是十分必要的。但收入分配政策的效果与人口的流动程度有关。在人口可以自由地以较低成本在一个国家内的不同辖区之间流动的条件下，不同地方的收入再分配计划的差异会引起人员的流动，导致有违政策制定者期望的结果。具体地说，如果某一城市政府想要实行更深入的收入再分配，即对高收入者征收更高的税额，对低收入者给予更多的补贴，则可能导致大量高收入者迁出该地，以寻找一个社会福利方案较少的地区居住，而低收入者则受到高社会福利的吸引，大量涌入该地区。这种富人的迁出和穷人的迁入违背了政策制定的初衷，并且会使原来的收入再分配方案无法继续下去。由于害怕穷人的迁入，各个城市政府都不愿意施行大规模的收入再分配计划，从而将在全国范围内形成一个统一的较低的收入再分配标准，不利于公平目标的实现。因此，人口流动性的存在会限制城市政府进行收入再分配的能力。而在国家这个层次，人口流动性低得多，更有利于保证收入分配职能发挥作用。

此外，在一个国家各个地区经济发展不平衡的情况下，各地的城市贫困问题的程度是不同的，因此消除贫困的收入再分配政策不仅应包括在个人之间的收入再分配，还应包括在城市政府之间的再分配。显然，平衡各地城市政府的财政能力的职能只能由中央政府来执行，因而消除城市贫困应由中央政府采取统一的政策。

(三) 稳定经济职能

1. 财政执行稳定经济职能的主要手段

目前世界公认的宏观经济稳定的四大目标是：①充分就业；②物价稳定；③经济增长；④国际收支平衡。在政府所采用的各种宏观经济政策手段中，财政政策的地位举足轻重，它在影响总需求方面有着不可替代的作用，体现在两个方面：①相机抉择的财政政策，这是指通过调整预算收支来调节社会总需求。在经济过热时，财政可以减少支出或增加税收，或者两种手段同时采用；在经济萧条时，则相反。②自动稳定器，这是指通过财政的某些制度性安排来发挥对经济的"自动"稳定作用。比如，失业救济金制度就可以发挥这种功能。由于它规定了领取失业救济金的收入标准，当人们的收入因经济过热而普遍增加时，可领取失业救济金的人数自然减少，救济金支出随之减少，从而财政总支出"自动"得到压缩；反之，当人们的收入因经济不景气而普遍下降时，有资格领取失业救济金的人数自然增加，救济金支出随之增加，从而财政总支出"自动"增加。

2. 财政稳定经济职能的范围

几乎所有国家的货币发行权都由中央政府掌握，地方政府没有制造、发行货币的权力。一国范围内各地区的经济体系间具有高度的开放性，要素和产品在国内市场上的流动性很大，这种高度的开放性和流动性严重地限制了地方政府使用反周期财政政策工具的能力。如果城市政府想要单独地使用扩张性财政政策，通过减税或增加政府开支来刺激本地区经济的发展，在没有其他地区政策配合的情况下，最终它只会发现新增的购买力大量地用在对其他地区的商品和劳务的购买上，即形成大量的进口漏损（import leakage），而财政政策对本地区的收入和就业的影响很小。然而，国家间的经济开放度远远小于一国之内各地区间的开放度，由中央政府执行扩张性财政政策，会降低进口漏损，因而财政政策更加有效。另外，消除失业往往需要政府实行赤字财政政策，而地方政府发行债券面临很多限制，这也影响了城市政府实行财政政策的能力。

综合以上分析，城市政府独立执行的财政职能应以资源配置为主，即提供城市公共产品等。在稳定经济和收入分配职能方面，虽然城市政府可发挥重要作用，但主要应作为中央政府的代理，基本政策取向宜由中央政府来制定和把握。

根据事权与支出相对应的原则，城市财政支出的确定应以城市财政职能为依据。由于城市财政承担的主要职能是城市地区的资源配置，因此城市财政支出应以城市地区公共产品及服务方面的支出为主。当然，当城市政府作为中央政府的代理而执行收入分配和稳定经济方面的职能时，亦要安排相应的支出。城市财政收入规模应以能满足财政支出需要为限，而其来源的具体分布则要考虑税收征管方面的效率，一般应以非流动性税基的税收为主，如土地税、房产税等，对于城市财政收支的缺口，应通过上级政府的补助或城市公债来弥补。

二、城市财政收入与支出

城市政府的财政职能的发挥、任务的完成，主要是通过组织收入和安排支出这两种手段来实现的。了解城市财政的主要收入和支出情况,对于现代化的城市管理具有重要的意义。

(一) 城市政府的财政收入

城市政府的财政收入,亦称城市政府收入,是城市政府为履行职能,保证公共支出需要而依法取得的收入。城市财政收入具有公共性、强制性、规范性、稳定性等特征。

城市财政收入的获取要有法可依。城市财政收入的来源主要有税收收入、转移支付收入、国有资产收入、公共收费收入、债务收入等。税收收入是城市财政最基本、最稳定的来源。转移支付收入是上级政府为平衡地区发展,而对城市政府提供的财政补助资金。国有资产收入是政府经营或支配国有资产获取的财产收入。目前,国有土地使用权出让已经成为我国城市财政收入的重要来源。公共收费收入分为行政性收费收入、事业性收费收入和经营性收费收入,实行"谁受益,谁付费"原则。债务收入也是城市财政收入的来源之一,它是政府凭借自身信用,依法向企业或者个人有偿借债而获得的收入。

(二) 城市政府的财政支出

财政支出是城市政府对通过财政收入所集中起来的财政资金进行有计划分配的过程。对财政资金的分配,可以满足整个社会再生产和城市政府各方面活动的资金需要,从而为实现城市政府的各种职能服务。因此,财政支出是财政分配活动的重要环节,它反映了城市政府的各项政策,规定了城市政府活动的范围和方向,保障了城市政府的各项职能的开展。

为了加强对财政资金的管理和监督,合理且有效地使用财政资金,需要对财政支出的内容进行科学的分类。所谓财政支出的分类,是指从不同的角度出发,根据一定的标准,把各种不同用途的财政支出进行划分和归类。在对财政支出进行科学分类的基础上,可以进一步探索各大类支出在财政支出总额中的比例关系,以及各大类支出内部各项具体支出之间的比例关系,从而揭示财政支出的结构。

从不同的角度出发,按不同的标准对财政支出进行分类,可以得到不同的财政支出结构。

(1) 根据政府职能不同,财政支出可分为维持性支出、经济性支出和社会性支出。维持性支出以行政管理支出为主,包括城市政权机关和准政府组织的行政管理费用。经济性支出以政府投资支出为主,城市基础设施、公用设施和一些自然垄断产业的建设费用,需要由政府进行投资。社会性支出以教育、文化、卫生和社会保障、环境保护等公共服务支出为主。

(2) 按财政支出的经济性质分类,财政支出可分为购买性支出和转移性支出两大类。购买性支出是指政府按照等价交换的原则,在商品和劳务市场上购买所需商品和劳务的支出。这里既包括政府购买日常行政管理和提供公共服务所需商品与劳务的支出,又包括政府投资兴办各种事业所需商品与劳务的支出。转移性支出是指政府单方面、无偿地把一部分资金支付出去,并不相应地取得商品和劳务。转移性支出是为了实现收入分配相对公平而进行的支出活动，它不是对商品和劳务的直接购买，不会得到等价补偿，受益者也不必归还。

财政支出是对国民收入的分配，但不同的财政支出对经济运行的影响是有区别的。当购买性支出在财政支出总额中占有较大比重时，财政支出对经济运行的影响较大，执行资源配置的功能较强，对生产和就业的影响较大；当转移性支出在财政支出总额中占有较大比重时，财政支出对收入分配的影响较大，执行国民收入分配的功能较强，其对生产和就业的影响是间接的。发达国家城市政府较少直接参与生产活动，购买性支出所占比重较小，转移性支出所占比重较大，社会福利水平较高。比如在美国各级政府的总支出中，约三分之二用于购买，三分之一用于再分配。[①] 在多数发展中国家，城市政府直接参与生产活动较多，财政支出中相当部分用于政府投资和基础设施建设，购买性支出在财政支出中所占份额较大。

三、城市财政与政府行为

城市管理具有较强的公共利益导向，其基本使命是提供公共产品和服务，满足公共需求，推进城市可持续发展。政府提供公共产品和服务具有成本，包括一次性的固定投入（如基础设施建设）成本以及经常性的公共服务维持成本。政府满足公共需求，需要通过一定的"收费"机制形成稳定的财政收入。城市政府的收入来源及获取方式对其行为模式具有显著影响。

（一）土地财政与发展型政府

我国《预算法》规定："地方各级预算按照量入为出、收支平衡的原则编制，除本法另有规定外，不列赤字。" 2018 年之前，城市政府无权发行债券，这极大地制约了城市政府通过举债方式进行基础设施建设的行为。20 世纪 80 年代末开始实施的国有土地有偿使用制度，为城市基础设施建设投融资提供了重要途径。90 年代以来，地方政府以土地使用权流转为突破口，依靠土地使用权拍卖显著地拓展了政府收入来源。[②]

当前，我国城市政府的很大一部分财政收入来自企业税收和土地收入，居民纳税在地方财政收入中所占比重很小，这决定了城市政府不得不考虑开发商和企业家的公共服务需求，这样的城市政府属于典型的发展型政府。

发展型政府在经济效率上具有优势，但在面向居民的公共服务领域欠账较多。为扭转这一局面，近年来，中央政府强调各级政府要全面履行职能，在继续发展经济的同时，要更加注重履行公共服务职能。

（二）不动产税与服务型政府

在发达国家，地方政府财政收入主要依靠不动产税。不动产税也称"物业税""财产

---

① 约瑟夫·E. 斯蒂格利茨, 1998. 政府为什么干预经济 [M]. 郑秉文, 译. 北京: 中国物资出版社.
② 杨宏山, 2011. 财政收入与政府行为 [J]. 理论视野 (6): 34-37.

税""房地产税",主要针对房屋、其他建筑物、土地等不动产进行征税。市场经济国家大多征收不动产税,并将其作为地方政府的主体税种。

在美国,地方政府重视公共服务与其税收制度设计有着直接联系。美国城市政府的税收收入主要来自不动产税。不动产税是一种存量税,它不像所得税、销售税、消费税那样具有很高的流动性。与其他税种相比,不动产税在透明度上具有优势,所有者不易隐瞒其财产,很难逃税。不动产税也强化了公共服务与地方财政收入的联系,构成了服务型政府的税收基础。城市政府改进了道路交通、供水供电、治安、消防、教育、公园、绿化等基础设施和公共服务后,各类不动产就会随之升值。地方政府的公共服务越好,越能吸引居民前来购房,不动产的价值就会随之提升,不动产税收入也会相应增加;相反,公共服务水平下降,企业和居民倾向外迁,不动产估价和市价就会降低,政府收入也随之减少。

当前,我国城市治理面临的一个现实问题是缺少主体税种和稳定税源。1994年分税制改革确立了中央与省级政府之间的收入分配关系,但并未明确省级以下政府的财政关系,致使市、县的预算内财政捉襟见肘。为了解决预算问题,城市政府不得不依靠土地财政弥补财政收支差额。为促使地方政府更好地为辖区居民服务,必须为其提供稳定可靠的税收保障。

征收不动产税可能有利于化解我国城市治理面临的一些难题。首先,不动产税可以有效引导发展型政府向服务型政府转变。当地方政府财政收入主要来自企业税时,城市会选择优先"为企业服务"。将不动产税列为城市政府的主体税源,有助于抑制地方政府的"投资冲动"。征收不动产税以后,城市政府改善公共服务会导致不动产增值,政府收入也会随之增加。相应地,政府间竞争就会从招商引资竞争转向公共服务竞争,"服务居民"就会取代"服务企业"成为政府的行动选择。其次,不动产税有利于打破与户籍制度挂钩的公共服务安排。当前,很多城市依据本地户籍来识别公共服务对象。征收不动产税后,居住权将成为享受地方性公共服务的重要依据。最后,不动产税有利于提高土地利用率,降低住宅闲置率。不动产税以房产持有作为课税前提,以不动产估值为计税依据,持有者每年都要缴纳税款。征收不动产税后,闲置的土地资源和住宅都必须纳税。这就迫使业主必须计算闲置资源的成本,促使他们要么出租,要么转让。

总之,依赖于企业税收和土地出让金的城市财政收入制度安排,决定了城市政府偏好发展导向。目前由于企业和开发商是地方政府财政的主要贡献者,相对于民生需求而言,地方政府更热衷于为企业"排忧解难"。发展型政府在经济效率上具有显著优势,而在为民服务领域欠账较多。促进经济发展和保障民生的双重使命,要求城市政府必须同时履行发展与服务的双重职能。财产税奠定了服务型政府的税制基础。不动产税改革并不意味着要对所有房屋收费。为保障税收公平,征收不动产税应坚持能力原则,对征收对象和范围、税基、税率等进行科学设计,同时建立相应的税收减免、扣除和优惠机制,确保不动产税不至于增加低收入群体的负担。[1]

---

[1] 杨宏山,2019. 城市管理学(第三版)[M]. 北京:中国人民大学出版社.

思 考 题

1. 城市经济管理的职能有哪些?
2. 什么是城市公共财政?城市公共财政有哪些主要职能?
3. 简述城市财政收入的主要来源以及财政支出的类别。
4. 如何提高城市财政支出效率?
5. 什么是政府规制?它有哪些作用?
6. 简述不动产税对城市政府职能的引导作用。

第九章 城市公共服务管理

> **学习目标**
> 1. 掌握城市公共服务的内涵、分类,以及公共部门的职责定位
> 2. 了解社会公平的内涵与制度安排
> 3. 熟悉我国公共服务供给体系的发展历程以及城市公共服务均等化的研究现状

改革开放以来,随着经济体制改革的推进,一些公共服务领域引入市场机制,实行"使用者付费"。在教育、文化、医疗等领域,"使用者付费"提高了产品和服务的供给效率,也引发了"看病难""上学难""住房难"等讨论和争议。在市场经济体制下,政府有责任保障全体居民享受基本公共服务的权利。

公共服务关乎民生,连接民心。我国社会主要矛盾已经转化为人民日益增长的美好生活需要和不平衡不充分的发展之间的矛盾,人民群众对美好生活更加向往,教育、医疗、养老、托育等公共服务保障水平成为影响人民群众获得感、幸福感、安全感的重要因素。

第一节 公共服务的概念

一、公共服务的含义

关于公共服务的含义,理论界有两种不同的理解。第一种观点将公共服务等同于公共行政,认为政府的所有工作都是为了维护公众利益,都属于公共服务的范畴。行政伦理学者特里·L. 库珀(Terry L. Cooper)认为,公务员的地位和合法性根源于其职业的责任和义务。[1] 罗伯特·B. 登哈特(Robert B. Denhardt)的新公共服务理论提出,政府的公共服

---

[1] COOPER T L, 1991. An Ethics of Citizenship for Public Administration [M]. Englewood Cliffs, N. J. : Prentice-Hall.

务责任是对每个公民负责，公共服务包含对社区的承诺，包含将个人利益置于更广泛的社会利益之下的意愿。① 这一理解将公共服务大致等同于公共行政，容易混淆政府的政治统治、行政管制与公共服务职能。第二种观点认为，公共服务是由政府主导提供的旨在保障公民生存和发展普遍需求的服务项目。② 公共服务是政府承担的职能之一，并非政府职能的所有方面。除公共服务外，政府还承担政治统治、行政管制、经济发展等职能。公共服务具体包括提供公共安全、基础教育、公共卫生、公共文化、社会保障等内容。③ 享有公共服务是公民的基本权利，提供公共服务是现代政府的基本责任。公民根据自身需求，可选择接受公共服务，也可拒绝政府提供的直接服务。

第二种观点区分了政府的政治统治、行政管制和公共服务等职能，将公共服务界定为政府直接面向公民提供各类服务项目。建设服务型政府，必须对政府职能进行细分，明确公共服务的职责范围和评价标准。如果将公共服务笼统地理解为公共行政，不仅无法进行绩效评价，也难以实施行政问责。基于此，公共服务可以被定义为由国家及地方政府、国有企事业单位等公共部门负责供给，或由其他任何性质的供给主体出于保障和提高社会公共利益等目的所提供的一类服务。

公共服务是以促进和维护共同体的利益为目的，而向社会及公民提供产品和服务的一种方式，是社会大众在日常生活中不可缺少的有机组成部分。公共服务的公共性，可从以下五个方面来衡量和评判：

第一，决定公共服务的公共性的传统标准是公私部门之间的区别程度。尽管公私部门之间的界限有时比较模糊不清，但一般来说，公共服务的公共特征主要表现为公平性、开放性、平等性、代表性、垄断性、复合性以及长期且广泛的社会影响力。

第二，公共服务的公共性取决于服务接受者的组成成分，即意味着公共服务所涉及的服务接受者的范围越广，其公共性也就越高。

第三，公共部门在社会所扮演的角色性质也是决定公共性的主要因素之一，意味着公共服务所能发挥的作用和效力越广泛、越集中，由此所产生的社会性影响也就越大。这也是公共服务所具有的公共性扩大的一种体现。

第四，所具有的公共责任程度也是衡量公共服务的公共性的标准之一，保障公共责任性的途径包括司法审核、民意满意度调查及媒体监督等。

第五，公共性的核心标准在于公共信任。公共服务的主体必须具备信用、领导力及反应性等才能赢得民众的信任。

二、公共服务的分类

根据不同的划分标准，公共服务可以被划分为不同的种类。这里主要根据公共服务供

---

① 珍妮特·V. 登哈特，罗伯特·B. 登哈特，2016. 新公共服务：服务，而不是掌舵（第三版）[M]. 丁煌，译. 北京：中国人民大学出版社．
② 项继权，2008. 基本公共服务均等化：政策目标与制度保障 [J]. 华中师范大学学报（1）：2-9.
③ 安体富，任强，2007. 公共服务均等化：理论、问题与对策 [J]. 财贸经济（8）：48-53+129.

给的权责、服务内容和形式、公共服务公共性的性质、个人依赖程度等标准对公共服务的分类进行分析。

(一) 按服务供给的权责划分

从服务供给的权责分类来看，公共服务可分为基本公共服务、普惠性非基本公共服务两大类。基本公共服务是保障全体人民生存和发展基本需要、与经济社会发展水平相适应，全体人民都应公平、平等、普遍享有的公共服务，由政府承担保障供给数量和质量的主要责任，引导市场主体和公益性社会机构补充供给。

普惠性非基本公共服务是为满足人民更高层次需求、保障社会整体福利水平所必需但市场自发供给不足的公共服务，政府通过支持公益性社会机构或市场主体，增加服务供给、提升服务质量，推动重点领域非基本公共服务普惠化发展，实现大多数人以可承受的价格付费享有。

此外，为满足人民多样化、个性化、高品质服务需求，一些完全由市场供给、人民付费享有的生活服务，可以作为公共服务体系的有益补充，政府主要负责营造公平竞争的市场环境，引导相关行业规范可持续发展，做好生活服务与公共服务衔接配合。随着我国经济社会发展水平的不断提升，基本公共服务、非基本公共服务与生活服务之间的边界也将随之发生变化，公共服务体系的水平和质量都将稳步有序提升，不断满足人民日益增长的美好生活需要。

(二) 按服务内容和形式划分

根据公共服务的内容和形式，公共服务可分为基础公共服务、经济公共服务、公共安全服务、社会公共服务四大类。基础公共服务是指通过国家权力介入或公共资源投入，政府为人民及其组织提供从事生产、生活、发展和娱乐等活动所需的基础性服务，如提供水、电、气，交通与通信基础设施，邮电与气象服务等。

经济公共服务是指通过国家权力介入或公共资源投入，政府为促进经济发展而向企业提供从事经济发展活动所需的各种服务，主要包括公用事业的公共生产、生产者的公共补贴、公共基础设施建设、环境保护公共服务等，如科技推广、咨询服务以及政策性信贷等。因此，经济公共服务的受益者主要是企业，而不是作为个人消费者的一般公众。

公共安全服务是指通过国家权力介入或公共资源投入，政府为人民提供的安全服务，如军队、警察和消防等方面的服务。公共安全是公共服务职能中的重要组成部分，也是应急管理部门及相关部门的重要职能之一。

社会公共服务是指通过国家权力介入或公共资源投入，政府为满足人民的生存、生活、发展等社会性直接需求而提供的服务，主要包括教育、医疗卫生、文化、体育、养老、托育、社会福利、社会救助、劳动就业、社会保险、住房保障等与民生密切相关的公共服务。

(三) 按公共服务公共性的性质划分

根据公共服务公共性的性质，公共服务可分为保护性、共有性、个体性和经营性公共服务四类。保护性公共服务是指那些能够为面临或处于各种危险状况中的生命和财产提供保护的一类公共服务。消防、警察、垃圾废弃物处理、食品安全卫生检查及计量检查等均属此类。

共有性公共服务是指以增进人民福祉为目的，以全体人民为对象所提供的一类公共服务。道路、城市装备、就业规划、城市美观的维护、各种便利设施均属此类。

个体性公共服务是指以满足人民个体需求为目的，而直接以个体为对象所提供的一类公共服务。这类公共服务往往通过提高高收入群体的费用负担来向低收入的贫困群体提供相应的社会性利益和服务，由此也会带来收入均等化的效果。教育、儿童保护、老弱者保护等均属此类。

经营性公共服务是指可确保一定的企业性质或经营性收益的一类公共服务。供排水、交通、住宅用地开发、住宅建设及旅游开发均属此类。

（四）按个人依赖程度划分

根据个人的依赖程度，公共服务可分为基本公共服务和高层次公共服务。基本公共服务是指政府保障个人生存和发展所必须提供的最低水准的公共服务，是维护人的尊严和促进社会合作的基础性公共产品。如果一个人无法获得这部分公共服务，那么他就难以在既定社会状况下生存和发展。和谐社会的基本要求是所有人都能享有均等的、无差别的基本公共服务。因此，提供基本公共服务也是政府的份内责任。

除基本公共服务之外的政府服务，则属于高层次公共服务，如高等教育、收费公园、收费道路、非保障性医疗项目。对于高层次公共服务，地方政府可根据实际情况自主决定是否提供、如何提供，并引入"使用者付费"机制。有些观点把与民生问题密切相关的各种公共服务，包括教育、卫生、文化、就业和再就业、社会保障、生态环境、基础设施、社会治安等都视为基本公共服务。党的十六届六中全会通过的《中共中央关于构建社会主义和谐社会若干重大问题的决定》提出完善公共财政制度，逐步实现基本公共服务均等化。很显然，如果把教育、卫生、文化、社会保障领域的所有项目都列入基本公共服务，就难以实现基本公共服务均等化目标。基本公共服务只能涉及其中的义务教育、公共卫生、基础科学研究、公益性文化事业和社会救济等。[①]

第二节　政府公共服务的职责

一、政府公共服务职责定位

公共产品的非竞争性和非排他性，决定了单纯依靠个人、单位来提供公共服务必然会

---

① 安体富，任强，2007. 公共服务均等化：理论、问题与对策［J］. 财贸经济（8）：48－53＋129.

造成供给不足和低效率的局面，这就需要政府出面提供，从而规避"市场失灵"，满足公众对公共产品的需求。但这并不意味着由政府垄断公共服务的供给，因此政府应该明确在公共服务领域的职责定位。

（一）提供基本公共服务

基本公共服务是保障公民生存和发展的最初级的服务项目，具有纯公共产品性质，一般只能由公共部门提供，由政府决定需求量并安排生产。政府可利用规模经济和"暴力潜能"优势，提供那些规模大、成本高、需求普遍的基本公共服务。

（二）区分"掌舵"与"划桨"职责

在公共服务领域，政府承担着"掌舵"职责，决定提供哪些公共服务、向谁提供、提供多少、如何提供等问题；而"划桨"职责可引入市场机制和社会力量，并非一定由政府承担。公共服务的实现形式与手段是多样的，其组织方式也是多样的。公共服务的生产者既可以是行政部门，如公安局、城市管理综合行政执法局等；也可以是政府投资的企事业单位，如公立学校、公立医院等；还可以是私人部门，政府通过合同外包、特许经营、财政补贴等形式向其购买服务。

（三）为私人部门介入公共服务提供激励

基于效率考虑，政府可利用市场机制以及民营部门的经营和技术优势，通过多种形式组织和提供基本公共服务。为鼓励私人部门投资公共服务行业，政府可构建一定的激励机制，鼓励公私合作和企业化生产。

二、公共服务供给的价值诉求

公共服务供给作为政府的重要职能之一，体现了以人为本的价值理念，即公共服务以体现人的需求为现实动因，以尊重人的基本权利为价值基础，以维护公众利益为终极目标。城市政府的基本职责是提供公共服务和公共产品。公共服务供给的价值诉求主要有效率（efficiency）、效果（effectiveness）、公平性（equity）、回应性（responsiveness）四点。

（一）效率

效率是指公共服务的产出与投入之比，即在提供某项公共服务时，取得的成绩与所投入时间、精力、财政资源等的比值。在资源投入既定的前提下，追求公共服务产出最大化。效率是一个过程导向概念，评估的是投入如何转化为产出；它与目标的实现程度无关，与市民对服务的满意度也无关。测量公共服务效率的指标主要有投入人员、资金、时间、工作量等。

（二）效果

效果是指公共服务投入所产生的后果。效果是结果导向的概念，它聚焦接近预期结果的程度，关注实现预期目标的程度。效果与投入的成本或使用的资源无关。衡量公共服务效果的指标主要有市民满意度、市民参与水平等，常通过抽样调查、网络调查等方式进行测量。

（三）公平性

公平性涉及机会公平、税负公平、结果公平维度。其中，机会公平是指所有市民都接受相同水平的公共服务；税负公平是指市民接受的服务应当与其所缴纳的税额成比例；结果公平是指政府分配公共服务资源，应给予低收入者额外的关注，使人们大体处于相同的境况。

（四）回应性

回应性是指城市政府提供公共服务符合市民要求和预期目标的能力，它反映了市民偏好和需求得到满足的程度。有研究表明，城市政府对不同公共服务项目的回应性存在较大差异。一般而言，政府对消防、犯罪、治安、道路塌陷等需求的回应要快于对改进城市规划、基础教育、道路清扫、垃圾收集等需求的回应。

第三节 社会公平的制度安排

一、社会公平的主要观点

公平正义是人类追求美好社会的一个永恒主题，是政府管理追求的价值目标之一。政府管理只有致力于维护社会公平正义，才能调动人们的积极性和创造力。正是在这个意义上，中国政府提出要推进社会公平正义，特别是让正义成为社会主义国家制度的首要价值。那么，怎样的政府治理才称得上是公平正义的呢？概言之，社会公平学说主要有以下几种[①]：

（一）古典自由主义

古典自由主义强调个人自由、权利平等、程序公正，反对政府对市场分配结果进行干预。亚当·斯密（Adam Smith）提出并论证了个人的自由选择和自利行为可以实现社会福利最大化。在古典自由主义看来，社会公平就是保障人人拥有的天赋权利，保障机会平

---

① 杨宏山，2004. 公共政策的价值目标与公正原则 [J]. 中国行政管理（8）：87-90.

等，政府不应对市场分配结果进行人为干预。罗伯特·诺齐克（Robert Nozick）提出，国家的作用只能限制在"守夜人"角色之内，即独占对强力的使用权，保证个人自由不受他人的侵害。古典自由主义在效率上具有优势，但容易导致贫富悬殊和阶级对立。"守夜人"式的国家不仅会导致两极分化，还会引发社会动荡和政治革命。

（二）功利主义

功利主义以谋求大多数人的"最大善""最大幸福"为出发点，认为社会全体的幸福是个人幸福的总和，公正的社会分配应当有助于促进个人效用总和的最大化。早期的功利主义以自由放任和个人的自主选择权为前提，后期的功利主义偏向于强调整体利益，如以整体效用最大化为政府评价的基本依据。受功利主义的影响，人们常根据GDP、经济增长率等总体性指标来评判政府绩效。功利主义在效率上具有优势，但往往忽视社会平等。从大多数人的"最大幸福"出发，还容易导致对个人权利和自由的践踏。

（三）平均主义

平均主义主张"结果平等"，即平等分配公民权利和社会财富，是很有道德感召力的一种公平理论。当前，公民政治权利的平均分配已经成为国家治理的普遍共识，问题在于，经济、社会权利是否也应实行平均分配？社会财富是否也应该实行平均分配？历史的教训表明，绝对平均主义会抑制社会成员的积极性和创造力，不仅无助于实现共同富裕，反而会导致社会僵化和发展停滞。

（四）罗尔斯主义

约翰·B. 罗尔斯（John B. Rawls）提出的正义理论包括两个原则：一是平等自由原则，即公民基本权利和自由的平等分配，它涉及公民的政治权利；二是差别原则和机会公正平等原则的结合，即在坚持平等自由原则的前提下，通过一定的社会和经济的不平等安排，尽量平等地分配社会合作所产生的利益和负担，从而能给最少受惠者带来补偿利益。[①]罗尔斯从"合乎每一个人的利益"的一般正义观出发，落脚于"合乎最少受惠者的最大利益"。该理论对最少受惠者具有偏爱，它表达了试图通过某种再分配机制对弱势群体有所照顾、使所有社会成员都能享受经济社会发展成果的一种愿望。

（五）中国特色社会主义公平正义

党的十八大报告将公平正义建设放在了十分突出的位置，强调公平正义是中国特色社会主义的内在要求，指出"逐步建立以权利公平、机会公平、规则公平为主要内容的社会公平保障体系，努力营造公平的社会环境，保证人民平等参与、平等发展的权利。"党的十九届六中全会审议通过的《中共中央关于党的百年奋斗重大成就和历史经验的决议》指出，"保障和促进社会公平正义。"党的二十大报告进一步提出："共同富裕是中国特色社

---

① 约翰·B. 罗尔斯，2001. 正义论［M］. 何怀宏，何包钢，廖申白，译. 北京：中国社会科学出版社.

会主义的本质要求，也是一个长期的历史过程。我们坚持把实现人民对美好生活的向往作为现代化建设的出发点和落脚点，着力维护和促进社会公平正义，着力促进全体人民共同富裕，坚决防止两极分化。"

维护和促进社会公平正义，有利于妥善协调社会各方面利益关系，使人民内部矛盾和其他社会矛盾得到正确处理，要在全体人民共同奋斗、经济社会发展的基础上，加快建设对保障社会公平正义具有重大作用的制度，逐步建立以权利公平、机会公平、规则公平为主要内容的社会公平保障体系，努力营造公平的社会环境，保证人民平等参与、平等发展权利。其中，权利公平是指每一个公民在行使或享有法律、法规赋予公民的权力和利益上是完全平等的，是公平正义最为基础和最为核心的内容。权利公平还可以细分为政治权利公平、经济权利公平和社会权利公平等，包括法律规定的公民权利的诸多方面，也包括社会福利、社会保障等诸多经济权利，以及选举权、被选举权等诸多政治权利。机会公平是指广大人民群众参与经济、政治、社会事务的机会，获得各种资源的可能性处于同一条起跑线上，包括接受教育机会公平、享受社会福利机会公平、社会保障机会公平以及参与市场竞争机会公平等方面，强调各种所有制主体"公平参与市场竞争、同等受到法律保护"，健全现代市场体系。规则公平是指广大人民群众、社会所有成员都必须遵守法律、法规，所有行为都必须受到法律的约束，法律面前人人平等，强调任何组织或者个人都不得有超越宪法和其他法律的特权。如果说机会公平是在起跑点的公平，那么规则公平则是指在起跑后人们在竞争过程中处于平等的地位，人们在社会活动的全过程遵循同样的规则。

二、底线公平的含义

经济、社会活动收益的均等化分配是人类社会的一种理想追求。在现实中，一味地追求结果平等不仅有损个人权利，而且会导致社会发展失去动力。鉴于此，现代政府管理在拒绝自由资本主义的同时也必须拒绝绝对平均主义。罗尔斯在坚持公民基本权利平均分配的同时，注意到忽视底层民众的利益会导致社群对立、社会动荡等严重问题，他提出的差别原则和机会公正平等原则，就是要构建一种底线公平的社会分配制度，对弱势群体给予额外的补偿。

底线公平是指政府在保障公民权利平等、机会平等和经济效率的基础上，还要提供保障个人基本生活和发展权利所必不可少的基本公共服务。一个社会如果缺少基本公共服务，就不能保证个人谋求生存和发展的基本条件。需要强调的是，这里的"底线公平"不是在社会公平的水平高低意义上定义的，不等于"低度公平"，更不是"低水平的公平"，并不意味着一定是或只能是低水平的社会保障。与抽象的社会公平理论不同，底线公平理论既承认权利的无差别性，也承认权利的有差别性；底线以下是无差别的公平，底线以上是有差别的公平。[①] 底线公平理论优先强调"无差别的公平"，同时也重视"有差别的公

---

① 景天魁，2009. 底线公平：和谐社会的基础［M］. 北京：北京师范大学出版社．

平",是一种全面的公平观。为促进底线公平,政府管理应当做到以下几点[①]:

(一) 公民基本权利的平等化分配

公民基本权利包括人身自由权和社会参与权。人身自由权具有普遍性和平等性特征,一个人对这些权利的拥有并不妨碍他人的等量拥有。社会参与权具有某种程度的排他性特征,尽管如此,在具体职务的人选尚未确定时,应当保障每个公民拥有均等的社会参与机会。

(二) 经济活动收益的功利化分配

功利化分配以个人财富总和最大化为基本原则。在政治和思想领域,平等和自由可以有效地统一起来,但在经济和社会领域,平等和自由难免会发生矛盾。为了调动个人积极性和进取精神,经济活动收益的分配应当贯彻效率原则。效率原则有利于做大"蛋糕",有利于增加社会财富总量。那种不着眼于做大"蛋糕",仅立足于分"蛋糕"的行为,无法从根本上提高公众需求满足水平。

(三) 基本公共服务的均等化分配

由于个人在天赋、能力、社会关系等方面存在差异,即使给予每个人平等的发展权利和机遇,人们利用权利和机遇的结果也会存在巨大差异。有的人成为百万富翁,有的人却穷困潦倒,甚至陷入饥寒交迫的境地。如果无视弱势群体的基本诉求,社会就会陷入两极分化状态,进而引发群体性抗争事件。为了保障人人都能享受到经济社会发展的收益,政府有责任界定个人需求的最低满足标准,面向全体社会成员无差别地提供基本公共服务。

(四) 维护社会和谐的综合回应性分配

在特定的社会发展和变迁背景下,一些社会群体有可能被边缘化,从而产生不公平感、被剥夺感。例如下岗工人、退伍军人、烈士家庭、失独家庭等群体,可能由于突发事件导致利益受损,产生群体性的不满情绪和权益诉求。如果完全不考虑边缘群体的利益诉求,社会共同体就会产生裂痕,社会秩序也会面临挑战。为了维护社会和谐稳定,政府应当对被边缘化的社会群体及其利益诉求给予额外的物质帮助和利益补偿。

三、底线公平的制度保障

和谐社会要求所有公民都能享受均等的、无差别的基本公共服务。随着经济发展,基本公共服务的标准也在不断提升。在既定的财政收入条件下,保障底线公平,构建惠及全民的基本公共服务体系,需要通过一些制度安排予以保障,具体包括:

---

① 杨宏山,2004. 公共政策的价值目标与公正原则 [J]. 中国行政管理 (8): 87-90.

（一）明确界定基本公共服务标准

基本公共服务涉及基础教育、最低生活保障、失业救助、廉租住房、公共卫生、医疗救助等民生需求。对于政府来说，提供基本公共服务、满足社会成员最基本的生存和发展需求是职责所在；对于公众来说，享受基本公共服务是一种权利。在收入差距不断拉大的情况下，有必要明确界定基本公共服务的范围及标准，明确各级政府的责任清单。在国家规定的标准上，发达地区可根据财力情况适当提高地方性标准。比如，我国《义务教育法》规定，全国实行九年制义务教育，这并不妨碍发达地区实行十二年制义务教育。对于经济落后地区来说，中央财政要通过转移支付方式，协助地方政府落实底线责任。

（二）加大社会性财政支出比重

从支出结构看，财政支出可分为以行政管理支出为主的维持性支出，以政府投资为主的经济性支出，以教育、卫生、公共住房、社会保障为主的社会性支出。目前，在我国城市财政支出中，社会性支出所占比重较小。基于底线公平原则，有必要加大社会性支出占比。社会性支出要从注重重点项目转向注重促进基本公共服务均等化，让低收入群体能够普遍享受基本公共服务。基本公共服务面向普通民众，其实质是向弱势群体提供福利和补贴。

（三）开放高端公共服务领域

政府有责任提供基本公共服务，但并不是说所有公共服务都必须由政府提供。高端公共服务领域有必要实行开放竞争，鼓励企业和非营利性组织介入，政府主要履行监管职能。例如，政府有责任保障每个学生都能接受九年制义务教育，但这并不意味着要保障每个学生都能上当地最好的学校。对于那些超出底线服务的教育需求，可以引入市场机制，由民办学校提供教育资源，按照"使用者付费"原则，向学生收取费用。

（四）扩大公众参与，提升政府回应性

在公共服务供给过程中，行政部门、官员、企事业单位和市民之间难免存在利益博弈。在城市管理中，经常可以看到有些部门和单位常常以维护公共利益的名义，谋求本行业、本部门、本单位的特殊利益。要保障人人都能享受底线公共服务，就应当扩大公众参与，让弱势群体也拥有表达利益的渠道，能够集体发声并影响决策。群众的眼睛是雪亮的，公众参与和民主监督可以遏制政府部门谋求特殊利益。

第四节　城市公共服务均等化

城市公共服务均等化是公共服务均等化研究的一个重要领域。国内关于公共服务均等

化的研究，已取得一些成果。从研究内容上看，主要集中在公共服务均等化的概念内涵、衡量与评估方法、我国公共服务均等化的现状及其存在的问题、实现公共服务均等化的理论方法和机制等方面。[①] 从具体的研究对象上看，主要集中在不同区域或省际之间、城乡之间、城市之间，也有少量研究涉及不同群体之间[②]、农民工与城市居民之间[③]公共服务分配不均等的问题，但针对特定城市公共服务的分配及均等化的研究则相对较少。

一、我国公共服务供给发展

中华人民共和国成立以来，我国公共服务的供给体系主要经历了三个阶段。第一阶段从中华人民共和国成立到改革开放时期（1949—1978），此阶段强调公共服务供给的平均主义；第二阶段从改革开放到党的十六大召开（1979—2001），此阶段重点强调公共服务供给的效率；第三阶段从党的十六大召开至今（2002年至今），此阶段重点强调公共服务供给的均等化水平。

（一）公共服务集中供给，公平至上（1949—1978）

中华人民共和国成立之后，通过"三大改造"，我国在政治上实现了从新民主主义向社会主义的过渡，经济上建立了社会主义的计划经济，公共服务的生产者和提供者是合一的，公共服务的供给主体是单一的公共部门，实行由政府包办的公共服务供给机制。我国当时对社会主义的建设完全效仿苏联，实行绝对的平均主义，公共服务同样是绝对平均的免费供给。这一公共服务体系建立在单位制度、户籍制度和城乡二元结构之上，以城市"单位制福利"和农村"集体制福利"为主体。一方面，在城市实施"单位制福利"，采取"企业办社会"的公共服务供给模式。各种企事业单位同时兼具生产经营和公共服务供给的双重功能，向所有职工免费和同质提供诸如退休工资、公费医疗、基础教育、福利服务、住房分配等公共服务。另一方面，在农村实施以小学教育、集体养老和合作医疗为主体的"集体制福利"，村集体经济成为农村公共服务的主要融资和供给主体，国家直接提供的资金和资源支持较少。

总体上看，这一时期公共服务的显著特点是政府包办、平均主义和免费供给。此时的公共服务体系在资源相对匮乏的情况下实现了公共服务的普遍可及和均等化，但也存在诸多问题。一方面，与较低的经济生产水平相联系的是公共服务供给的水平较低和总体短缺，而单一的供给主体和供给方式又导致比较严重的资源浪费和效率低下；另一方面，公共服务供给主要面向城市单位职工，农村居民未享受到同等的公共服务，类似情况同样存在于城市重工业部门与轻工业部门之间。此外，农村公共服务供给水平依赖于村集体经济

---

① 姜晓萍，吴菁，2012. 国内外基本公共服务均等化研究述评 [J]. 上海行政学院学报（5）：5-16.
② 胡仙芝，2010. 中国基本公共服务均等化现状与改革方向 [J]. 北京联合大学学报（人文社会科学版）(3)：82-87.
③ 徐增阳，翟延涛，2012. 农民工公共服务的现状与意愿——基于广东省Z市调查的分析 [J]. 社会科学研究（6）：61-65.

生产能力，不同经济效益的村集体之间的公共服务也存在一定差距。① 在计划经济体制下形成、以城乡二元结构和户籍身份为基础的公共服务供给模式，持续地影响到改革开放后中国公共服务体系的改革与发展路径。

（二）解制分立，效率优先（1979—2001）

1978 年召开的中共十一届三中全会确立了"以经济建设为中心"的指导思想。此后，随着经济建设的中心地位、优先地位不断巩固，追求 GDP 增长成为各级政府的中心任务，一种发展主义意识形态逐渐形成，地方政府日益演变为一种"发展型政府"，即以经济增长为目标，政府在经济领域扮演积极的角色（如招商引资、开发项目等），甚至担当经济发展的主体力量，政府财政最大化地用于生产性投资甚至充当投资主体。由于片面追求经济增长，地方政府的社会建设和公共服务职能不断弱化。改革开放后各级政府的公共服务支出总量尽管不断增加，但相比于经济建设支出，公共服务支出占总财政支出的比例严重偏低。

20 世纪八九十年代，中国政府逐步推动公共服务体系改革，以适应经济体制和行政管理体制改革的双重需要，它具有二元化、社会化、市场化和地方化四个基本特征。首先，公共服务体系改革沿袭了传统的城乡二元化思路。在农村，随着家庭联产承包责任制的全面推行，农村集体经济基本解体，建立于其上的传统公共服务体系相应瓦解。20 世纪 80 年代，绝大多数地区的农村合作医疗体系无法继续运行，集体养老功能不断弱化，传统的家庭养老模式也因农村劳动力大规模转移而面临巨大挑战。1992 年，中央政府开始试点建立农村社会养老保险，但由于缺少国家财政投入的支持，导致筹资水平和保障水平过低，最终变成一种个人储蓄养老，因此农民参保积极性并不高，所起到的社会保障功能十分有限。② 1998 年，农村社会养老保险陷入全国性停滞整顿状态。农村义务教育经费名义上由乡镇财政负担，但逐渐以各种名目的税费摊派到农民身上。可以说，20 世纪八九十年代的中国农村几乎处于公共服务供给的"真空"状态。在城市，计划经济时期的公共服务体系一直延续到 20 世纪 90 年代初。此后，随着经济体制改革特别是国企改革的深入推进，中国政府开始在城市探索建立新型的公共服务体系。

在社会福利服务领域，民政部于 20 世纪 80 年代中后期提出"社会福利社会办"的改革思路，希望通过社会组织、社会机构的参与，解决传统模式下融资渠道单一以及由国家包办带来的效率低下和服务质量差等问题。这一时期，中国社会组织发展迅速，但由于缺乏经验，社会化运作的福利服务发展相对滞后，当时主要探索了社会化的机构养老服务模式。公共服务供给的市场化改革，主要集中于卫生、教育和住房领域。在住房供给改革方面，实现了从福利分房到货币分房的过渡，确立了商品化住房供给的主体地位，并初步建立起具有社会保障性质的住房公积金和经济适用房制度。在卫生和教育发展领域，逐步取

---

① SAUNDERS P, SHANG X, 2001. Social security reform in China's transition to a market economy [J]. Social Policy and Administration（3）：274 – 289.
② SHI, S-J, 2006. Left to market and family-again? Ideas and the development of the rural pension policy in China [J]. Social Policy & Administration（7）：791 – 806.

消了计划经济时期的公费医疗和免费教育制度，公众必须支付一定费用才能享受相关公共服务；公立教育机构和医疗机构开始自主经营、自负盈亏，公共服务的供给效率与质量大大提高。但在20世纪90年代中后期，随着教育、卫生事业发展的产业化和商业化倾向不断凸显，相关服务的市场价格不断上涨，加上政府财政投入严重不足，"上学难、上学贵""看病难、看病贵"等社会问题日益突出。公共服务供给责任的地方化是公共服务体系改革的又一重要特征，它甚至决定性地影响到这一时期公共服务供给的总体状态。

总体上看，20世纪八九十年代的公共服务体系改革，具有主体逐渐多元化以及供给逐渐社会化、市场化、地方化、有偿性五个特点。实现了从单一供给主体到多元供给主体的转变、从国家免费供给到居民付费享受的转变，公共服务的供给效率与服务质量大大提高，从根本上改变了计划经济时期公共服务供给的总体短缺状态。但由于发展主义意识形态的影响，以及财权不充分的属地化公共服务供给模式，导致各级政府的公共服务投入和供给严重不足，大大降低了公共服务的普遍可及性，大部分贫困群体、农村居民、灵活就业人员和转移劳动力处于公共服务供给的边缘化地位，造成了城乡间、区域间、群体间比较显著的公共服务差距。公共服务的供给不足和供给不均，进一步导致社会发展与经济发展相对失衡，社会公平状态不断恶化，社会矛盾不断累积，社会需求难以满足，从而对社会稳定和未来发展构成了挑战。

（三）多元竞合，均等共享（2002年至今）

进入21世纪后，随着科学发展观与构建和谐社会目标的提出，中国进入经济建设与社会建设并重的新时代，公共服务成为各级政府工作的重要组成部分。2002年，中共十六大报告明确提出了转变政府职能的目标要求，首次界定了政府的经济调节、市场监管、社会管理和公共服务四项基本职能，并突出强调了要强化社会管理和公共服务职能。2005年的《政府工作报告》又明确提出了"建设服务型政府"的要求。此后，建设服务型政府成为行政管理体制改革的目标：通过创新政府管理和服务方式，扩大公众参与公共事务管理，构建覆盖全民的公共服务体系，以及建设廉洁、公正、透明、责任政府，全面增强公共服务能力，有效回应公共服务需求，为人民群众提供良好的公共服务。

2006年，第十届全国人大四次会议通过的《中华人民共和国国民经济和社会发展第十一个五年规划纲要》和中共十六届六中全会通过的《中共中央关于构建社会主义和谐社会若干重大问题的决定》，先后将"基本公共服务均等化"作为推动科学发展、促进社会和谐的核心目标提上政府工作日程。基本公共服务均等化旨在实现三个方面或意义上的均等：第一，机会均等。保护全体国民平等享有基本公共服务的公民权利，这取决于公共服务的社会政策体系构建，特别是将城乡居民、弱势群体纳入公共服务体系。第二，投入均等。保证全体国民享有水平均等的公共服务，这取决于公共财政体制建设，特别是财政投入向农村、欠发达地区和弱势群体倾斜。第三，结果均等。保证结果大体均等而非绝对平均，这取决于机会均等与投入均等的实现程度。

2007年，中共十七大报告进一步突出强调要着力协调经济社会发展、保障和改善民生、促进社会公平正义，并对"加快推进以改善民生为重点的社会建设"进行专题论述。

2010年10月，中共十七届五中全会通过的《中共中央关于制定国民经济和社会发展第十二个五年规划的建议》中，对"加强社会建设，建立健全基本公共服务体系"进行了专题论述，其中要求着力保障和改善民生，逐步完善符合国情、比较完整、覆盖城乡、可持续的基本公共服务体系，提高政府保障能力，推进基本公共服务均等化，加强社会管理能力建设，创新社会管理机制，切实维护社会和谐稳定。

2021年3月，国家发改委联合20个部门印发了《国家基本公共服务标准（2021年版）》，涵盖了幼有所育、学有所教、劳有所得、病有所医、老有所养、住有所居、弱有所扶等百姓最为关心的"七有"，以及优军服务保障、文化服务保障"两个保障"，共9个方面、22大类、80个服务项目，并明确了每个项目的服务对象、服务内容、服务标准、支出责任和牵头负责单位。制定出台国家基本公共服务标准是我国保障和改善民生的一次重大制度创新，有利于保障和改善基本民生，有利于推动发展成果全民共享，同时也有利于推进国家治理体系和治理能力现代化。与此同时，2021年3月发布的《中华人民共和国国民经济和社会发展第十四个五年规划和2035年远景目标纲要》以及同年12月发布的《"十四五"公共服务规划》中强调，"十四五"期间要加快补齐基本公共服务短板，着力增强普惠性非基本公共服务弱项，提高基本公共服务均等化水平，推动城乡区域基本公共服务制度统一、质量水平有效衔接。围绕公共教育、就业创业、社会保险、医疗卫生、社会服务、住房保障、公共文化体育、优抚安置、残疾人服务等领域，建立健全基本公共服务标准体系，明确国家标准并建立动态调整机制，推动标准水平城乡区域间衔接平衡。按照常住人口规模和服务半径统筹基本公共服务设施布局和共建共享，促进基本公共服务资源向基层延伸、向农村覆盖、向边远地区和生活困难群众倾斜。2022年3月发布的《2022年新型城镇化和城乡融合发展重点任务》指出，推进城镇公共服务向乡村覆盖，推动城乡公共服务均等化发展是推进城乡融合的重要任务。

总体而言，自2002年以来，随着我国政府部门职能向服务型政府转变以及经济社会发展水平不断提升，基本公共服务、非基本公共服务与生活服务之间的边界也随之发生了变化，公共服务体系的范围、水平和质量都得到了稳步有序的提升。政府部门也开始重点关注广大农村地区和城镇贫困居民等弱势群体基本公共服务的获得，强调公共服务供给的重点从供给效率向供给公平转变，基本公共服务供给均等化进程得到推进。

二、城市公共服务均等化研究

国外关于公共服务均等化的研究多集中在城市内不同群体、不同阶层以及不同邻里和社区之间。许多研究将城市公共服务均等化归结为哈罗德·D. 拉斯韦尔（Harold D. Lasswell）提出的"谁获得什么？什么时候获得？如何获得？"[①]

我国公共服务均等化的问题是在城乡差距、地区差距、贫富差距等进一步拉大的背景

---

① LASSWELL H D, 1938. Politics：Who Gets What? When and How? [M]. New York：McGraw-Hill.

下提出来的,最初是将其作为区域协调的互动机制,后来才将其定位于社会公平。① 因此,从公共服务均等化研究的空间层面看,自然将视角放在了较为宏观的区域、省际、城乡之间和城市之间,虽然也有研究提出要重视对我国城市公共服务均等化的研究,但总体看来对城市公共服务均等化的研究依然欠缺。与国外城市公共服务均等化研究相比,国内对城市公共服务均等化的研究尚处于起步阶段,目前比较明确地针对城市公共服务开展研究的主要有高军波等关于广州城市公共服务以及社区资源空间配置的研究。其研究结果表明,广州城市公共服务及社区资源配置的社会分异特征显著,呈现出比较典型的社会空间分异状况。②

我国城市受外部经济全球化、区域化、信息化等政治、经济、技术因素以及国内经济转轨、社会转型等时代背景的影响,呈现社会空间日益分化的显著特点。研究表明,上海、广州、北京、南京、杭州、武汉、西安、兰州等城市已普遍呈现社会空间分异的格局。由于职业、行业、收入水平、文化背景、社会地位等差异,不同社会群体在城市不同空间范围内聚集,直接体现为居住、就业以及公共服务资源分布的空间差异,比较典型的如高收入阶层集中在服务设施完善的中心城区,低收入阶层分布在基础设施建设相对滞后的外围地区。当然,虽然城市公共服务的社会空间分异状况并不一定表明城市公共服务分配的不均等,但显然,它必然会对城市公共服务均等化产生深远的影响。在当前公共服务均等化成为研究热点的背景下,在我国城市社会空间分异格局日益显著的情况下,我们应该重视对城市公共服务均等化的研究。

思 考 题

1. 什么是公共服务? 它有哪些特点?
2. 为什么说政府在公共服务供给中扮演着重要角色? 政府角色的缺失可能会对公共服务供给产生怎样的影响?
3. 论述公共服务供给的价值需求。
4. 政府在公共服务供给中存在哪些困难? 如何理解公共服务闲置与缺失并存的现象?
5. 社会公平学说有哪些? 如何理解社会公平的含义?
6. 我国政府部门颁布的哪些政策属于维护社会"底线公平"的范畴?
7. 如何理解"底线公平是效率和公平的均衡点"?
8. 论述底线公平的制度保障。

---

① 王玮,2009. 公共服务均等化:基本理念与模式选择 [J]. 中南财经政法大学学报 (1): 55-59.
② 高军波,周春山,江海燕,等,2010. 广州城市公共服务设施供给空间分异研究 [J]. 人文地理 (3): 78-83.

第十章 城市社会管理

> **学习目标**
> 1. 掌握城市社区管理、城市人口管理以及邻避冲突管理等方面的基础知识
> 2. 理解城市社会管理对于城市可持续发展、解决社会问题、提高居民生活质量的重大意义

与传统城市管理重视物质层面不同,现代城市管理更加重视对城市社会层面的管理。自改革开放以来,我国城市的经济、社会和基础设施建设快速发展;同时,也面临城市快速发展与现有管理模式之间的矛盾,居民对生活质量、生活环境改善的要求与现有社会管理水平之间的矛盾,这些矛盾影响了城市文明和现代化进程。建设一个市民安居乐业、文明程度高的现代化城市,实现社会经济可持续发展的目标,必须加强和创新城市社会治理,进一步建立与完善现代化的城市社会治理体制和运行机制。

第一节 城市社区管理

城市社区是指城市中的一个小型社会集群,由一些居民、商业机构和公共服务设施组成。这些社区通常是城市划分的基本单位,可以是住宅区、商业区或混合用途区域。城市社区也是城市发展的重要组成部分,可以促进社交互动、提供各种生活服务并提高居民的安全感和幸福感。在城市中,社区也可以作为街区、邻里、团体等形式存在,有助于改善城市的整体环境,并提高居民的生活质量。

一、城市社区的概念

(一) 社区的概念与功能

"社区"的概念最初由德国社会学家斐迪南·滕尼斯(Ferdinand Tönnies)提出。1887

年，滕尼斯在《共同体与社会》一书中，用"社区"表示由具有共同价值取向的同质人口组成的关系密切、守望相助、疾病相抚、富有人情味的社会共同体。此后，"社区"这一概念被各国学者加以引申和扩展。20世纪以来，社会学的发展中心从欧洲大陆转移到美国，社区研究在美国得到了发展。20世纪30年代，"社区"概念被引入中国，以费孝通为代表的中国社会学者将英语中的"community"翻译为"社区"，沿用至今。

一般而言，社区具有以下基本功能：①社会服务功能。社区通过自组织活动提供社区服务、丰富社区文化、美化社区环境、改进安全状况、提升福利水平。②社会化功能。社区具有教育和感化功能，在社区交往和行动中，人们将社会规范内化为行动准则。③社会控制功能。社区具有调解矛盾、缓和冲突、维护秩序和保持稳定的功能。④社会参与功能。社区是社会交往和自主组织的场所，是社会成员自我管理和民主自治的舞台。

（二）城市社区的构成要素

按照人口聚集程度和职业构成，社区可以被划分为城市社区和乡村社区。城市社区是指在城市中一定地域内发生各种社会关系和社会活动，有特定的生活方式，并有归属感的人群所组成的一个相对独立的社会实体。社区作为具有地域性的生活共同体，必须具备以下几个基本的构成要素：

首先，社区是一个规模较小的地域性居住单位，也就是人们通常所说的邻里社区。每一个居住在城市的人，都拥有自己居住与生活的关系紧密、情感认同、心有所属的邻里社区。邻里社区的人们彼此了解、相互影响、相互扶助，形成心理上、情感上依恋和亲密的互动关系。

其次，社区是具有一定时间持续性和地域性纽带的社会组织单位。社区的基本要素确定了它具有人际的亲密联系和居民自主的组织联系纽带，而这一切关系的形成是需要时间的。一个社区的形成，并不仅仅意味着一组建筑群的落成，更重要的是看居住其间的居民是否形成了紧密的互动关系，是否形成了正式、非正式组织及其在小区生活中的自主程度和参与程度。

最后，社区是一套完整的组织网络系统。一个社区必然是表达居民共同需要、共同利益的社会组织。社会组织是维系社区成员、安排和推动社区生活的重要手段。社区组织可以是政治、经济、文化、福利等在政府注册管理的正式机构，也可以是家庭、邻里等以血缘、地缘为纽带所连接的初级组织，还可以是一些松散型的社会团体，如各种各样的兴趣爱好团体等。

（三）城市社区的类型

从地域特征和管理的角度考察，目前，我国城市社区主要有三种类型：

（1）法定社区。根据《民政部关于在全国推进城市社区建设的意见》，目前我国城市社区"一般是指经过社区体制改革后作了规模调整的居民委员会辖区"，这些社区具有法定地位。《中华人民共和国城市居民委员会组织法》规定，"居民委员会是居民自我管理、自我教育、自我服务的基层群众性自治组织"。

(2) 自然社区。自然社区指人们在生产、生活中逐渐形成的人群聚集区，如城市住宅小区、居民小区、家属大院、邻里社区、城中村。这些自然形成的社区具有一定的地域边界，人口规模或大或小，成员之间具有较高的认同感和归属感。在自然社区内部，社会成员之间具有较为密切的联系。

(3) 功能社区。功能社区指人们因从事某些专门的活动而在一定地域空间内形成的共同体，如一座军营、一所大学、一个单位大院、一个俱乐部，都构成特定的功能社区。这类社区一般具有独特的社区文化和生活方式，社区成员的职业结构具有同质性，社区成员对社区具有较为强烈的认同感和归属感。

二、我国城市基层管理制度的历史沿革

中华人民共和国成立后，我国逐步建立了以单位制为主、以街道—居委会制为辅的城市基层管理制度。改革开放以来，伴随着经济体制改革，城市基层管理经历了主要依靠单位制转向主要依靠街道—居委会制的制度变迁。

(一) 单位制管理

中华人民共和国成立后，为了强化社会控制，单位制逐渐确立起来。[①] 单位制是沿袭革命战争时期军事管理体制的直接结果。中华人民共和国成立后，党的工作重点从农村转移到城市，由于缺乏城市管理经验，党把战争时期的军事组织经验搬到城市管理中，其特点是：包括军队、党群团体、政治机构和国有企事业单位的社会成员，一律实行供给制，依照个人职务和资历定出不同等级的供给标准。20 世纪 50 年代以后，虽然供给制逐步被工资制取代，但单位制不仅没被削弱，反而得到强化。单位制的特点如下：

(1) 单位直接隶属于党政部门。单位内设有党组织系统、行政系统和工青妇等群众系统。所有单位都有一定的行政隶属关系和行政级别，并依此获得按计划分配的社会资源。

(2) 社会成员高度依赖所在单位。在单位制下，几乎所有的城镇正式就业者都被纳入各种单位，国家控制的资源通过单位来调配。

(3) 单位职能广泛，管理封闭化。单位是集多种职能于一身的组织，工作单位对它内部的工作人员不但支付工薪，而且提供住房、医疗、子女幼儿园教育等服务。

改革开放以来，经济体制改革对传统的单位制管理体制形成挑战。首先，所有者结构变化对单位制构成挑战。过去，国家用单一的公有制经济把所有职工纳入国有单位。20世纪 80 年代以来，非公有制经济获得长足发展，体制外出现了自由流动资源，单位不再全面控制职工。其次，市场经济对单位制构成挑战。在计划经济体制下，经济和社会管理主要依靠行政手段，企事业单位成了政府的附属。随着经济体制改革，政企分开、政事分

[①] 何重达，吕斌，2007. 中国单位制度社会功能的变迁 [J]. 城市问题 (11)：48–56.

开成为基本趋势，单位制的运行基础逐渐消解。最后，社会流动对单位制构成挑战。改革开放后，人口流动越来越频繁，单位制管理已经难以继续运行。

（二）街道—居委会制管理

街道—居委会制依靠街道办事处和居委会开展城市基层社会管理。中华人民共和国成立后，为了加强对城市的管理和控制，很多城市都创建了街道组织和居委会组织。城市基层管理实行以单位制为主，以街道—居委会制为辅的管理制度。1954年，全国人大常委会制定并通过了《城市街道办事处组织条例》和《城市居民委员会组织条例》。1989年，全国人大常委会通过并颁布了《中华人民共和国城市居民委员会组织法》，进一步奠定了街道—居委会制管理的法律基础。

改革开放以来，城市街道和居委会的管理职能不断增加，甚至出现严重超载问题。一方面，随着经济体制改革的不断深入，单位承担的社会职能外移，要求街道和居委会承接这些职能；另一方面，随着老年人口、下岗失业人员、社会闲散人员以及外来人口的增多，街道和居委会的工作增加了大量新内容。

虽然街道和居委会承担了许多新的工作任务，但其管理权限却十分有限。街道办事处不仅在财政和人员编制上受制于上级政府，而且自己没有独立的行政执法权。居委会工作人员的津贴、办公经费、活动开支都由街道下拨控制，居委会工作处于被动地位。除了办理《中华人民共和国城市居民委员会组织法》规定的日常工作，居委会还要承担区政府、街道交办的名目繁多的工作任务。"上边千条线，下面一根针"，居委会实际上成为了各级党委、政府工作部门的承受层、操作层和落实层。

（三）我国社区建设的兴起

20世纪90年代以来，由于城市基层管理出现许多新问题，单位制和街道—居委会制管理难以有效应对，国家开始推进城市社区建设。1998年国务院机构改革，批准民政部在原"基层政权建设司"的基础上，设立"基层政权和社区建设司"，以推动城市社区的建设和发展。2000年11月，中共中央办公厅、国务院办公厅转发《民政部关于在全国推进城市社区建设的意见》，要求在全国范围内推进城市社区建设。此后，社区建设在全国城市中轰轰烈烈地开展起来。城市政府加大了社区基础建设的经费投入，通过政策扶持、多渠道筹措资金、资源共享、共驻共建等多种办法改善社区服务，社区基础建设和各项事业有了较大发展。

社区建设和管理是为了适应城市经济社会转型的客观要求而产生的。过去，政府通过单位制、街道—居委会制控制人口的流动。经济体制改革以后，"单位人"逐渐变为"社会人"，人们越来越多地依靠市场和社区，而不再完全依靠单位满足社会需求。随着自由职业者、下岗失业人员等无单位归属人群以及流动人口的不断增加，城市基层政权承担的管理任务越来越繁重，社区建设逐渐成为城市基层管理的基本趋向。

三、城市社区管理与服务供给

(一) 城市社区管理的内容

城市社区管理的内容十分广泛，涉及社区居民生活的方方面面。城市社区管理的总体目标是：建立和完善多层次社区服务网络，实现社区居民"老有所养、幼有所托、孤有所抚、残有所助、贫有所济、难有所帮"。社区管理涉及社区文化、医疗、计划生育、教育、就业、物业管理、社会治安等工作。概括来说，城市社区管理的内容主要有：

（1）完成街道办事处交办的任务。当前，城市社区管理实际上仍承担很多政府职责，居委会负责协助政府部门做好公共卫生、流动人口、计划生育、优抚救济、精神文明建设、青少年教育等工作，向政府反映居民的意见和要求并提出建议。

（2）调解社区纠纷，维护社区和谐。居委会承担着调解民间纠纷、协助维护社会治安、化解社会矛盾的任务。居委会通过组织治保会、联防队、巡逻队等自治性组织，在派出所的指导与帮助下，负责本社区的安全防范、堵塞漏洞、消除隐患等工作。

（3）做好社区公益服务工作。居委会负责本社区公共事务和公益事业，维护居民的合法权益，开展便民利民活动，组织居民提供公益服务、互助服务。社区公益服务的内容十分广泛，包括托儿所、幼儿园、养老院、文化活动站、残疾人康复站、道路清扫、小区保洁、垃圾收集、婚姻介绍、环保宣传等。

(二) 社区服务供给

1. 我国城市社区服务概况

随着经济体制改革的不断深化，单位原来承担的社会管理职能被剥离出来，转交给社区承担，人们越来越依赖社区提供的服务。居民需求的多层次和多样性，对社区服务提出了更高要求。社区承担着越来越多的管理事务和服务项目，在城市管理中的地位日益凸显。社区服务的内容包罗万象，涉及居民生活的各个方面。

我国城市社区服务兴起于20世纪80年代。此前，城市职工福利的发放工作主要由单位承担。伴随着改革开放的深入、企业经营自主权的逐渐扩大，要求社会提供相关服务以减轻单位包袱的呼声日渐高涨。1987年，民政部在武汉召开会议，提出在城市开展社区服务工作。在中央政府的推动下，城市社区服务发展迅速。随着社区服务的发展，"社区"取代"单位"，成为城市居民生活的中心舞台。

近年来，城市社区服务工作取得了长足进展，但问题也很突出。我国城市社区服务是在政府推动下"自上而下"建立起来的。街道办事处为居委会活动提供经费，同时要求居委会承担大量行政性工作，居委会实际上变成了街道办事处的"腿"。当前，很多社区建立了社区服务队伍，但专业化水平还比较低。社区工作人员主要由退休人员、再就业青年和志愿人员组成。由于社区组织发展不充分，加之经费来源不稳定，社区服务难以满足居民多样化的服务需求。

2. 社区服务多元化供给机制

社区服务主体不仅包括政府部门，还包括自治组织、企事业单位和社会团体。为了提高社区服务供给绩效，需要区分服务性质，引入多元化供给机制。根据供给主体和服务性质，可将社区服务分为公共服务、公益服务和商业服务三类。

（1）公共服务供给。社区公共服务属于无差别的基础性服务，服务对象是全体社区成员，实行无偿供给，主要由政府、派出机构和公共部门负责提供。工商、社保、民政、房管、建设、城管等行政部门，分别面向社区提供各自负责的公共服务项目。对于公益服务和商业服务，政府不承担供给责任，但负有监管职责。实际上，社会性管制和经济性管制也属于公共服务的范畴。

（2）公益服务供给。公益服务属于福利性服务，它介于无偿服务和有偿服务之间，服务对象既包括社区中生活困难的群体，也包括社区居民和企事业单位成员，主要由非营利性组织、社会团体和志愿组织提供。政府不应包办公益服务，而要适当放松社会管制，赋予公益性社会组织合法地位，可以充分利用各种社会资源扩大公益服务供给。

（3）商业服务供给。商业服务属于经营性服务，实行"使用者付费"原则，主要由驻社区企业提供，其服务对象不限，目的在于便民利民，更好地满足居民的高层次需求。商业服务在质量和效率上具有优势。只有多管齐下、互相补位，才能实现社区居民老有所养、幼有所托、孤有所抚、残有所助、贫有所济、难有所帮，有求必应，各得其所。

四、智慧社区

智慧社区是社区管理的一种新理念，是新形势下社会管理创新的一种新模式。智慧社区的建设能够有效推动经济转型，促进现代服务业发展。

（一）智慧社区的内涵及特征

社区是城市居民生活的基本单元，智慧社区则是智慧城市的基本单元。2022年5月，民政部等九部门印发《关于深入推进智慧社区建设的意见》，文件提出智慧社区是充分运用大数据、云计算、人工智能等信息技术手段，整合社区各类服务资源，打造基于信息化、智能化管理与服务的社区治理新形态。可以看出，智慧社区是实现基础设施智能化、公共服务便捷化、社区治理精准化的重要途径，也是助力基层治理能力提升的主要方法，是推进国家治理体系和治理能力现代化的重要手段之一。智慧社区具有以下典型特征：

（1）智能特征。智慧社区通过基础设施和系统支撑及拓展，基于广泛的感知源等基础设备，感知社区运行。广泛存在的感知源设备通过物联网技术，形成系统化的感知能力，实现对社区运行的监控。这样的监控以一定的数据形式进行传输、集约，再通过大数据、人工智能等技术的挖掘、分析，实现变被动为主动的社区感知。

（2）共享特征。智慧社区的精细化、精准化服务是建立在广泛的资源之上的。共享的核心就是为实现精细化、精准化服务构建广泛的社区资源体系，通过这种广泛的社区资源体系，为构建智慧社区集约服务提供保障，为实现社区政务、社区商务、社区家务、社区服务的全方位服务提供基础，也让社区资源发挥最大价值。

（3）人本特征。智慧社区的核心是为社区居民提供更便捷、更精准、更精细的服务，不断为居民提供更高水平的服务，这充分体现了智慧社区以人为本的基本特征。健全的智慧社区可以发现居民关注热点并主动提供服务，也可以针对居民需求提供有针对性的信息和服务，还可以为居民提供个性化的定制服务。总之，以居民为本的人文关怀是智慧社区的基本特征。

（二）建设智慧社区的意义

随着信息技术的发展，人们生活在越来越多元化的网络空间中，发展社区治理和服务智慧化已成为时代发展的必然。

首先，智慧社区建设有利于增强社区治理效能，提高居民满意度。伴随居民生活水平的提高，社区居民对社区服务的要求也在提高。智慧社区的出现可以帮助社会为居民提供全方位的综合信息服务。它加强了社会与居民之间的互动，提高了居民的生活质量和社会民主的自治水平。加强智慧社区建设是政府加强市政管理、为人民服务的有效途径和举措。

其次，智慧社区建设有利于推进电子政务发展。智慧社区利用计算机网络技术，挖掘广泛的信息资源，将不同的业务系统整合到社区中，消除"信息孤岛"，优化社区业务协同，减少社会工作量，提高社区工作效率。同时，在建立社区管理和服务标准的过程中，有效地收集和聚合社区数据，为城市层面的数据生成和应用提供源头。

最后，智慧社区建设是智慧城市建设的内在要求。作为智慧城市的末梢单元，智慧社区实际上更加贴近人民群众的日常生活。智慧城市提高城市治理能力和发展水平，离不开智慧社区作用的发挥。通过智慧社区，建立社区综合数据库和信息平台，使基础信息更加准确，管理问题更加清晰，管理过程更加透明，管理评估更加客观，充分整合城市资源，实现资源共享和互联互通。

（三）智慧社区治理的主要模式

随着互联网及信息化技术的飞速发展，居民对社区服务提出了越来越高的要求，在这种背景和形势下，传统的社区治理模式必须进行创新变革。以往单一化的治理主体和社区居民的现实需求越来越背离，这就需要对现有的社区治理手段进行升级和创新，将信息化技术和社区治理有效结合起来，构建现代化的智慧社区，发挥社区多元协同的作用。

（1）政府牵头模式。政府牵头模式适用于智慧社区建设初期。从现阶段我国智慧社区的发展和建设来看，尚且处于初步发展阶段，各地政府在进行建设活动时，需要探索出完善的发展方案。保险起见，一般选择试点再进行推广，或者进行整体式推进。

（2）企业主导模式。企业主导型智慧社区建设的主体——企业通常表现为房地产开发商以及软件服务企业等，在从事智慧社区建设活动的时候，它的不断推进和深入可以在一定程度上促进企业发展，帮助企业延伸自身的业务模块，在此基础上，扩大市场规模，切实提高企业的经济效益。

（3）政企合作模式。政企合作型智慧社区在具体的建设活动中，通常表现为两种合作模式。第一种是政府和企业分工合作，政府在相关活动中为智慧社区的建设提供政策支持，完成公共服务平台的构建，企业对智慧社区的建设活动提供必要的支撑和保障，搭建硬件设施并且提供其所需要的软件服务等；第二种是PPP（public-private-partnership）项目模式，也就是在政府和企业之间签订合作协议，在此基础上完成对智慧社区的建设和开发，这种模式可以在一定程度上缓解政府资金压力，确保各项资源得到有效调度和科学利用。

第二节　城市人口管理

一、城市人口

目前，城市人口一般指城市常住人口，由本地户籍人口和外来常住人口构成。随着城市化进程加快，我国城市人口占比不断上升，外来常住人口规模也越来越大。截至2022年，我国人口数为14.1亿，常住人口城市化率为65.2%，比2010年提高了15.3个百分点，超过9亿人生活在城镇空间。2020年，我国流动人口数近3.8亿，占全国总人口的比例为26.6%，比2010年大幅增加1.5亿人。

（一）城市人口构成

1. 年龄构成

目前国际上通常将人口划分为三个年龄组：0—14岁为儿童少年组；15—64岁为成年组；65岁及以上为老年组。人口发展速度和类型以及抚养比等指标都取决于人口年龄结构。人口年龄结构的变化可以表明人口发展和人口再生产类型变动的趋势，以及由此引发的社会经济问题。人口总量中，青壮年劳动年龄人口占比大，劳动力资源就相对雄厚。根据联合国标准，一个国家或地区60岁以上人口占总人口的10%，或65岁以上人口占总人口的7%即为人口老龄化。在我国，一般来说，65岁以上人口占城市总人口的比例在4%以下的为年轻型城市，超过7%的则为老年型城市。

2. 性别构成

性别构成就是男女的比例。这一比例，尤其是特定年龄段的性别构成，直接影响人们组织家庭、生育子女等社会生活，是城市人口构成的一个重要方面。通常情况下，城市人口的性别构成与全社会的性别构成大体相当，即男女人数基本平衡。性别构成与经济发展、劳动力供给、就业安排等有密切关系，不少行业具有较高的性别选择性。此外，性别比例平衡还是维持社会安定和正常运转的基本保证。

3. 户籍构成

我国自1958年后一直实行严格的户籍管理制度，以此限制人口在城市与城市之间、城市与农村之间的自由流动。因此，当时的城市人口几乎等同于本市户籍人口。但是，改革开放以后，随着劳动市场的建立、农村劳动生产率的提高、剩余劳动力的增多，城市人口中外来流动人口占比逐渐上升，尤其是其中相当大的一部分沉淀下来，成为城市的常住人口，其生活方式和生活要求与本市居民大体相近，这就使城市人口构成日益走向多元化。

4. 文化素质构成

人口文化素质构成是按文化程度把总体人口划分为各个组成部分而形成的人口构成。一个国家或地区人口的文化素质状况，对这个国家或地区的经济与社会发展有着重要的意义。

（二）我国城市人口的变化趋势

我国城市人口发展表现出以下变化趋势：一是城市人口总量增长的趋势。城市化在我国已成为一股潮流，随着城市化进程的加快，我国城市人口的总量必将不断增长。二是城市人口老龄化的趋势。由于社会经济的持续发展和人民生活水平的提高，我国人均寿命有较大增长。2000年，我国60岁以上老年人口占人口总数的10.2%，65岁以上老年人口占人口总数的6.96%，表明我国已进入老年型社会。2020年，我国60岁以上老年人口占人口总数的比例达到18.7%，65岁以上老年人口占人口总数的比例达到13.5%。我国离退休职工又主要集中在城市，因此城市人口已表现出严重的老龄化。三是城市人口受教育水平不断提升的趋势。城市义务教育的普及，加上城市各级各类大中专教育的发展，使城市人口的文化素质不断提高。四是城市人口就业结构变动的趋势。第三产业就业人员不断增加，城市脑力劳动者占比逐步提高。

二、城市人口管理的内容

我国城市人口管理包括户籍管理、身份证管理、外来人口管理、人口普查与预测、计划生育管理等内容。

（一）户籍管理

户籍管理也称户政管理，是指对户籍人口和外来常住人口进行户口登记和变动管理，以确定管理对象的社会身份以及迁入、迁出情况。我国户籍管理工作由公安部门统一负责，派出所是户籍管理的基层单位，派出所辖区即户口管辖区。户籍登记以户为单位，分为集体户口和家庭户口两类。集体户口居民由各单位指定专人协助派出所办理户口登记，家庭户口居民由派出所直接办理户口登记。户籍登记的内容主要包括出生登记、死亡登记、迁出登记、迁入登记、变更或更正登记等。

（二）身份证管理

我国《居民身份证法》规定，凡年满16周岁的中国公民都应当向常住户口所在地的户口登记机关申请领取居民身份证。居民身份证登记的项目包括姓名、性别、民族、出生日期、常住户口所在地住址、居民身份证号码、本人相片、证件有效期和签发机关等。居民身份证由公安机关统一制作,是可以证明公民身份的法定证件。身份证的有效期限分5年、10年、20年、长期。未满16周岁的,发给有效期5年的居民身份证;16—25周岁的,发给有效期10年的居民身份证;26—45周岁的,发给有效期20年的居民身份证;46周岁及以上的,发给长期有效的居民身份证。身份证有效期满、证件丢失或登记内容变更的,可申报领取新证。公安机关在执行任务时,有权查验居民身份证,被查验者不得拒绝。

(三) 外来人口管理

外来人口管理针对非本市户籍的外来人口,包括居住登记、办理居住证、计划生育等内容。目前,我国城市外来人口占比较大。北京、上海、深圳的外来人口数更是达到千万。在东莞、佛山、中山、温州、昆山、义乌等制造业发达地区,外来人口数已超过本地人口数。大量农民工长期在城市居住和就业,其在计划生育、医疗保险、养老保险、住房保障、子女受教育等方面仍依赖于户口所在地的公共服务,需要在居住地和户口所在地之间来回奔波,成了世界上最大规模的流动人口群体。

外来人口为城市发展提供了廉价劳动力,促进了就业竞争,降低了生产成本,提高了劳动生产率,为城市发展做出了重要贡献。但是,大规模的外来人口也有负面影响:外来人口的组织程度低,可能对社会稳定和社区安全产生不利影响;外来人口的流动性强,导致公共服务需求不稳定;外来人口的受教育程度相对较低,诚信意识和遵纪守法观念有待增强,对城市文明建设具有消极影响。

外来人口管理和服务的具体内容主要有:①人口登记和居住证制度。常住外来人口须向居住地派出所申报居住登记、申领居住证,其就业、保险、住房、子女就学、申请公共服务等都以办理居住证为前提。②单位制管理制度。城市外来人口管理实行"谁招工,谁负责""谁用工,谁管理"的制度。③社区制管理制度。将外来人口纳入社区管理和服务体系,保障其基本权利,促进社会融合;同时,加强对敏感行业和出租屋的管理,打击违法犯罪行为。④综合治理制度。调动多方力量,实行综合治理,保障社会安全稳定。⑤权益保障制度。为保障外来人口的正当权益,近年来,国家出台了一系列政策,要求城市政府对进城农民工做到公平对待、合理引导、完善管理、搞好服务。

(四) 人口普查与预测

人口普查是指在某一时间段对人口状况进行普遍调查。开展人口普查,可掌握人口的职业构成、文化构成、年龄构成、民族构成、城乡人口结构、地区人口分布及人口迁移情况。我国分别于1953年、1964年、1987年、1990年、2000年、2020年进行了六次人口普查工作。根据联合国关于尾数逢"0"的年份进行人口普查的建议,我国已决定在尾数逢"0"的年份进行全国性人口普查,在尾数逢"5"的年份进行1%人口抽样调查。

人口预测是指根据人口的现状和发展特点,运用统计分析方法,推测若干年后的人口规模和人口质量。人口预测的前提条件是掌握现实人口状况,包括人口规模、性别和年龄结构、增长速度、迁入和迁出情况等。人口预测对经济社会发展具有决策参考价值，可为制订城市规划、国民经济和社会发展规划提供科学依据。

（五）计划生育管理

改革开放以来，我国通过实施计划生育工作，有效控制了人口过快增长的局面，取得了举世瞩目的成就，人口再生产开始从高出生、低死亡、高增长，转为低出生、低死亡、低增长。城市计划生育管理的任务是有效控制城市人口的自然增长，提高人口质量，使城市人口的增长与城市各方面的发展相适应。1980 年中共中央发表《关于控制人口增长问题致全体共产党员、共青团员的公开信》，标志着"独生子女"政策的启动，其主要特征就是通过政策力量，影响大众生育行为，促进人口转变的公共政策实践。2015 年十八届五中全会宣布全面实施一对夫妇可生育两个孩子的政策①，2021 年全国人大常委会表决通过了《关于修改人口与计划生育法的决定》，标志着我国的生育制度进入"三孩时代"②。计划生育政策经历了从"双独二孩"③，到"单独二孩"④，再到"全面二孩"，最后到"全面三孩"⑤ 的重大调整，为研究人口转变新阶段的公共政策响应、改进城市常住人口数量管理提供了难得的机遇。

三、城市户籍管理制度

户籍管理制度是指政府部门依法对公民基本信息进行收集、确认和登记的制度。为收集人口统计的基本资料，各国都有人口登记制度。西方国家的人口管理一般仅限于居民信息登记，登记内容包括出生、死亡、婚姻、迁移、亲属关系、居住变动等信息。例如，美国的人口登记大体包括三种途径：一是经常性的出生、死亡、结婚、离婚登记；二是不同性质的人口抽样调查；三是每十年一次的全国性人口普查。

（一）户籍管理的意义

在大多数国家，人口登记是为了掌握人口统计数据，为政策制定提供基本信息。人口

---

① 即"全面二孩"政策。2015 年 12 月 27 日，全国人大常委会表决通过了《人口与计划生育法（修正案）》，"全面二孩"政策于 2016 年 1 月 1 日起正式实施。

② http://www.gov.cn/zhengce/2021-07/22/content_ 5626517. htm（访问时间：2023 年 11 月 6 日）

③ 2011 年 11 月 25 日，河南省第十一届人民代表大会常务委员会第二十四次会议表决通过了河南省人民代表大会常务委员会关于修改《河南省人口与计划生育条例》的决定。新修订的《河南省人口与计划生育条例》第十七条增加了一项：夫妻双方均为独生子女，要求生育的，经批准可以按计划生育第二个子女。第十八条第（一）项修改为：夫妻双方均为农村居民且只生育一个女孩，要求生育的，经批准也可以按计划生育第二个子女。此前，山东、四川等27 个省、市、区在 20 世纪末已实行"双独"夫妻可生二孩政策，自湖北、甘肃、内蒙古在 2002 年实行此政策以来，河南是全国唯一一个没有实行此政策的省份，至此我国全面放开"双独二孩"政策。

④ 2013 年 12 月 28 日，《关于调整完善生育政策的决议》由十二届全国人大常委会第六次会议表决通过，"单独二孩"政策正式实施。

⑤ 2021 年 5 月 31 日，中共中央政治局会议指出，进一步优化生育政策，实施一对夫妻可以生育三个子女政策及配套支持措施，有利于改善我国人口结构、落实积极应对人口老龄化国家战略、保持我国人力资源禀赋优势。

流动是市场经济的内在要求，它有利于劳动力资源的优化配置。纵观当今世界，在和平时期，一个国家的经济越发达，人口迁徙往往也越频繁。在美国、日本和欧盟国家，绝大多数城市家庭会因工作变化而迁移住处。我国户籍管理实行二元户籍制度，把人口分为农业人口和非农业人口、本地户籍人口和外来常住人口，城市政府提供的公共服务与居民的户籍情况挂钩，政府优先保障本地户籍人口在劳动就业、社会保障、教育培训等方面的公共服务需求。

(二) 户籍制度的演进

二元户籍制度创设于中华人民共和国成立之初，在1958年以后开始全面实施。改革开放以来，随着市场化和城市化的发展，二元户籍制度有所放松，但基本制度仍然具有刚性。我国户籍制度的演进经历了三个阶段。

1. 创设二元户籍制度

中华人民共和国成立初期，地方土匪武装和潜伏敌对分子经常从事破坏活动，户籍管理肩负着维护社会治安和保障国家安全的使命。1951年7月，经政务院批准，公安部颁布实施《城市户口管理暂行条例》，在全国建立统一的城市户口登记制度。该条例规定，城市户口管理由公安机关执行，各户均须置备户口簿，如实填写，以备查对；来客住宿超过三日者，须向公安派出所报告；医院须置备住院病人登记簿，病人入院出院时须报告；旅店、客栈均须置备旅客登记簿，于每晚就寝前送当地公安机关检阅备查。该条例为维护社会治安和政权稳定发挥了重要作用。

1955年11月，国务院发布《关于城乡划分标准的规定》，把居民分为农业人口和非农业人口。1956年秋天，不少地区粮食歉收，安徽、河南等地区出现大量农民外流。为减轻城市压力，1958年1月，全国人大常委会制定《中华人民共和国户口登记条例》，第一次以法律形式对人口自由流动实施严格限制。该条例规定，公民由农村迁往城市，必须持有城市劳动部门的录用证明、学校的录取证明，或者城市户口登记机关的准予迁入证明，向常住地户口登记机关申请办理迁出手续。此后，全国各地开始执行户口迁移行政审批和凭证落户制度，把户籍管理与粮油供给、劳动就业、福利保障、义务教育等联系起来，实行城乡隔离、区别对待。

2. "上山下乡"运动

1958年以后，受到"大跃进"的影响，加之农业持续歉收，大量农村人口逃荒。根据中央关于精减职工和减少城市人口的部署，1961—1963年，全国共精减职工1 800万人，减少城市人口2 600万人。1962年12月，公安部出台《关于加强户口管理工作的意见》，指出必须严格控制农村迁往城市的人口。自1963年起，国家有组织地动员城镇青年"上山下乡"，去农场就业或去农村公社插队。"文化大革命"时期，在"接受贫下中农再教育"的号召下，更多的城镇知青向农村流动。据统计，1962—1979年，全国下乡知青总计1 776万人。

3. 改革开放以来的政策调整

党的十一届三中全会以后，国家政策进行了重大调整，"上山下乡"运动结束。在准许知青返城的同时，1977年11月，国务院批转《公安部关于处理户口迁移的规定》，首次提出"农转非"政策，即每年批准从农村迁入市镇和转为非农业人口的职工家属人数不得超过非农业人口数的1.5‰。虽然"农转非"实行配额制，但这意味着在户籍管理政策上开始出现松动。1980年以后，公安部、人事部①相继出台多项"农转非"照顾政策，准许部分专业技术人员、职工、干部和军人的农村家属"农转非"，即迁入城镇落户。

改革开放以来，为适应经济发展的需要，国家多次对户籍管理制度进行调整，如允许农民进入集镇落户，取消城市户口的粮油凭证供给体系。1998年7月，经国务院批准，公安部对户口管理进行"四项改革"：实行婴儿落户随父随母自愿的政策，学前儿童应当优先予以解决；放宽解决夫妻分居问题的户口政策；男性超过60周岁、女性超过55周岁，身边无子女、须到城市投靠子女的公民，可以在其子女所在城市落户；在城市投资、兴办实业、购买商品住房的公民及其直系亲属，凡在城市有合法固定的住所、有合法稳定的职业或者生活来源的，可在该城市落户。

2011年3月，国务院批转《公安部关于推进小城镇户籍管理制度改革的意见》，开始推进小城镇户籍管理制度改革。该意见规定，凡在县级市市区、县人民政府驻地镇及其他建制镇范围内，有合法固定的住所、稳定的职业或生活来源的人员及与其共同居住生活的直系亲属，均可根据本人意愿办理城镇常住户口。对办理小城镇常住户口的人员，不再实行计划指标管理。以此为标志，广大农民在小城镇基本实现了迁徙自由。

2014年11月17日，全国进一步推进户籍制度改革工作电视电话会议在北京召开②，时任中共中央政治局常委、国务院副总理张高丽在会上强调，推进户籍制度改革，要遵循规律、积极稳妥，坚持从实际出发，全面实施差别化落户政策；坚持存量优先，逐步满足符合条件的农业转移人口落户需求；坚持加快中小城市发展，增强聚集人口和提供公共服务的能力；要以人为本、顺应民意，充分尊重城乡居民自主定居的意愿，切实保障农业转移人口合法权益，加快推进城镇基本公共服务常住人口全覆盖，在制度安排上为各类社会群体提供更多选择。

近年来，为吸引投资和人才，大城市纷纷设置弹性化的落户门槛。大城市普遍对海外留学生、研究生、大学生落户设置绿色通道，实行依申请办理原则。北京、上海这两个城市由于地位特殊，外来人口申请落户的门槛依然很高。为吸引高层次人才，北京、上海推出了"居住证"和"积分落户"制度，持有居住证的家庭，在子女入学、社会保障等方面可享受与本地市民基本相当的待遇。

（三）城市户籍制度改革

20世纪90年代以来，很多城市启动户籍制度改革，降低外来人口落户门槛。在户籍制度改革中，有关各方的利益诉求具有差异性。

---

① 2008年，国家组建人力资源和社会保障部，不再保留人事部。
② http：//www.gov.cn/govweb/xinwen/2014-11/18/content_ 2780487.htm（访问时间：2023年11月7日）

1. 中央政府的利益诉求

中央政府不仅关注经济发展，而且注重政治和社会稳定。经济发展要求推进人口自由迁徙，优化资源配置，保证劳动力的合理流动性。政治和社会稳定要求加强社会管理，引导并控制社会流动，保障市民福利，维护外来人口基本权益。一方面，中央政府支持城市推进户籍制度改革，促进生产要素的合理流动；另一方面，中央政府也担心改革过快会损害市民利益，影响城市社会稳定。因此，中央政府出台具体政策较为谨慎，以出台指导性意见为主。

2. 城市政府的利益诉求

城市政府在提供地方性公共产品和服务时，需要具有一定的财政保障。为发展地方经济、促进经济快速增长，城市政府普遍降低了投资者和高素质劳动者的落户门槛，而对低素质劳动者实行落户限制。在公共服务供给上，城市政府普遍实行本地户籍人口优先政策。除国家规定的基本权利外，城市政府基本不保障外来人口福利。

3. 外来人口的利益诉求

包括农民工在内的城市外来人口显然对户籍改革持支持态度，他们普遍期望降低落户门槛。在现行户籍制度下，本地人口享受社会保障和其他福利待遇，而外来人口却被排斥在外。城市就业、住房、医疗、教育等社会保障与户籍挂钩，外来人口不能享受同等待遇和福利，这强化了本地人口与外来人口的身份等级意识。

4. 本地人口的利益诉求

城市户籍人口是现行制度的受益者，他们在基础教育、公共卫生、医疗保障、劳动就业、社会福利等方面享受特殊待遇。他们主张维持现行户籍制度，不愿意放弃既得利益。如果放开户籍管制，本地人口面临的就业竞争将会更为激烈。

在市场经济体制下，自由迁徙应当成为户籍制度改革的价值导向。传统户籍制度不承认个人选择就业和生活空间上的自由权利，然而一旦允许人口自由迁徙，"用脚投票"的机制就会发挥作用。为了吸引投资、技术和人才，地方政府必须改进公共服务，从而形成地方政府间竞争。

规定迁徙自由权并不意味着所有劳动者都会行使这项权利，但它赋予具有迁徙意愿的人自由行动权。考虑到人口流动的迁移成本，真正使自由迁徙权利的只是社会中的少数人。从户籍制度改革的具体途径看，一方面，要打破城乡二元户籍制度，逐步取消"农业户口"与"非农业户口"之分，为城乡统一的人口登记管理创造条件；另一方面，要弱化人口自由迁徙的制度壁垒，允许具有合法职业、稳定收入、固定住所的外来人口进城落户。

第三节 邻避冲突管理

一、邻避设施的含义

近年来，随着经济发展和人民生活水平不断提高，公众对居住环境的保护意识越来越强,我国因邻避冲突而发生的群体性事件越来越多,邻避冲突问题越来越受到重视。如何有效预防和管理邻避冲突,已经成为城市管理者必须面对的难题之一。

(一) 邻避与邻避设施

"邻避"来自英文短语"not in my backyard",直译为"别在我家后院",简写为"NIMBY"。1977年,迈克尔·奥海尔(Michael O'Hare)首次提出"NIMBY"这个概念,用于描述那些能够为社会带来整体性利益,但会对周围居民产生负面影响的设施。逐渐地,"NIMBY"被广泛运用,用来表达"邻避问题""邻避设施""邻避冲突""邻避性集体事件"等含义。后来,中国台湾和香港地区的学者将"NIMBY"意译为"邻避"或"邻避设施",这个概念很快在中文语境中流行开。

邻避设施是指服务于广大民众,但可能对生活环境、居民健康与生命财产造成威胁,以至于居民希望不要设置在自家居住地附近的设施。邻避设施能够带来社会公共福利,却具有一定的负外部性,对周边环境具有潜在的危险性。比如垃圾堆埋场、垃圾焚烧厂、污水处理厂、化工厂、火力发电厂、无线电基站、变电站、公共厕所等,社区居民普遍不愿意接受这类设施建于自家居住地附近。然而,这类设施会给公众带来较大的便利和福利。

(二) 邻避设施的特征

邻避设施有三个显著特征:一是能够带来整体性社会利益。这类设施通常对大多数人有好处,能够带来整体性福利。二是对邻近地区具有负外部效应。邻避设施会带来一定的环境污染、生态破坏、景观影响,甚至可能引发健康问题。这类设施也可能产生一定的经济社会影响,如导致房地产价格下降、影响社区美誉度等。三是成本与效益非均衡分布。邻避设施造成的环境影响和经济成本集中于邻近地区,其成本与效益具有非均衡分布的特征,居民往往反对此类设施建在住所附近。

(三) 邻避设施的等级划分

邻避设施在带来整体社会福利的同时,也给设施所在地的居民带来负外部效应,容易引发群体性抗争现象。近年来,由于邻避设施的兴建而引发的集体上访、阻塞交通、围堵政府机关、静坐请愿、聚众闹事等群体性行为,给政府管理和社会治安造成很大影响。

根据当地居民的抗拒心态和反对程度,可对邻避设施进行等级划分。一般来说,车站、公园、医疗与卫生设施、购物中心、邮电设施有轻微的邻避效应;高速公路、加油站、变电站、集贸市场、养老院、自来水厂有中度的邻避效应;飞机场、污水处理厂、垃圾堆埋场、垃圾焚烧厂、核电厂、传染病中心、精神病院、丧葬设施、屠宰场则具有高度的邻避效应。

二、邻避冲突的类型和成因

(一) 邻避冲突的类型

当邻避设施的选址和设置引发周边居民的抗拒心态和反对行动时,就会产生邻避冲突。当一种设施建设的效益为全体公众所共享,其负外部效应却由当地居民来承担时,就容易引发当地居民的抗拒心态与反对行动。这种反对行动就属于典型的邻避冲突。

依据邻避设施的规模和层级,邻避冲突可分为区域性邻避冲突和邻里性邻避冲突两种类型。区域性邻避冲突的潜在风险影响范围较广,涉及整个地区的环境权益,可能导致区域性的环境污染或财产损失。邻里性邻避冲突的潜在风险影响范围较小,仅涉及周边社区的环境权益。

根据邻避效应的诱因,可将邻避冲突分为污染型冲突、风险积聚型冲突、污名型冲突、心理不悦型冲突四类。污染型冲突是指邻避设施产生空气、水体、土壤、噪音等污染,如垃圾堆埋场、污水处理厂等;风险积聚型冲突的发生概率较小,一旦发生风险将可能在人员和财产方面造成重大损失,如核电厂、加油站等,都是容易发生冲突的地方;污名型冲突主要是由于社会对该类设施的服务对象存在歧视性认知,如戒毒中心、监狱、传染病中心等;心理不悦型冲突是指该类设施会令人感到心理不悦,从而引发抵制行动,如殡仪馆、火葬场、墓地等。总体看来,污染型冲突、风险积聚型冲突的发生概率较大,污名型冲突、心理不悦型冲突的发生概率较小。

(二) 邻避冲突的成因

从根本上说,邻避冲突是由于邻避设施具有负外部性,邻避设施周边的居民更多地承担了成本而收益并未明显增加。邻避冲突是多种因素综合作用的结果。

(1) 心理因素。如果没有事前的心理准备,一旦居民得知某项邻避设施将在居住地附近建设,那么他们的第一反应往往是紧张、焦虑、反对。

(2) 环境因素。污染型邻避设施建成以后,在运营中确实会对周边地区的空气、水、土壤等造成一定污染。

(3) 公平因素。大部分居民能理解邻避设施对社会的整体效益,问题在于,人们会质疑为什么设施偏偏建在自家"后院",而不是在其他地方。

(4) 社区形象因素。有些邻避设施建成以后,会给周边居民造成心理上的不适,从而对地方形象产生负面影响。

(5) 房地产价值因素。房地产是重要的不动产,居民担心邻避设施会影响房地产的价值,致使家庭财产遭受较大损失。

三、邻避冲突治理

(一) 邻避冲突治理的必要性

邻避冲突是公众的环境保护意识不断提升而产生的环境抗争问题,是城市治理经常面临的一种群体性事件。随着市民权利意识、参与意识的不断提升,在"互联网+自媒体"时代,邻避冲突往往不再是单一的环境问题,而是具有政治、经济和社会影响的公共问题,已经成为城市社会治理的重要领域之一。对邻避冲突进行治理的必要性在于:

(1) 邻避冲突容易引发群体性抗争。在邻避冲突中,双方往往各执一端,互不相让。随着时间的推移,如果无法达成一致,邻避冲突容易升级为大规模的群体性抗争事件。人们经常能看到,一些邻避冲突从个体抗议开始,但很快就会发展为群体性抗议,甚至发展为暴力对抗、集体围攻等非理性行动。

(2) 采取回避态度会使冲突更加激烈。随着城市化的发展与居民权利意识的提升,我国城市邻避冲突事件不断增多。回避、掩盖邻避冲突并不是解决问题的好办法,反而可能助长居民的对抗情绪。只有正视邻避冲突的存在,准确判断冲突发生的原因,寻求恰当的化解方法,才能缓解矛盾、化解冲突。

(3) 邻避冲突可能转化为政治性冲突。邻避冲突是因为这类设施对周边地区具有负外部性,其收益由全社会共享,而风险由周边居民承担。内部冲突本身不是政治性冲突,但如果听之任之,或者处置方式不当,就有可能演化为政治性冲突。

(二) 邻避冲突的治理手段

邻避冲突治理包括邻避风险治理和邻避事件治理两个方面,不能仅仅着眼于危机事件发生之后的应急管理,还应当从源头开始治理,提前考虑邻避设施可能存在的社会风险,将邻避风险也纳入治理,建立动态管理机制。在邻避冲突事件治理中,要加强对触发事件的管理,尽快平息事态;同时,也要运用利益补偿、风险消减、公民参与等机制,尽可能化解冲突。

(1) 邻避风险治理。邻避风险治理属于邻避冲突的前端治理,旨在通过事前主动的风险管理,降低发生邻避冲突的可能性。为此,城市管理者可主动介入,通过风险评估、风险沟通、公众参与等手段,达到降低风险的目标。风险管理是包含识别、确认与评估风险,做出决策,组织实施与动态监控的整个过程。在邻避设施的选址和建设中,应当树立风险意识,推进选址过程的公开,增进社会互动,对周边居民的心理和行为预期进行风险确认与分析评估,掌握利益相关者的关切点,将风险纳入决策过程,以降低可能的风险。

(2) 邻避事件治理。邻避事件治理是邻避风险转变为群体性事件之后的治理行动,旨在协调对立双方的利益诉求,达成相关协议并平息事态。邻避型群体性事件发生后,政府部门首先要进行应急管理,尽快化解现场冲突,平息群体性事件。随后,要协调利益相关方的利益诉求,及时提出有效的问题解决办法,化解或缓和矛盾冲突。邻避型群体性事件的利益诉求比较明确，常用的化解冲突手段有利益补偿、风险削减、公民参与等。

思 考 题

1. 如何优化社区服务，提高效率和便捷度？
2. 我国城市社区管理主要有哪些主体？
3. 城市人口管理主要包括哪些内容？
4. 城市发展需要对"全面三孩"政策做出怎样的应对？
5. 讨论城市户籍制度改革中的利益博弈。

第十一章　城市应急管理

> **学习目标**
> 1. 掌握突发事件的概念、特征和分类
> 2. 了解城市应急管理的相关理论
> 3. 了解智慧城市时代下城市应急管理体系的构建，以及如何塑造城市应急文化

近年来，全球各城市的突发事件接连不断。如韩国首尔梨泰院踩踏事故、俄乌冲突、巴基斯坦极端洪涝灾害、汤加海底火山喷发、北溪天然气管道泄漏等灾害和事故频繁发生，直接威胁到城市安全。建立和完善现代化的城市应急管理体系，是关系到城市稳定和发展、人民群众生命和财产安全的大事，目前已经成为一项刻不容缓的紧迫任务。

城市应急管理旨在引导与规范城市防范各种突发事件和风险，对影响城市各项功能正常发挥、危害城市生态系统平衡的因素起到预警、制约甚至根除的作用，保障城市居民的人身安全和财产安全，最大限度地减轻人员伤亡及财产损失并维护社会稳定。

第一节　城市应急管理概述

一、突发事件及其特征

（一）突发事件的定义

广义上的突发事件是指突然发生的事情；狭义上的突发事件是指在公共领域意外发生的重大或敏感事件，具有一定程度的破坏性。2007年11月1日，《中华人民共和国突发事件应对法》对突发事件进行了定义：突发事件是突然发生，造成或者可能造成严重社会危害，需要采取应急处置措施予以应对的自然灾害、事故灾难、公共卫生事件和社会安全事件。

在人类历史上，突发事件始终伴随着人类社会的发展。原始社会，主要是自然环境因素导致的突发事件，如山洪、火灾、地震、陨石、海啸、瘟疫、蝗灾等，也有部落之间的矛盾引发的暴力冲突、外族袭扰等。奴隶社会和封建社会时期，除了各种自然因素引发的突发事件，还有大量的阶级或政治斗争导致的被压迫人民、个体或群体的反抗事件，如政变、治安事件和民族冲突、宗教冲突、边境袭扰或冲突。工业革命之后，又出现了由罢工、政治集团之间的矛盾引发的暴力冲突，以及工业及环境破坏引发的工业灾害和人为环境破坏事件。当代社会，由政治、民族、宗教等因素引发的突发事件日益增多，特别是美国"9·11"事件之后，恐怖事件急剧增多，社会危害日益增大，并跨越国家的范围，日益成为严重危害世界范围社会安全的突发事件。

（二）突发事件的特征和分类

1. 突发事件的特征

从其定义、表现、发生机制与原因、发展趋势、影响程度和影响范围等方面进行分析，突发事件的特征可以归纳为：一是突发性和难以预测性。由于是突然发生的，对于突发事件发生的时间、地点、方式、发展趋势和严重程度都是无法提前预知和掌握的。二是不确定性和非常规性。突发事件的结果事先不能准确知道，也无法通过经常实行的规矩和规定进行判断。三是危害性。一般情况下，突发事件会破坏物质、财产、社会秩序乃至人身安全，危害人民群众正常生产生活。四是信息的有限性。因缺乏对突发事件信息的收集和掌握，会影响到政府决策的及时性、准确性和科学性，使得对突发事件的处置达不到预期效果。五是地域性和延伸性。突发事件在不同地区的发展态势、应对方式有所区别，并且突发事件的规模、影响范围也会随着时间、态势的变化而改变。

2. 突发事件的分类

由于突发事件的复杂性，很多事件可能同时属于不同的类别。正是此种原因，突发事件必须由一个专门的综合性部门来管理。城市突发事件大体上可分为四类：一是自然灾害，如水灾、沙尘暴等；二是事故灾难，如煤矿事故、突发性火灾事故等；三是公共卫生事件，如重大传染病疫情、重大动物疫情等；四是社会安全事件，如突发严重刑事案件、群体性突发事件等。突发事件的分类如表11-1所示。

表11-1 突发事件的分类

主要类型	分类	主要种类
自然灾害	水旱灾害	水灾、旱灾
	气象灾害	暴雨、冰雪、雾霾、风雹、沙尘暴、雷电、高温、低温冷冻、台风等
	地质灾害	突发性地质灾害
	生物灾害	突发林木有害生物事件、植物疫情
	森林火灾	森林火灾、危险化学品事故

(续表)

主要类型	分类	主要种类
事故灾难	工矿商贸企业事故	煤矿事故
	安全事故	非煤矿事故、建设工程施工突发事故
	火灾事故	突发性火灾事故
	交通运输事故	道路交通事故、公共汽车运营突发公共事故
	公共设施和设备事故	供水、排水、燃气、供热等突发公共事故
公共卫生事件	环境污染和生态破坏事件	重污染天气、突发环境事件
	传染病疫情	重大传染病疫情
	食品药品安全	食品安全事件、药品安全事件
	动物疫情	重大动物疫情
社会安全事件	刑事案件	突发严重刑事案件
	金融突发事件	群体性突发事件
	群体性事件	民族宗教群体性事件、影响校园安全稳定事件
	其他	新闻舆论事件、旅游突发事件

资料来源：徐倩楠，2022. 基层政府应急管理能力提升研究——以泰安市 N 县为例［D］. 山东农业大学。

二、城市应急管理的内涵及特征

城市应急管理主要针对突发性公共事件，旨在提升政府的监测与预警、应急处置、恢复与重建能力。很多危机事件具有不可预测性，往往在没有征兆的情况下突然发生，如果不加以防范，将会导致巨大损失。提升应急管理能力，既要强化指挥协调中枢系统建设，也要完善应急预案体系。

（一）城市应急管理的内涵

城市应急管理包含三层含义：介入、控制、转化。对突发事件这一不利情境进行管理，首先要介入突发情境，采取行动约束不利现象的扩散；其次要通过努力，达到对突发事件的控制，降低破坏性；最后是转化，即转危为安，这是应急管理的最终目的。通过管理突发事件，达到危机的转化和防止危机再次发生的目的。

在城市应急管理过程中，城市市民和各种社会组织、工商企业组织，既是应急管理的直接受众，同时也是至关重要的管理主体。充分开发社会应急管理资源，对于提高城市应急管理能力具有重要的价值。在应急管理实践中，西方发达国家的城市政府在高度分化和多元化的城市社会基础上，依托城市政府之外发达的社会组织系统，逐渐建立了一整套社会参与机制，形成了应急管理过程中全社会型危机应对网络系统，成为西方国家民主治理的一个重要组成部分，在应对现代大城市不断爆发各种突发事件的过程中发挥了重要的功能。

（二）城市应急管理的特征

应急管理是针对突发危机事件采取的快速反应和应对机制。危机是一种非正常的紧急风险状态，对社会正常生产和生活秩序具有严重威胁。一些事件或状态之所以被称为危机，是因为它们打破了正常状态，如果不加以控制，个人、群体和整个社会就会遭受严重损失。城市突发危机事件具有生命周期，一般包括危机潜伏、危机征兆、危机爆发、危机延续、危机解除五个阶段。应急管理贯穿危机发展的整个过程。纵观国内外城市应急管理事件，可以总结出一些共同的经验。

（1）完善应急管理法规。为提升应急管理水平，各国普遍重视制定应急管理法规，规范各种灾难和紧急事件的应急程序、处置预案、指挥机构、权力责任、资源配置等。

（2）做好应急准备工作。通过制定应急规划、储备应急物资，进行模拟演练和专业训练，提升政府的应急回应能力。做好应急准备工作，可减少突发危机造成的损失。

（3）提升信息集成能力。应急管理需要强化信息收集、整理、沟通和反馈能力，必须整合多途径获取的信息资源，建立统一的信息中心或信息平台，强化信息集成能力。

（4）建立指挥中枢机构。城市危机事件具有突发性、紧急性和危害性，政府必须快速做出反应，建立指挥中枢机构，协调各部门采取协同行动，消除条块分割、各自为政的现象。一般而言，指挥中枢机构建立于综合协调部门，以行政首长为最高指挥者。

（5）注重社会参与，推进合作治理。突发危机事件与公众利益息息相关，公众参与是快速响应突发事件、提升应急管理水平的社会基础。处置城市危机事件，政府需要调动市民、社区、单位的力量，共同采取行动，控制事态发展，缓和危机影响。

三、城市应急管理主体及其作用

突发事件来势凶猛，可能对社会造成重大冲击，给民众的生命和财产带来巨大损失。特别是在遇到大型的自然性或人为性的灾难时，由于个人力量微不足道，无法与巨大的灾难抗衡，因此社会的各界组织理所应当承担起应有的社会责任，帮助人们正确预防及度过危机。城市应急管理是一项系统性的工作，参与组织的多元化是城市应急管理的一个重要特点。

（一）政府组织

在城市应急管理主体中，政府组织应起到主导作用。政府是以提供公共产品、为人民服务为首要职责的。公共安全是最重要的一种公共产品。提供公共安全服务，保护人民的生命财产安全，是现代服务型政府必须承担的一项基本职能。政府掌管着大量的资源，享有制度安排和制度实施的合法权力，拥有层级化的组织程度、专业化程度很高的政府组织体系和法律授予的合法强制力，具有强大的动员能力和组织能力，这是任何非政府组织都无法与其相比的。当巨大的灾难降临时，人类只有依靠组织化的力量才能与灾难抗衡，而任何其他非政府组织都不具备带领全社会去控制危机、战胜危机的能力。因此，在城市应急管理中，政府应当责无旁贷地承担领导责任和主要责任。政府在应对城市危机中一般包含以下措施：

（1）建立城市应急管理的信息发布系统。当城市出现危机后，封锁消息不仅不能稳定局面，反而会为流言的传播创造条件。这就要求政府建立一个准确、及时、完整的信息体系。构筑一个完整的应急通信、信息传输网络，以便及时指挥调度、上下沟通，缩小决策与执行之间的时间差异。

（2）完善相关法律体系。在应对突发事件时各部门能否有效协调运行，也取决于现行的应急预案制度和危机管理相关法律所确立的应急体制的组织、协调与防范作用有没有发挥出来。完善城市应急管理的相关法律、建立一整套的紧急状态法律体系是一项十分重要的任务。

（3）建立科学合理的城市危机应急管理机制。将公安、交通、信息、通信、急救、水利、电力、市政管理等政府部门纳入统一的指挥调度系统，统一协调、联合行动，为城市的公共安全提供强有力的保障。有效的危机应急管理体制可以保证政府面对危机时在最短时间内有效调动社会资源，提高应对危机的效率。

（4）制定城市应急管理绩效评估制度。对各级政府、政府职能部门在危机管理中的行为和成绩进行评估，提升其危机管理意识和能力。在绩效评估上还要求"多元化评估"，积极发挥相关群体、市民在危机管理绩效评估中的作用。

（5）构建城市应急管理的社会联动机制。政府在城市应急管理中发挥主导作用，但为了提高应对危机的效率，还需要建立整体的组织联动机制，发挥非政府组织、公众等在危机管理中的作用。

（二）非政府组织

非政府组织作为一种社会自治组织，其组织结构灵活，具有独立的决策和行为能力，在危机发生时能迅速做出反应，协助政府广泛调动社会力量。非政府组织在城市应急管理中的独特作用主要表现在信息传播、弥补政府应急资源的不足、协助政府部门应急行动以及联络各地区进行协同应急等方面。

（1）信息传播。非政府组织有广泛的群众基础，能整合各种社会力量，大量搜集信息，可以有效判断危机的破坏性。同时，非政府组织还可以利用自身的专业优势，将政府的政策、信息传递到基层群众身边，稳定民心，正确引导公众在危机事态中保持理性。

（2）弥补政府应急资源的不足。由于公共安全危机事件往往涉及范围广，政府职能部门可获得的应急资源有限，单靠政府难以控制和解决危机。非政府组织类别多样，数量庞大，是联系各方面的重要纽带，可以整合城市各单位和市场的资源为社会所用。非政府组织能广泛动员政府财政体系之外的社会公益资源向危机受害者提供帮助，弥补政府应急资源的短缺。例如，我国在抗击"非典"期间，非营利性组织接收的捐赠额占国家接收款物总额的 8.07%。

（3）救援过程协助。非政府组织可以在危机发生的第一时间提供救援服务，以防止造成更大的损失；并且配合政府职能部门救援，增加救援人员的数量优势，使救援工作在最短时间内有效完成。

（4）跨区域应急协同的重要纽带。随着经济一体化的发展，公共危机的发生极有可能影响附近地区生产活动的进行。政府部门由于行政区划的限制及科层制的结构，不能灵活、有效地对附近行政区域的危机事件做出反应，非政府组织由于组织的灵活性，能够联络不同地域的各种组织，整合附近城市的应急资源对公共危机进行立体交叉式的协同救援。

（三）志愿者组织

志愿者服务是公民参与社会生活的一种非常重要的方式，是公民社会和公民社会组织的精髓，志愿者组织传统的最重要、最直接的功能是开办慈善活动和社会福利事业。在现代国家公共治理过程中，志愿者组织与私人工商企业一起，共同构成政府之外的重要治理主体。从危机管理的视角来看，一些传统的志愿者组织，如国际红十字会，一直活跃在战争和灾难救助的第一线。在现代西方国家大城市的危机应对过程中，大量的志愿者组织参与其中，成为抗击危机的一股重要的辅助力量。参与危机救援工作也成为志愿者组织一项越来越重要的新功能。在这个过程中，政府要积极发挥有效组织、合理引导的作用，组织和引导非政府组织、城市社区和市民等积极参与，形成与政府有效互动、相互配合的危机救治的合作局面。

第二节 城市应急管理理论与实践

城市应急管理需要一套完善的体系来给予指导。西方发达国家城市化开始时间早，进行时间长，对于应急管理已经积累了一些成功的经验。我国城市应急管理的研究起步于20世纪80年代，在2003年"非典"事件爆发后达到一个研究高峰[1]，2018年3月中华人民共和国应急管理部成立，标志着我国应急管理体系建设进入新的发展阶段。2020年新冠疫情暴发后，关于应急管理的研究出现了爆发式增长，研究内容主要集中在对应急管理体制机制的反思上。[2] 但总体上，无论是国内还是国外，城市应急管理的理论并不多，需要进一步加强城市应急管理的理论研究。

一、城市应急管理理论

（一）应急管理阶段理论

（1）管理学者斯蒂文·芬克（Steven Fink）提出四阶段生命周期模型。芬克对危机的生命周期进行了形象的描述：第一阶段是征兆期，线索显示有潜在的危机可能发生；第二

---

[1] 薛澜，周玲，朱琴，2008. 风险治理：完善与提升国家公共安全管理的基石 [J]. 江苏社会科学（6）：7-11.
[2] 蔡华玲，2021. 风险二重性与我国城市应急管理的公共理性建构 [J]. 城市问题（11）：90-95.

阶段是发作期,具有伤害性的事件发生并引发危机;第三阶段是延续期,危机的影响持续,同时也是努力消除危机的过程;第四阶段是痊愈期,危机事件已经解决。这种四阶段生命周期模型具有较强的描述性,勾勒出危机的过程,并侧重阐述危机每一个阶段的特点。但这种划分没有包括危机征兆出现前的危机预防,而预防是现代危机管理不可或缺的重要环节,甚至是最关键的环节。

(2)美国联邦紧急事务管理局(Federal Emergency Management Agency,FEMA)将公共危机管理分为减缓(缓和)、预防(准备)、反应(回应)和恢复四个阶段。减缓是指政府为了消除危机出现的机会和减轻危机事件的危害所做的各种预防性工作。预防是指政府为了应对潜在危机事件所做的各种准备工作,这个阶段工作的着眼点是做好风险评估工作,尽可能事先考虑到会出现哪些风险,并采取有效的预防措施。反应是指政府在危机发生、发展过程中所进行的各种紧急处置工作,主要包括进行预警提示、启动应急计划、提供紧急救援、实施控制隔离、紧急疏散居民、评估灾难程度、向公众报告危机状况以及政府采取的应对措施、提供基本的公共设施和安全保障等。恢复是指政府在危机事件得到有效控制之后,为了恢复正常的状态和秩序所开展的各种善后工作。这种阶段划分的重点是危机减缓和危机预防。美国联邦紧急事务管理局的大量实践证明,以这种阶段划分为基础的危机管理是比较成功的。

(3)三阶段模型。三阶段模型把公共危机管理划分为危机前(precrisis)、危机中(crises)和危机后(postcrisis)三个大的阶段,每一个阶段又可以分为不同的子阶段。危机前包括危机征兆、预防等过程;危机中包括危机发生、危机控制等过程;危机后包括恢复、学习等过程。这种模型包含的内容范围广,具有较大的弹性,得到大多数学者的认同。[①]

(二)城市承灾体理论

对承灾体问题的研究是从对自然灾害的研究中引出的,目前对于自然灾害的研究主要有致灾因子论、孕灾环境论和承灾体论三种,三者之间联系密切、相互影响。致灾因子论认为只有致灾因子对承灾体产生足够的作用才会形成自然灾害,在城市自然灾害类突发公共事件中,致灾因子主要包括地震、大风、暴雨、冰雪、高温等。孕灾环境论认为致灾因子产生于环境系统,孕灾环境的变化会导致同一种致灾因子产生不同的作用效果。承灾体论认为承灾体是人类及其活动所处的社会资源的总和,是各种致灾因子作用的对象,主要具有暴露性与脆弱性两个特征。致灾因子、孕灾环境、承灾体在灾害的形成过程中缺一不可,自然灾害是三者综合作用的结果,三者在灾害系统中有着同等重要的地位。

四类突发事件在发生原因、传播方式及作用形式等方面存在高度的共性。在分析四类突发事件的形成过程中,可以将致灾因子从地震、暴雨等自然因素扩展至暴恐、传染病疫情、踩踏等社会因素;将孕灾环境从气候变暖、大气活动等自然环境因素扩展至经济发展、政治环境、文化冲突等社会因素;将承灾体从建筑物、生命线系统等实物扩展至经济

---

① 周兆君,2007. 城市危机管理及其中国实践[D]. 山东大学.

系统、环境系统、社会关系等非实体系统。通过对比分析可以发现，致灾因子、孕灾环境和承灾体三者在形成自然灾害过程中相互作用的模型同样适用于分析事故灾难、公共卫生事件与社会安全事件的发生。城市是一个复合的大型承灾体，它由很多小的实体与非实体承灾体组成。其中，实体承灾体包括各类建筑物和生命线系统，非实体承灾体包括经济系统和环境系统等。

（三）城市基础功能支撑体系理论

城市具有基础功能属性和衍生功能属性。城市基础功能是指城市基础设施平台的正常运转，衍生功能是指基础设施平台上的各类政治经济、社会文化等人类文明活动。衍生功能必须依靠于基础功能的支撑，因此城市基础功能是城市整体正常运转的基础。城市基础功能支撑体系包括以下系统：

（1）城市道路交通运输系统。该系统一方面为生产服务，包括劳动力的运送以及原料、半成品、成品的转运等；另一方面满足各类客货运需求，包括商业经济活动、休闲旅游、日常活动等。

（2）城市供排水及污水处理系统。供排水系统的正常运转是城市中生产、生活的基本保障，能够通过对废水、污水、雨水的收集处理和净化，保证自然河流与湖泊的清洁。

（3）城市垃圾收运处置系统。现代城市每天都产生大量的垃圾和各种废弃物，需要合理的分类收集、及时的运转处置，才能预防传染病的流行，保证城市的美好环境。

（4）城市能源热力供给系统。城市的正常运转离不开各类能源的供给，电力一直是城市能源的主要形式，燃气作为清洁能源，是未来能源的发展方向。

（5）城市园林绿化系统。环境污染一直是困扰我国城市发展的重大问题，园林绿化能够大大改善城市生态环境，为人们提供更加舒适的城市生活环境。

从城市系统运行的角度分析，可以把城市运行的状态划分为城市常态和城市非常态。城市常态是指城市不发生各类事故的正常运转状态；城市非常态也指城市的应急状态，主要是指在各类突发事件的影响下，城市的基础功能或衍生功能受到破坏和干扰，甚至整个城市各项运转体系瘫痪。因此，城市应急管理就是城市在发生突发公共事件，城市基础功能以及衍生功能受到严重干扰的情况下，进行的旨在尽快恢复城市常态的城市非常规管理活动。

二、城市应急管理模式

（一）国内城市应急管理模式

（1）上海市应急管理模式。上海市应急管理采取授权模式，其总体设计思路是通过对组织、资源和信息的整合，建立灾害事故紧急处置的指挥体系、保障体系和防范体系。在应急组织结构上，实行三级管理。一是设立市减灾领导小组（非常设领导机构），主要负责全市减灾工作，发生重大突发公共事件时启动紧急处置指挥部进行组织指挥。二是在市减灾领导小组之下，设立减灾办公室作为其日常办事机构（设在市民防办公室），主要负责执行市减灾领导小组的决定和全市减灾工作的日常管理、综合协调工作；设立市减灾专家委员会，主要负责提供决策咨询和建议；设立市抗震、防汛、道路交通安全、防火、核化救援等灾种协调管理机构，主要负责相关灾种的协调管理。三是建立常设的市应急联动中心（设在市公安局），主要负责对全市范围内突发公共事件实施先期应急处置，接受全市突发事件报警，实施统一指挥、分级处理。在运行机制上，实行分级响应：灾害事故发生，所在单位和社区进行先期应急处置和组织自救互救，并根据事件性质和威胁程度，将有关信息报告市应急联动中心、区县政府、上级主管领导和责任单位，必要时成立现场指挥部统一指挥处置，或者市应急联动中心接到报警后及时组织应急处置；一旦发生先期处置仍无法控制事态时，或者可能出现跨区域严重危害事态时，启动市紧急处置指挥部，统一组织指挥全市应急处置工作。

（2）南宁市应急管理模式。南宁市应急管理采取集权模式，其总体设计思路是通过全面的组织、资源和信息整合，充分利用现代通信技术，建立统一接警、统一指挥、联合行动的机制。南宁市应急管理的组织结构简单明确，分为市应急联动中心和各联动部门两级。应急联动中心负责直接处置突发事件，具有越级指挥权、联合行动指挥权和临时指定管辖权；各联动部门按照联动中心的指令统一行动，进行应急处置和救援。应急响应机制运行快捷准确，求助者只要呼叫110、119、122中任何一个号码，应急联动中心就能迅速指定相关应急部门紧急出动，提供准确、及时的紧急救助。由于这套应急联动系统的设计仅限于应对大量日常性紧急救助事务，目前南宁市正在进行二期计划和建设，使之能够同时满足应对重大灾害事故的需要。

（3）扬州市应急管理模式。扬州市应急管理采取协同模式，其总体思路按照实用、高效、节约的原则，贯彻一条主线、解决两类问题、实现三级服务、采取四个机制、取得五种效益。具体为：贯彻以信息化带动工业化、加速经济发展、缩小数字鸿沟这一主线；重点解决数据共享和信息利用两类问题；实现政府决策支持、企业开拓发展和大众生活改善三级服务；采取政府主导机制、市场运作机制、战略合作机制和系统工程管理四个机制；取得产业拉动效益、经济发展效益、社会进步效益、生态环境效益和科技创新效益五种效益。扬州市应急管理模式强调的是"但求所用、不求所在"，在现有行政体系下，进行统一规划分别建设、统一指挥分工协作，政府建设核心的数据交换与指挥中心节点，各部门按照自己的任务，建立自己的分节点与各自的业务指挥系统。整个系统中，每个部门既是建设单位又是使用单位，既是数据的提供者又是数据的使用者，政府指挥中心只起到统一指挥、统一调度、统一资源的作用。

各地市应急管理模式的比较如表11-2所示。

表11-2 各地市应急管理模式比较

模式	优点	缺点
授权模式（上海市）	充分利用现有基础，投资小、见效快；充分发挥专业职能部门能动性，指挥中心运行磨合期短、风险小；重点部门集中办公，好协作	授权不充分时指挥中心指挥不灵；授权不具体，指挥中心权力边界不明确，联动时容易出现不同理解，贻误战机

(续表)

模式	优点	缺点
集权模式 （南宁市）	发展专业化、反应快速、指挥精确、指挥层次较少	与现有行政体制冲突比较大、指挥各专业职能部门难度大、指挥中心负荷过重
协同模式 （扬州市）	政府与部门间职能分明，构建多层次的智慧网络，物理分离、逻辑集中、业务统一；不需要触动现有行政体制，符合现有的部门分工要求；不需要额外编制，建设难度小，投资少、见效快	指挥权力较为分散，存在协同性风险

（二）国外城市应急管理模式

（1）美国洛杉矶市应急管理模式。洛杉矶市的应急管理体系是在依托联邦应急管理体系和加州政府应急管理体系的前提下，通过多部门、多层次协调合作来实现的。"9·11"事件后，美国联邦和州级应急机构在国土安全部门（Department of Homeland Security，DHS）的指导下，出台了一系列针对处理天气、交通及工业生产造成事故的新政策，要求地方应急管理机构在突发恐怖事件袭击发生后能够在考虑当地的经济、人口和交通状况的前提下，制订准确的应急计划。洛杉矶市应急管理组织体系是一个多层次的网络结构，主要由洛杉矶市市长、洛杉矶市应急处理理事会、洛杉矶市应急预备局、洛杉矶市应急处理中心、洛杉矶市应急管理委员会组成。作为洛杉矶市应急管理的最高领导人，洛杉矶市市长能够随时了解和监控整个体系的运作情况。洛杉矶市应急处理理事会作为一个高层领导的联席会议，确保了洛杉矶市应急管理工作在市高层领导之间能够有效沟通与协调。从机构设置看，组织体系涵盖了危机前、危机中、危机后以及预防、救援、恢复等方方面面，可以说一应俱全，保证了管理紧急事态的需要。完备的法律系统使洛杉矶市应急管理体系的组织、资源、运作等多方面有了强有力的保障，而有效的应急管理机制保证了应急管理体系的高效运行。

（2）日本东京市应急管理模式。日本东京市在应对地铁沙林事件的过程中，充分显示了其在应急管理体系建设方面的成熟与先进程度。日本重视应急组织的设置和机构的建设，实现全政府型应急管理。东京市于2003年4月确立了"知事直管型应急管理体制"，设置局长级的"危机管理总监"，改组灾害对策部和成立城市综合防灾部，建立了一个全政府机构统一应对的体制。危机管理总监的职责是：发生突发事件时直接辅助知事；强化协调各局的功能；快速做出向相关机构请求救援的决策和行动。当突发事件发生时，危机管理总监直接辅助知事，在知事的指挥下综合协调各局的应急活动。综合防灾部由信息统管部门和实际行动指令部门组成。信息统管部门主要负责信息收集、信息分析、战略判断。实际行动指令部门主要负责灾害发生时的指挥调整。综合防灾部直接辅助应急管理总监，主要实现以下功能：强化信息统管功能；提高应对突发公共事件的能力；加强首都圈大范围的区域合作；在危机管理总监的指挥下与有关各局进行协调，进行全政府型应急管理。

高效的信息管理与技术支撑系统。东京市防灾中心建在东京都政府办公大楼，便于知事直接掌握信息和赶到中心指挥。中心的具体功能有：信息的收集、存储、处理、传递；审议、决定和协调；指挥、命令和联络。中心配有防灾信息系统（Disaster Information System, DIS），规模较大、建设较早，DIS 分为四个主要的子系统，即灾害信息管理、地图信息管理、对策制定、系统基础管理。

三、智慧城市时代的应急管理

在"技术治国"的理念下，智慧城市已成为政府化解应急管理困境的战略选择。它满足了应急管理数字化与智能化的发展需求，有利于形成智慧性、集成性与弹性的创新场景。智慧城市应急管理体系由"技术—平台—沟通—决策—过程"五个维度构成，从理论上看，智慧城市在应急管理领域的应用无疑是有益的探索，但还需在实践中加以验证，全球已产生了一些典型案例。与传统平台相比，智慧城市平台结合了 5G、人工智能、大数据与区块链等前沿技术，是多种数字技术的集成与深化，它倒逼政府与民众进行合作，促使"政府主导"向"应急共治"局面的转变。政府规划是应急管理能力提升的关键，政府需要将智慧城市纳入应急管理变革的政策范畴与行动纲领。尽管智慧城市建设为应急管理变革提供了前所未有的机会，但也可能存在技术潜力、网络风险、个人隐私、弱势群体与社会风险等"悖论性"陷阱，管理者需要规避其中的陷阱，尽力挖掘其政策含义并制定相关政策，才能有效推进有中国特色的应急管理体系建设。

（一）数智赋能智慧城市应急体系搭建

在当代，智慧城市不仅为应急管理提供了新工具，更有利于促进应急管理能力的提升，使得应急管理出现了"数智赋能"新特征。在搭建数智赋能智慧城市应急体系时，可从"技术—平台—沟通—决策—过程"五个方面入手。具体搭建过程如下：

（1）技术赋能，技术驱动中的智能应急。数字技术是智慧城市运作的必要条件，可以促使城市应急管理体系和能力获得跨越式提升。数字技术可有效提高城市应急管理能力，驱动城市应急管理变革。智慧城市中存在大量的无线传感器、物联网、无人机、无线摄像系统、智能手机及社交媒体等，每天都产生不同类型的大数据。大数据具有赋能性、综合性、异构性与动态性等特征，为日益复杂的城市应急管理提供了数据基础，许多智慧城市已经开始挖掘大数据在应急管理中的潜力，促进传统经验应急向数据应急转型。为了满足大数据指数级增长及复杂处理的需要，智慧城市需要具备相应的数字技术，如人工智能、云计算、深度学习、机器学习与模式识别等。这些技术在过去十余年已取得长足进步，逐渐嵌入应急管理过程。随着智慧城市开发与运用数字技术日益增多，数字技术驱动应急管理的变革正在形成，也使得城市应急管理跨越式发展成为可能。[①]

[①] BIBRI S E, KROGSTIE J, 2020. The emerging data driven smart city and its innovative applied solutions for sustainability: The cases of London and Barcelona [J]. Energy Informatics (3): 38.

（2）平台赋能，功能集成中的职能服务。智慧城市平台集多功能于一体，促进政府、企业与民众等多元主体参与智能应急。相较于传统应急管理平台，智慧城市平台赋予应急管理新的特征。这一平台具有智能化、自动化、可视化、开放性、连通性与集成性等特征，它由前端感知设备、新一代信息技术、先进通信技术与智能系统等构成，可以有效处理大数据并以可视化形式呈现出来。同时，智慧城市平台还集成了信息发布、应急决策、协调指挥、紧急调度及应急联动等功能，对于决策者而言，可以通过平台及时发布信息与下达调度指令；对于基层人员而言，可以通过平台清晰地获取突发事件实时信息及应急指令；对于民众而言，平台将互联网、物联网与"人联网"连接起来，为民众提供个性化应急智能服务的机会，也可以与其他民众及利益相关者实现信息共享。应急响应具有紧急性、压迫性与复合性等特点，平台的关键是提供给应急队伍、应急资源与实时位置的智能服务，以便在最短时间内实现快速、有效的应急响应。

（3）沟通赋能，实时交流中的智慧技术。智慧城市技术促进实时信息交流，可建立横向联动、上下协同与央地贯通的沟通机制。突发事件爆发期间的快速沟通事关应急管理成败，在5G、大数据与物联网等前沿智慧城市技术的支持下，城市应急管理有望实现"人—人""人—机器""机器—机器"实时准确的信息交流。智慧城市技术打破了传统单一与垂直的应急沟通模式，使得跨部门、跨层级、跨区域甚至跨国家的实时沟通成为可能。从"部门沟通"的角度来看，智能传感器能主动感知和及时捕捉应急信息，通过人工智能进行识别与分析，再将处理过的应急信息发送给相关部门以促进部门联动。从"政民沟通"的角度来看，政府借助智慧城市技术（如通过"三微一端"，即微博、微信、微视频与客户端）及时发布权威信息、紧急措施与态度决心等，促进政府与民众形成良好的沟通关系，避免由于互信不足导致的社会恐慌与社会冲突等。从"空间沟通"的角度来看，通过智能遥感技术对应急地形、人口、设施与资源进行时空可视化分析，帮助政府与民众克服时空沟通障碍。

（4）决策赋能，复杂系统中的智能支持。智慧城市技术构成的复杂决策系统，可以有效促进应急管理"人—机器"合智交互决策模式的形成。智慧城市为应急管理提供了新的决策模型，它由网络物理系统、物联网、信息、通信、数字与计算机等技术构成。[①] 首先，现代信息与通信技术改变了传统应急管理决策方式，它能快速访问不同层次的巨量信息并进行智能抓取与分析，为突发事件应对提供最佳决策的可能；其次，智慧城市部署了丰富的传感器、无线互联网、物联网、智能手机和移动设备等，可以收集不同类型的危机大数据，通过人工智能与数字技术过滤、分类与分析，为应急管理决策提供重要的数据支持；最后，现代计算机技术能有效识别突发事件风险与评估紧急状况，智能推演因人类认知能力有限而无法识别的风险，还能模拟自然灾害、暴力袭击及事故灾难等各类突发事件。事实上，传统应急决策不可避免地存在有限理性与有意识忽略等缺陷，但智慧城市技术能有

---

① ASTARITA V, GIOFREÈ V P, GUIDO G, et al., 2020. Mobile computing for disaster emergency management: Empirical requirements analysis for a cooperative crowdsourced system for emergency management operation [J]. Smart Cities (3): 31–47.

效克服这些不足。

(5) 过程赋能，全程嵌入中的数智技术。智慧城市技术可嵌入应急全过程，为城市复合型危机闭环管理流程提供新的工具。由于人口大量向城市转移，导致突发事件频发，灾害后果也日益严重，城市比以往任何时候都需要做好应急预防、准备、应对与恢复工作。智慧城市技术可以嵌入应急管理全过程，为城市应对复合型危机提供新的工具。全生命过程是智慧城市应急管理的重要维度，它可以用来分析、规划与设计城市应急管理系统。在这一系统中，管理者可以将突发事件处理与无线传感器网络、物联网、大数据、智能云、人工智能、无人机、GIS 及社交媒体等技术整合，建构智能预防、预警、预控、响应与恢复全过程系统。数智赋能下的城市应急管理与传统管理有了很大不同。以大数据为例，其来自社交媒体、无人机、多媒体、互联网与物联网等，已成为智慧城市发展中必不可少的基础设施，城市应急管理的每一阶段也离不开大数据，管理者需要将其嵌入应急管理全过程，以提高决策的科学性。

(二) 数智赋能智慧城市应急的各国案例

联合国将现代城市发展目标确定为更持续、更繁荣、更弹性与更公平，许多国家积极推进智慧城市规划以实现这一目标。从理论上看，智慧城市无疑是有益的探索。一些国家积极探索运用智慧城市理念与技术来应对各种突发性事件，在实践中产生了一些典型案例。

(1) 中国杭州，新冠疫情的数智防控。智慧城市能更有效地预防重大疫情传播，已成为有效的数字赋能工具。新冠疫情的出现与传播充分揭示了城市生活和功能的脆弱性，对城市应急管理提出了新的挑战。已有研究表明，智慧城市计划可有效应对新冠疫情传播。[1] 杭州是中国智慧城市建设的代表，在新冠疫情防控期间，杭州在基层单位、公共交通与城市社区等安装了大量的红外测温仪，同时建立了"卫健警务——新型冠状病毒防控系统"，通过大数据分析感知与辨识"高危人员"，进而对危险群体和危险区域及时进行监控。杭州还通过"三微一端"即时发布紧缺物资和疫情相关政策，同时依托"城市大脑"平台建构高危易感染人员模型，对已有或潜在风险群体进行智慧跟踪，及时向民众公布状态与行动轨迹，并绘制了详细的病例电子地图，帮助民众实时查询周边地区疫情。

(2) 美国纽约，数字驱动的智慧应急。智慧城市平台由各种智慧技术集成，可以智能评估损失、紧急救援与资源分配。纽约既是美国智慧城市发展的代表，也是世界公认的自然灾害最为严重的城市之一。2007 年，纽约推出了"为建设一个更绿色、更伟大的纽约而努力"的城市建设计划，2009 年启动了数字城市建设规划。2012 年，纽约通过《开放数据法案》(Open Data Act)，开启了将数据开放纳入美国立法的先河。2013 年，纽约遭受特大飓风"桑迪"的袭击，带来 420 亿美元损失。在飓风期间，纽约创建了社交媒体大数据创新合作团队，由公共组织与民间企业组成，这一团队通过抓取与分析推特摘要数

---

[1] TROISI O, FENZA G, GRIMDLDI M, et al., 2022. COVID-19 sentiment in smart cities: The role of technology anxiety before and during the pandemic [J]. Computers in Human Behavior (10): 69-86.

据、推文标签、飓风照片、特定区域疏散率及非结构化信息关键词,再利用数字技术快速评估灾害损失,同时绘制灾民群体与灾区地图,实现了将救灾资源精确分配给最需要的地区与群体的目标。飓风过后,纽约市政府发布了"一个更强大、更有韧性的纽约"报告。2013 年,纽约又提出以"数据驱动"为城市服务发展目标,促进应急管理领域广泛使用城市开放数据。

(3) 英国曼彻斯特,恐怖袭击的职能响应。智慧平台处理结构化与非结构化数据,为应急管理提供关键性与基础性的信息支持。曼彻斯特不仅是全球首个工业化城市,还是全球智慧城市发展的引领者。2017 年 5 月 22 日,一枚自制炸弹在曼彻斯特竞技场门厅被引爆,导致 23 人丧生、800 多人受伤。[①] 恐怖袭击发生后,政府即刻通过官方社交媒体向民众及时发布紧急信息,并与市民通过社交媒体平台上的"Room For Manchester"标签,向社会紧急动员接纳暂时无法回家的民众。政府利用官方社交媒体平台发布现场撤离情况及恐怖袭击历程视频,不仅为民众提供了紧急响应的行动指南,还为灾后反恐经验总结与应急变革提供了重要参考。警方通过官方社交媒体平台公布嫌疑人信息,警民双方通过社交平台为抓捕嫌疑犯实现了良好沟通,也缓解了恐怖袭击带来的社会恐慌。曼彻斯特利用智慧城市社交媒体平台,不仅提供了恐怖袭击的态势感知,还建构了明显的社会团结形式,显著提高了城市应急管理水平。

(4) 阿根廷布宜诺斯艾利斯,洪水灾害的智能监控。智慧城市技术可智能收集与分析大数据,有望实现智能监测、监控、响应与恢复。特大城市的快速发展引发了现代城市发展的深刻变革,传感器网络是物联网中的关键技术,为城市应急管理提供了新的工具。阿根廷首都布宜诺斯艾利斯是建立在九条河流上的港口城市,2013 年,这一城市及周边地区发生了重大洪灾,造成了 50 多人死亡和 58 000 多所房屋损坏。灾后,市政府决定采取智慧城市规划以改变传统排水与防洪方式,制订了"智慧排水管道计划",在 30 000 多个雨水渠中安装了传感器,实时智能监测洪水方向、速度与水位。同时,利用人工智能与数字技术分析排水管道传输的大数据,实现了风险实时监控、优先安排应急响应区域及快速恢复关键设施的目标,取得了城市三天暴雨而零积水的效果。市政府还建立了数字智慧监控平台,它能自动维护 1 500 千米的排水管道。这一远程自动化平台取代了传统手动管道维护工作,并且能有效收集、监控与分析来自排水管道、物联网、天气预报和后端软件系统输送的大数据。

(5) 美国底特律,城市犯罪的智能治理。利用智慧城市技术对大数据进行抓取分析,为优化资源、改善管理及紧急服务提供支持。随着科学技术快速进步,人类正在迈向智慧城市的光明未来,但不得不面临一个重大问题,即城市犯罪危机。在现代城市发展过程中,价格实惠的智能设备与传感器在城市中获得了广泛使用,并伴随产生了巨量数据。底特律是美国后工业城市衰退的典型案例,通过智慧城市规划的介入,这座城市的工业水平正在快速恢复,城市犯罪率也呈现大幅下降趋势,在 2014—2018 年下降了 21%,一个重

---

① ARVANITIS K, 2019. The "Manchester Together Archive": Researching and developing a museum practice of sapontaneous memorials [J]. Museum and Society (17): 510-532.

要原因是底特律实施了智慧城市"绿灯计划"。"绿灯计划"包括四个功能领域，即智能视频监控、可疑车辆监控、紧急警报发送及异常声源监控，能有效收集绑架、游荡、投掷、可疑车辆与碰撞爆炸等实时信息，还能通过流式传输获取巨量视频信息。[①] 警察利用远程摄像头对高犯罪地点进行实时监控，快速干预犯罪风险，企业与社区则通过安装"亮绿灯"积极参与。此外，底特律警察局还开发与采用了犯罪地图智能技术，自动识别和标记犯罪热点。

第三节 城市突发事件的应对

一、城市突发事件应对的基本原则

城市突发事件种类、数量越来越多，发生频率也越来越高，从个人层面的衣、食、住、用、行，到社会层面的政治、经济、科技、文化，政府应对突发事件已经不能按照程序化方式套用公式。在遇到城市突发事件时，应对的管理手段和方式必须因事、因时、因势而异，不可墨守成规。但是，应急管理背后仍然应遵循一些基本原则，主要有：

（一）以人为本原则

人的生命是最宝贵的，城市应急管理要贯彻"生命至上"的思想，尊重人的生命权，在人与物两者权衡方面，要优先救人，危机中尊重人的生命权是人道主义精神的最高体现。同时，危机发生后，在条件有限的情况下，应当对社会弱势阶层给予更大的帮助。如美国世贸大楼遭受撞击后，紧急疏散的人群中年轻的让年老的先行，体壮的让体弱的先行，互帮互助，没有产生拼命逃生、拥挤踩踏等事件，从一个侧面反映了美国人对他人生命权的尊重。正是这种相互尊重，才让他们更好地处理和面对这次突发的危机。

（二）依法治理原则

城市里的一些突发事件是人为造成的，对于此类情况，必须采取严格的法律手段予以惩罚。在治理城市突发事件的过程中，往往容易出现误用和滥用权力的情况，特别是城市环境危机往往牵涉政治、经济、文化问题，牵涉不同国家、宗教的利益，在应对中就要更加小心谨慎，依法治理是避免出现较大偏差的重要保证。

（三）预防为主原则

应急管理的根本是弱化风险，不能等突发事件发生后再解决，而要做到"居安思危"，

[①] PARK M，LEE H，2020. Smart city crime prevention services：The incheon free economic zone case [J]. Sustainability（12）：56-58.

在事件处于孕育或萌芽状态时早发现、早解决,强调预防工作的重要性。要坚持这一原则就要备好科学的应急预案,进行必要的演习,同时做好人、财、物、信息、技术等方面的战略储备。此外,还要进行持续的研究,力争对将要到来的危机做出成功的预测。

(四) 迅速反应原则

城市突发事件往往具有突然性、扩散性的特点,整个过程发展变化往往非常迅速,瞬息间就可能达到无法控制的地步,因此时间因素在应急管理中就显得尤为关键。政府必须在第一时间做出反应,风险信息传递中要允许"越级"上报,可以根据法律限定危机事件的上报时间,并及时核查。在2003年中国抗击"非典"的过程中,中国卫生部①规定从4月21日起疫情从五天一报变为一天一报,既让群众对本地疫情的传播、防治和控制情况心中有数,又避免因不明情况而引起的各种猜测和传言,有效帮助了问题的解决。

(五) 适度反应原则

应急处理难免会在不同程度上对社会稳定和人民生命财产安全造成一定损害,这就要求风险处理过程中有效甄别,抓住关键,做到"两害取其轻",做好手段和方法的选择,把握好火候和尺度。对于突发事件中利益受损的无辜一方,在危机解除后,一定要按照法律给予赔偿。

(六) 综合协同原则

城市危机应对往往需要两个及以上部门的参与,在需要交通、警察、消防、医疗、通信及其他政府部门共同参与的危机救援过程中,综合协同原则非常重要,各部门要在指挥、信息传达、行动等方面通力合作,消除部门、体制等的局限,听从统一调度,尽最大努力完成被分配的任务。

(七) 专家处理原则

近些年,城市突发事件交叉、复合及衍生的特点越来越明显,政府官员在处理日常事务过程中很难对这些危机进行深入研究,因此需要专业人员参与管理。针对不同问题,要发挥领域内专家、机构的专业知识作用,做到科学应对。通常的做法是,可以设立应对城市突发事件的专家智囊机构,有计划地向科研机构提供一些城市危机研究课题,在专家智囊机构的人员构成上注重综合性,即包括社会学、化学、物理学、地理学、统计学、经济学等各领域专家学者,以便应对城市的多样性危机。

(八) 社会参与原则

现代社会提倡"小政府,大社会",民众应该在城市应急管理中承担一部分责任。首先要在社会中建立应对危机的组织,然后对其中的民众进行必要的培训,培训完成后,可

---

① 2013年改为卫生和计划生育委员会,2018年改为卫生健康委员会。

以与他们签订相应的合作合同。这一做法在日本的一些城市已经被普遍采用,并且发挥了非常好的作用。

二、城市应急管理的运行程序

我国城市应急管理的运行程序主要有:

(1) 监测和预警。针对各种可能突发的公共事件,城市政府及行政部门应当完善监测预警机制,建立监测预警系统,开展风险分析,做到早发现、早报告、早处置。根据监测分析结果,对可能突发的公共事件进行预警。根据危害程度、紧急程度和发展态势,预警一般分为四级,即Ⅰ级(特别严重)、Ⅱ级(严重)、Ⅲ级(较为严重)、Ⅳ级(一般),依次用红色、橙色、黄色和蓝色表示。

(2) 应急处置。特别重大或重大突发公共事件发生后,城市政府要立即向上级报告。同时,市政府和各部门要根据职责和规定的权限,启动相关应急预案,及时、有效地进行处置,控制事态发展。

(3) 恢复和重建。对于突发公共事件,要积极妥善、深入细致地做好善后处置工作。对事件中的伤亡人员、应急处置工作人员以及紧急调集、征用有关单位及个人的物资,要按照规定给予抚恤、补助或补偿,并对相关人员提供心理和司法援助。有关部门要做好疫病防治和环境污染消除工作。保险监管机构要督促保险公司做好损失理赔工作。对于特别重大的突发公共事件,对起因、性质、影响、责任、经验教训和恢复重建等要进行调查和评估。恢复重建要制定规划,并积极组织实施。

(4) 信息发布。突发公共事件发生后,政府要在第一时间向社会发布简要信息,随后发布初步核实情况、政府应对措施和公众防范措施等,并根据事件处置情况做好后续发布工作。信息发布可采取授权发布、发布新闻稿、组织报道、接受记者采访、举行新闻发布会等形式。[1]

思 考 题

1. 简述城市应急管理的特点。
2. 对比美国、德国、日本等发达国家的城市应急管理体系,总结异同。
3. 结合城市应急管理相关理论,谈谈如何完善城市公共安全应急管理机制。
4. 数智赋能智慧城市应急管理有哪些政策前景?
5. 事后恢复与重建阶段需要进行哪些工作?

---

[1] 杨宏山, 2019. 城市管理学(第三版)[M]. 北京: 中国人民大学出版社.

第十二章 新时代中国特色城市治理创新

城市是中国经济、政治、文化、社会等方面活动的中心,提高城市治理水平是推进国家治理体系和治理能力现代化的重要组成部分。党的十八大以来,习近平总书记围绕城市治理发表了一系列立意高远、内涵丰富的重要论述。深刻领悟新时代中国特色城市治理思想的发展逻辑和时代价值,系统梳理并贯彻新时代中国特色城市治理思想与重要内涵,对于实现2035年远景目标,走中国式现代化城市道路具有十分重要的意义。

第一节 新时代中国特色城市治理思想的形成逻辑

一、理论基石:马克思主义经典著作中的城市思想

马克思、恩格斯作为马克思主义代表人物,其在著作中对城市做过相关论述。马克思、恩格斯对城市的历史作用给予高度评价,认为"城市的建造是一大进步""没有大城市推动社会智慧的发展,工人决不会进步到现在的水平"。城市野蛮扩张所造成的人口、生态等问题引起了恩格斯的关注,他描述道,"人口向大城市集中这件事本身就已经引起了极端不利的后果""这条河像一切流经工业城市的河流一样,流入城市的时候清澈见底,而在城市另一端流出的时候却又黑又臭"。在城市治理方面,马克思、恩格斯提出,消灭私有制、人口均衡分布、生产力发展和交通状况改善是消除城乡对立的必要前提。即使在一百余年后的今天,马克思、恩格斯关于城市的观点依然具有前瞻性的指导意义。新时代中国特色城市治理思想将马克思主义城市观与中国特色社会主义实践结合起来,是马克思主义中国化、时代化的重要理论成果。

二、文化底蕴:中华传统城市治理智慧

在中华文化中,古代先哲对城市治理有许多富有哲理的思考。"城,所以盛民也",说

明城市治理要以人为本，统筹利用生产、生活和生态空间，打造宜居之城、幸福之城。习近平总书记经常引用中华传统文化来阐述城市治理思想，如引用《管子·乘马》中"因天材，就地利，故城郭不必中规矩，道路不必中准绳"，强调城市建设应当尊重自然、顺应自然，蕴含着"天人合一"的中国传统哲学思想；再如引用《淮南子·原道训》中"万物有所生，而独知守其根"，指出应重视城市历史文脉的延续，让居民望得见山、看得见水、记得住乡愁。新时代中国特色城市治理思想是对中华传统治理智慧的传承性创新，具有厚重的历史文化底蕴。

三、历史传承：中国共产党城市工作的百年经验

中国共产党将马克思主义城市观中的思想与中国实际结合起来，制定了符合中国国情、符合历史特点的城市工作思路：从新民主主义革命时期的"农村包围城市"道路确立到中华人民共和国成立后"一化三改"总任务下的"工业兴城"，从改革开放时期的"经济富城"到新时代的"人民治城"，我国逐步取得了城市工作内涵不断丰富、城市工作理念与时俱进、城市工作能力逐步提升的成就。中国共产党城市工作的百年经验启示我们，城市治理要贯彻以人民为中心的发展思想，立足中国基本国情，合理借鉴中国传统治理思想与国外城市理论中的有益部分，推动治理重心向基层下沉，探索具有中国特色的城市治理实践，建构具有中国特色的城市治理理论。新时代中国特色城市治理思想深深扎根于中国共产党城市工作的百年经验，在继承中发展，在发展中创新。

四、时代条件：新时代城市治理的机遇和挑战

新时代中国社会面临世界百年未有之大变局和中华民族伟大复兴的战略全局。新时代的中国社会主要矛盾已经转化为人民日益增长的美好生活需要和不平衡不充分的发展之间的矛盾。从中华民族伟大复兴的战略全局看，互联网科技的进步、创新创业生态的繁荣、国内国际双循环格局的构建等为国家级城市群建设提供了前所未有的机遇。同时，世界面临百年未有之大变局，国内外环境复杂性和不确定性增加。在农业转移人口市民化的背景下，实现基础教育、医疗卫生、社会保障等基本公共服务的均等化方面有待完善，提高城市落户人口就业质量等方面尚待加强，"灰犀牛""黑天鹅"事件频发对提高城市治理能力提出了挑战，如何建设现代智慧城市的同时保留中华文化基因值得所有城市管理者思考。新时代中国特色城市治理思想是对城市治理新情况的战略性部署，具有重大的现实指导意义。

第二节　新时代中国特色城市治理思想的核心内涵

一、治理原则：坚持党对城市治理工作的领导

中国共产党是中国特色社会主义事业的领导核心，发挥着总揽全局、协调各方的作用。2015年，习近平总书记在中央城市工作会议的讲话中指出，"做好城市工作，必须加强和改善党的领导"。一是在思想与工作上高度重视，"各级党委要充分认识城市工作的重要地位和作用"，明确"党委统一领导、党政齐抓共管"；二是推动城市管理机构改革与城市工作体制机制创新；三是提高干部素质，加快培养"懂城市、会管理的干部"；四是依法治理，深入推进城市法治管理改革。加强和改善党的领导，就是要以习近平新时代中国特色社会主义思想为指导，贯彻落实党中央对城市工作的各项决策部署，以党建引领基层治理，从而提升城市治理效能，开创城市发展新格局。

二、治理理念：强调"人民城市为人民"的治理观

习近平总书记多次旗帜鲜明地强调"人民城市为人民"。坚持人民城市为人民，是中国共产党领导城市治理的根本立场。坚持以人为本的城市治理，具体而言，就是要关注"衣食住行、生老病死、安居乐业"等基本民生问题；就是要在全体人民共同富裕的进程中，不断推动基本公共服务均等化，实现"幼有所育、学有所教、劳有所得、病有所医、老有所养、住有所居、弱有所扶"；就是将治理重心下沉，提供精细化、精准化的社区服务，以群众口碑作为城市治理的重要评判标准。以人为本的城市治理观与中国共产党"全心全意为人民服务"的根本宗旨一脉相承，其根本目的是提升人民群众的获得感、幸福感、安全感。

三、治理战略：以全局观推进现代化城市协调发展

城市治理应遵循全局性、系统性的治理战略。具体而言，就是以全局观念构建和规划、建设、管理三大环节的城市治理闭环。以规划引领发展布局、协调资源利用，以建设完善功能服务、塑造城市风貌，以管理保障公共安全、促进提质增效；以系统思维统筹空间、规模、产业三大结构，以"两横三纵"为总体城市化布局，以城市群发展为抓手，着力推进以县城为重要载体的城市化建设，促进大中小城市协调发展。一是既充分发挥中心城市辐射作用，又有效疏解中心城市的非核心功能，避免患上"城市病"；二是既考虑城市综合承载能力，合理控制城市人口规模，又保持人口有序流动，实现高质量的农业转移人口市民化；三是既打造不同城市的建设特色，又增加各城市产业的协同协作，形成互联

互通的共享区域，全面推动共同富裕。

四、治理目标：以宜居性推动现代化城市持续性发展

现代化的本质是人的现代化，以城市发展的宜居性、持续性为治理目标是中国式现代化发展道路在城市工作中的诠释，治理要求服从以人为本的价值取向。

提高城市发展的宜居性，就是要统筹生产、生活、生态三大布局。一是要安排好产业布局，促进城市经济发展；二是要合理推进城市基础设施与社会保障体系建设，便利居民生活；三是要考虑资源环境承载力，追求人与自然和谐的目标，让居民"愿意留""留得住"。

提高城市发展的持续性，就是要统筹改革、科技、文化三大动力。一是要推进制度改革、创新体制机制，破解城乡二元结构的对立，让人民共享发展成果；二是要强化城市基础设施与管理服务的科技支撑，促进治理技术信息化、智能化，释放创新发展动能；三是要坚定文化自信，彰显独特的历史文化底蕴，塑造城市新风貌。

五、治理主体：政府、社会、市民共同参与的治理共同体

2015年，习近平总书记在《做好城市工作的基本思路》中强调，要"统筹政府、社会、市民三大主体，提高各方推动城市发展的积极性"。明确"三位一体"的城市治理共同体的治理路径有利于真正实现城市的共治共管、共建共享。具体而言，一是提高政府的统筹能力。制度层面，在考虑人口城市化、公共服务供给等因素的基础上，健全地方财税体制和债务管理制度、健全社会资本投入的监管机制；运用精细化的城市治理模式，将治理力量向社区下沉，实现"街乡吹哨、部门报道"；二是促进社会力量参与。充分发挥市场机制的作用，鼓励社会资本参与城市基础设施的投资运营，激励社会组织、社会企业等进入公共服务领域，促进社会团体对城市工作进行监督；三是尊重市民的知情权、参与权和监督权，鼓励市民通过各种方式依法参与城市治理的积极性，倾听市民声音，解决市民急难愁盼问题，提高决策的科学性。

第三节 新时代中国特色城市治理思想的时代价值

一、丰富和发展了马克思主义的城市思想

新时代中国特色城市治理思想是马克思主义城市思想与中国城市治理实践高度契合的体现，具有原创性。新时代中国特色城市治理思想立足我国基本国情和中国共产党百年奋斗的城市工作经验，以马克思主义的价值观和方法论，深刻思考中国新时代的城市治理问题，回答了中国城市治理依靠谁、为了谁的根本问题，以及新时代条件下如何治理城市的

重大命题，丰富了马克思主义的城市思想，推动了中国共产党城市治理思想的进一步发展和完善。新时代中国特色城市治理思想将推动中国式现代化的城市治理实践向纵深发展，有利于我们提高新型城市化水平，建设富有活力、各具特色的中国式现代化城市。

二、指明了新时代中国城市治理学科的发展方向

新时代的城市治理学科发展需要新的理论指导。例如，新时代城市治理需要解决哪些基础性问题，如何确立城市治理的战略性目标；应该改革或完善城市治理中的哪些体制机制，怎样健全城市治理的风险控制系统；新时代人们对公共服务的需求有哪些变化，如何配置与协调相关资源；如何在保持城市历史文化基因的基础上，创新城市治理新样态；等等。新时代中国特色城市治理思想针对新时代中国城市治理的机遇和挑战，从治理原则、治理理念、治理战略、治理目标、治理主体五个维度，展开了系统科学的论述，在实践层面进行战略指引，为中国城市管理理论与学科的发展创新提供了重要启示。

三、为世界各国城市治理贡献了中国智慧

城市是社会分工的产物，城市治理最早也出自工业革命后的西方国家。新时代中国特色城市治理思想既强调在国内城市与国际城市间的多领域、全方位的高水平交流与合作中借鉴西方国家城市治理的先进经验，也具有中国特色。新时代中国特色城市治理思想强调以人民为中心的治理思路，运用数字科技创新城市治理模式，促进城市历史文化与城市现代生活完美融合，促进自然环境与人民需求和谐统一，坚定不移走中国式现代化城市发展道路。同时，新时代中国特色城市治理思想为世界各国，特别是发展中国家的城市治理呈献了中国智慧和中国方案，展现了中国助力构建人类命运共同体的大国担当。

参考文献

ACUTO M, 2020. Whatever happened to urban governance [J]. Dialogues in Human Geography (3): 336-340.

AHARONOVITZ G D, 2011. Knowledge-based spatial differences in economic activity, job related migration and housing related migration [J]. The Annals of Regional Science (46): 159-188.

ALMOTAHARI A, YAZICI M A, 2019. A link criticality index embedded in the convex combinations solution of user equilibrium traffic assignment [J]. Transportation Research Part A: Policy and Practice (126): 67-82.

AZAR D, ENGSTROM R, et al., 2013. Generation of fine-scale population layers using multi-resolution satellite imagery and geospatial data [J]. Remote Sensing of Environment (130): 219-232.

BATTY M, 2008. The size, scale, and shape of cities [J]. Science (5864): 769-771.

BEHRENDT C, NGUYENETAL Q A, 2019. Social protection systems and the future of work: Ensuring social security for digital platform workers [J]. International Social Security Review (72): 17-41.

BOSWORTH B, COLLINS S M, 2008. Accounting for growth: Comparing China and India [J]. Journal of Economic Perspectives (1): 45-66.

GU C L, HU L Q, COOK L G, 2017. China's urbanization in 1949—2015: Processes and driving forces [J]. Chinese Geographical Science (6): 847-859.

DA CRUZ N F, RODE P, MCQUARRIE M, 2019. New urban governance: A review of current themes and future priorities [J]. Journal of Urban Affairs (1): 1-19.

DATOLA G, BOTTERO M, De Angelis E, et al., 2022. Operationalising resilience: A methodological framework for assessing urban resilience through system dynamics model [J]. Ecological Modelling (465): 109851.

DICKEY A, KOSOVAC A, FASTENRATH S, 2022. Fragmentation and urban knowledge: An analysis of urban knowledge exchange institutions [J]. Cities (131): 103917.

DIGAETANO A, STROM E, 2003. Comparative urban governance: An integrated approach [J]. Urban Affairs Review (3): 356-395.

DURANTON G, PUGA D, 2004. Handbook of Regional and Urban Economics [M]. Amsterdam: Elsevier.

GELIUS P, SOMMER R, FERSCHL S, 2022. S11 Improving knowledge co-creation and participation in physical activity promotion: The cooperative planning approach [J]. European Journal of Public Health (2): ckac093.054.

GUC, 2019. Urbanization: Processes and driving forces [J]. Science China (Earth Sciences) (9): 1351 – 1360.

HARVEY D, 1989. From managerialism to entrepreneurialism: The transformation in urban governance in late capitalism. Geografiska Annaler: Series B, Human Geography (1), 3 – 17.

Hawkins C V, 2011. Smart growth policy choice: A resource dependency and local governance explanation [J]. Policy Studies Journal (4): 679 – 707.

HEALEY P, 2004. Creativity and urban governance [J]. Policy Studies (2): 87 – 102.

JABAREEN Y, EIZENBERG E, ZILBERMAN O, 2017. Conceptualizing urban ontological security: "Being-in-the-city" and its social and spatial dimensions [J]. Cities: 1 – 7.

JIANG F, MA L, BROYD T, 2022. Digital twin enabled sustainable urban road planning [J]. Sustainable Cities and Society: 103645.

KOSOVAC A, 2021. Masculinity and smart water management: Why we need a critical perspective [J]. Water International (3): 342 – 344.

LADE S J, WALKER B H, Haider L J, 2020. Resilience as pathway diversity: Linking systems, individual, and temporal perspectives on resilience [J]. Ecology and Society (3): 19.

MERGEL I, GANAPATI S, WHITFORD A B, 2021. Agile: A new way of governing [J]. Public Administration Review (1): 161 – 165.

MONTGOMERY J, 1998. Making a city: Urbanity, vitality, and urban design [J]. Journal of Urban Design (1): 93 – 116.

Moon M J, DeLeon P, 2001. Municipal reinvention: Managerial values and diffusion among municipalities [J]. Journal of Public Administration Research and Theory (3): 327 – 352.

NUNES D M, TOMÉ A, PINHEIRO M D, 2019. Urbancentric resilience in search of theoretical stabilization? A phased thematic and conceptual review [J]. Journal of Environmental Management: 282 – 292.

HUGHES O E, 2017. Public Management and Administration (5th Edition) [M]. London: Red Globe Press.

PIERRE J, 1999. Models of urban governance: The institutional dimension of urban politics [J]. Urban Affairs Review (3): 372 – 396.

ROBBINS S P, COULTER M, 2016. Management (13th Edition) [M]. London: Pearson Education.

ROSENBLOOM D H, KRAVCHUK R S, CLERKIN R M, 2022. Public administration: Understanding management, politics, and law in the public sector (9th Edition) [M]. New York: Routledge.

SCOTT A J, STORPER M, 2015. The nature of cities: The scope and limits of urban theory [J]. International Journal of Urban and Regional Research (1): 1 – 15.

TZACHOR A, SABRI S, RICHARDS C E, 2022. Potential and limitations of digital twins to achieve the sustainable development goals [J]. Nature Sustainability (10): 822 – 829.

UMBERTO B, 2021. Smart cities and urban management: A section of energies [J]. Energies (15): 107 – 107.

VARADY R G, ALBRECHT T R, GERLAK A K, et al., 2020. The exigencies of transboundary water security: Insights on community resilience [J]. Current Opinion in Environmental Sustainability: 74 – 84.

WANG H H, CAO R X, ZENG W H, 2020. Multiagent based and system dynamics models integrated simulation of urban commuting relevant carbon dioxide emission reduction policy in China [J]. Journal of Cleaner

Production：122620.

WANG Q, LIN J, ZHOU K, et al., 2020. Does urbanization lead to less residentialenergy consumption? A comparative study of 136 countries［J］. Energy：117765.

WASHBOURNE C L, CULWICK C, ACUTO M, 2021. Mobilising knowledge for urban governance：The case of the Gauteng City-region observatory［J］. Urban Research & Practice（1）：27－49.

WEBBER S, LEITNER H, SHEPPARD E, 2021. Wheeling out urban resilience：Philanthro capitalism, marketization, and local practice［J］. Annals of the American Association of Geographers（2）：343－363.

WLODARCZAK D, 2012. Smart growth and urban economic development：Connecting economic development and land-use planning using the example of high-tech firms［J］. Environment and Planning（5）：1255－1269.

WU J G, 2013. Landscape sustainability science：Ecosystem services and human well-being in changing landscapes［J］. Landscape Ecology（6）：999－1023.

XING C, ZHANG J, 2017. The preference for larger cities in China：Evidence from rural-urban migrants［J］. China Economic Review（43）：72－90.

YANG Y, LIU Y, ZHOU M, et al, 2015. Robustness assessment of urban rail transit based on complex network theory：A case study of the Beijing subway［J］. Safety Science：149－162.

YU Y, ZHANG N, KIM J D, 2020. Impact of urbanization on energy demand：An empirical study of the Yangtze River Economic Belt in China［J］. Energy Policy：111354.

ZEEMERING E S, 2008. Governing interlocal cooperation：City council interests and the implications for public management［J］. Public Administration Review（4）：731－741.

ZHANG N, HUANG H, 2018. Resilience analysis of countries under disasters based on multisource data［J］. Risk Analysis（1）：31－42.

安志放, 2011. 基于预防的城市公共危机常态化管理探讨［J］. 前沿（6）：111－113.

白雪洁, 宋培, 逯海勇, 等, 2023. 跨越增长阵痛期：中国经济结构向高质量服务化转型［J］. 经济评论（4）：17－34.

蔡万焕, 2023. 以马克思主义宏观经济研究方法促进社会主义宏观经济调控的科学化［J］. 当代经济研究（5）：67－74.

蔡之兵, 满舰远, 张可云, 2020. 管理城市化的内涵、空间格局与影响因素研究［J］. 经济经纬（6）：1－9.

曹耳东, 过剑飞, 等, 2005. 城市化进程中的城乡社会保障一体化——浦东新区案例［J］. 人口与经济（1）：58－62+57.

曹海军, 霍伟桦, 2013. 城市治理理论的范式转换及其对中国的启示［J］. 中国行政管理（7）：94－99.

陈红霞, 李国平, 2009. 开发区城市管理的问题及解决途径［J］. 城市问题（12）：73－77.

陈家喜, 2015. 反思中国城市社区治理结构——基于合作治理的理论视角［J］. 武汉大学学报（哲学社会科学版）（1）：71－76.

陈建领, 2015. 现代城市社会治理模型构建理论方法研究［J］. 经济与管理研究（12）：109－112.

陈娟, 2020. 城市公共服务分类供给的机制建设与路径完善［M］. 北京：中国社会科学出版社.

陈娜, 2022. 特大城市人群聚集踩踏事件的智慧应急管理研究——以韩国首尔梨泰院踩踏事故为例［J］. 中国应急管理科学（12）：87－97.

陈水生, 2022. 城市治理数字化转型的整体性逻辑［J］. 兰州大学学报（社会科学版）（6）：72－

80.

陈婉珍，2022. 城市公共服务空间布局征及综合能力评价［M］. 广州：华东理工大学出版社.

陈媛媛，傅伟，2023. 特大城市人口调控政策、入学门槛与儿童留守［J］. 经济学（季刊）（1）：91－107.

陈振明，2021. 关注高风险社会下的公共治理研究［J］. 中国社会科学评价（2）：153－156.

揣小明，杜乐乐，翟颖超，2023. 基于应急管理全过程均衡理论的城市灾害应急能力评价［J］. 资源开发与市场（4）：385－391.

戴成贵，张妙娟，2000. 完善城市人口管理的思路——以温州市为例［J］. 城市问题（5）：54－56.

丁凡琳，2020. 多元学科视角下城市规模研究理论与方法综述［J］. 当代经济管理（7）：59－67.

董慧，2021. 城市治理的中国实践及其经验［J］. 湖北社会科学（11）：37－43.

董艳玲，李华，2022. 中国基本公共服务的均等化测度、来源分解与形成机理［J］. 数量经济技术经济研究（3）：24－43.

董幼鸿，2018. 社会组织参与城市公共安全风险治理的困境与优化路径——以上海联合减灾与应急管理促进中心为例［J］. 上海师范大学学报（哲学社会科学版）（4）：50－57.

堵锡忠，李娟，2021. 深化首都城市综合管理体制机制研究［J］. 城市问题（9）：13－16＋59.

冯猛，2020. 特大城市社区分类治理：理论框架与实践应用［J］. 福建论坛（人文社会科学版）（11）：171－180.

冯晓英，2005. 城市人口规模调控政策的回顾与反思——以北京市为例［J］. 人口研究（5）：40－47.

高恩新，刘璐，2023. 平台的"祛魅"：城市治理数字化转型中的组织—技术互嵌逻辑［J］. 东南学术（2）：125－134.

高松凡，杨纯渊，1993. 关于我国早期城市起源的初步探讨［J］. 文物季刊（3）：48－54.

高小平，2023. 中国式现代化公共管理创新的重大探索——对2023年机构改革的理论分析［J］. 学海（3）：15－23.

高云龙，高璐，2012. 我国社会保障制度建设问题研究［J］. 价格月刊（3）：75－81.

高志刚，任严岩，2022. 新中国成立以来我国城镇化建设的历程和经验［J］. 理论视野（7）：11－17.

关成华，2023. 中国城市化进程新特征［J］. 人民论坛（2）：62－65.

郭大林，2018. 从"数字化"到"互联网＋"：城市管理的多元共治之道［J］. 求实（6）：74－84＋109.

郭杰，王珺，姜璐，等，2022. 从技术中心主义到人本主义：智慧城市研究进展与展望［J］. 地理科学进展（3）：488－498.

郭庆宾，汪涌，2022. 城市发展因智慧而绿色吗［J］. 中国软科学（9）：172－183.

郭圣莉，张良，刘晓亮，2021. 新中国成立初期我国城市管理体制的建立及其层级结构研究［J］. 上海行政学院学报（3）：58－71.

郭秀云，2008. 流动人口市民化的政策路径探析——基于城市人口管理创新视角［J］. 中州学刊（4）：102－106.

国务院发展研究中心市场经济研究所课题组，王微，邓郁松，等，2022. 新一轮技术革命与中国城市化2020—2050——影响、前景与战略［J］. 管理世界（11）：12－28.

韩志明，李春生，2021. 城市精细化管理的精细化运作——基于文本和实践的描述性分析［J］. 理论与改革（3）：118－129＋156.

衡霞，陈果，2018. 特大城市集成治理创新研究［J］. 吉林大学社会科学学报（3）：126－133＋206－

207.

洪世键，张京祥，2015. 经济学视野下的中国城市空间扩展［J］. 人文地理（6）：66-71+137.

胡爱华，2004. 世界城市化的一般规律和我国的实践［J］. 经济问题探索（9）：115-118.

胡凯雯，2022. 习近平关于城市治理重要论述的理论内涵与实践指引［J］. 湖南科技大学学报（社会科学版）（6）：77-84.

胡象明，邹彤彤，2022. 我国城市洪涝灾害治理政策的特征与效力研究［J］. 广州大学学报（社会科学版）（6）：119-130.

黄建，2019. 城市社区治理现代化路径探析——基于统合自主性的理论视角［J］. 社会科学战线（12）：260-265.

黄鹰，2015. 推进城市治理体系建设的研究［J］. 开放导报（3）：3.

贾玮，刘磊，2023. 共同富裕视域下中国公共服务均等化发展水平、时空特征及区域差异研究［J］. 调研世界（7）：3-15.

姜雷，2010. 城市社区治理模式的理论探讨与实践［J］. 理论视野（12）：54-55.

姜晓萍，2015. 建设服务型政府与完善地方公共服务体系［M］. 北京：中央编译出版社.

姜晓萍，邓寒竹，2009. 中国公共服务30年的制度变迁与发展趋势［J］. 四川大学学报（哲学社会科学版）（1）：29-35.

姜晓萍，郭宁，2020. 我国基本公共服务均等化的政策目标与演化规律——基于党的十八大以来中央政策的文本分析［J］. 公共管理与政策评论（6）：33-42.

姜晓萍，吴宝家，2022. 人民至上：党的十八大以来我国完善基本公共服务的历程、成就与经验［J］. 管理世界（10）：56-70.

蒋俊杰，2014. 从传统到智慧：我国城市社区公共服务模式的困境与重构［J］. 浙江学刊（4）：117-123.

蒋俊杰，2022. 整体智治：我国超大城市治理的目标选择和体系构建［J］. 理论与改革（3）：110-119+154.

焦永利，史晨，2020. 从数字化城市管理到智慧化城市治理：城市治理范式变革的中国路径研究［J］. 福建论坛（人文社会科学版）（11）：37-48.

焦永利，魏伟，2018. "未来之城"的中国方案：新区政策、理论、展望［J］. 城市发展研究（3）：6-12.

解建立，2022. 我国城乡基本公共服务均衡供给机制和模式研究［M］. 北京：人民出版社.

金南顺，2002. 关于城市治理的理论与实践［J］. 城市发展研究（6）：8-12.

景天魁，2009. 底线公平：和谐社会的基础［M］. 北京：北京师范大学出版社.

匡贞胜，2022. 中国市制改革理论、实践及反思［J］. 城市问题（9）：15-23.

雷亚旭，2022. 组织自下而上推动建议落实的能动机制构建［J］. 领导科学（11）：50-53.

李华，2018. 问题导向的整体性城市治理模式建构［J］. 社会科学家（11）：47-57.

李佳琪，田艳平，2021. 超大城市就业空间格局与城市人口管理研究——以武汉市为例［J］. 城市管理与科技（5）：87-89.

李军鹏，2007. 公共服务学——政府公共服务的理论与实践［M］. 北京：国家行政学院出版社.

李沛霖，2021. 我国城市治理体系和治理能力现代化研究［J］. 宏观经济管理（11）：66-71.

李晴，刘海军，2020. 智慧城市与城市治理现代化：从冲突到赋能［J］. 行政管理改革（4）：56-63.

李庆钧，2010. 基于参与式治理理论的城市规划模式［J］. 城市问题（7）：86-91.

李冉，陈海若，2023. 从人的本质维度把握习近平生态文明思想的理论贡献［J］. 思想教育研究（5）：10－17.

李文钊，2019. 理解中国城市治理：一个界面治理理论的视角［J］. 中国行政管理（9）：73－81.

李雪松，2020. 新时代城市精细化治理的逻辑重构：一个"技术赋能"的视角［J］. 城市发展研究（5）：72－79.

李月，2014. 城市起源问题新探——从刘易斯·芒福德的观点看［J］. 史林（6）：169－173+183.

廖文，2014. 城市社区管理中政府职能边界的区域差异研究［J］. 湖北社会科学（7）：61－67.

刘晟，黄建中，2022. 超特大城市公共服务设施的特征与规划应对——以上海市为例［J］. 上海城市规划（5）：67－73.

刘迪，2022. 老旧小区更新协作困境的理论原型与破解机制——基于公共选择理论的分析框架［J］. 城市规划（12）：57－66.

刘广珠，2014. 城市管理学［M］. 北京：清华大学出版社.

刘家强，刘昌宇，唐代盛，2020. 新中国70年城市化演进逻辑、基本经验与改革路径［J］. 经济学家（1）：33－43.

刘玲玲，史兵，李梦娟，2016. 城市社区治理结构转型与治理机制探索［J］. 城市发展研究（2）：19－21.

刘师，2016. 我国城市管理理论研究综述［J］. 合作经济与科技（14）：32－33.

刘伟忠，2012. 我国协同治理理论研究的现状与趋向［J］. 城市问题（5）：81－85.

刘娴静，2004. 重构城市社区——以治理理论为分析范式［J］. 社会主义研究（1）：98－99.

刘亚荣，2019. 新时期城市公共服务建设研究［M］. 北京：中国水利水电出版社.

刘勇，张韶月，柳林，等，2015. 智慧城市视角下城市洪涝模拟研究综述［J］. 地理科学进展（4）：494－504.

刘志昌，刘须宽，2021. 中国城市基本公共服务力评价（2020）［M］. 北京：中国社会科学出版社.

刘志平，靳勤，2019. 公共服务管理创新的理论与实践［M］. 上海：上海人民出版社.

刘智慧，张泉灵，2014. 大数据技术研究综述［J］. 浙江大学学报（工学版）（6）：957－972.

陆军，2022. 新时代我国城市管理体制改革的方向与进阶［J］. 城市管理与科技（5）：6－8+12.

陆军，2021. 城市大脑：城市管理创新的智慧工具［J］. 人民论坛·学术前沿（9）：16－25.

罗伯特·诺奇克，1991. 无政府、国家与乌托邦［M］. 姚大志，译. 北京：中国社会科学出版社.

罗思东，2011. 城市区域理论及其政策导向［J］. 厦门大学学报（哲学社会科学版）（3）：1－8.

马强，徐循初，2004. "精明增长"策略与我国的城市空间扩展［J］. 城市规划汇刊（3）：16－22+95.

毛佩瑾，李春艳，2023. 新时代智慧社区建设：发展脉络、现实困境与优化路径［J］. 东南学术（3）：138－151.

漆蒙，1986. 东西方城市起源比较研究［J］. 历史教学问题（3）：6－11.

钱振明，2008. 基于可持续发展的中国城市治理体系：理论阐释与行动分析［J］. 城市发展研究（3）：150－155.

秦尊文，2003. 论城市规模政策与城市规模效益［J］. 经济问题（10）：1－3.

饶会林，丛屹，1999. 再谈城市规模效益问题［J］. 财经问题研究（10）：56－58.

任东风，尹超范，石岩，等，2023. 城市地下管网三维管理与应急应用研究［J］. 辽宁工程技术大学学报（自然科学版）（2）：160－164.

任杲，宋迎昌，蒋金星，2019. 改革开放 40 年中国城市化进程研究 [J]. 宁夏社会科学（1）：23 - 31.

任杲，赵蕊，2022. 中国新型城镇化内涵演进机理、制约因素及政策建议 [J]. 区域经济评论（3）：57 - 65.

容志，2018. 推动城市治理重心下移：历史逻辑、辩证关系与实施路径 [J]. 上海行政学院学报（4）：49 - 58.

塞因普·恩金，贾斯汀·范戴克，田兰，2022. 数据驱动的城市管理：全景总览 [J]. 中国治理评论（1）：59 - 79.

邵传林，2023. 全国统一大市场建设中的政府与市场关系再思考 [J]. 上海财经大学学报（2）：3 - 17.

邵景均，2005. 善国、善治与善吏 [J]. 中国行政管理（10）：1.

沈建国，2000. 世界城市化的基本规律 [J]. 城市发展研究（1）：6 - 11 + 78.

沈体雁，唐新宇，姚心宜，2023. 城市管理信用建设的国际经验与比较研究 [J]. 城市发展研究（2）：134 - 140.

施美程，2021. 天津人口转变的新特征、问题及对策——基于第七次全国人口普查数据的初步分析 [J]. 城市（8）：66 - 73.

石忆邵，刘丹璇，2021. 城市概念的蔓生与规范刍议 [J]. 现代城市研究（9）：97 - 102.

史晨，马亮，2022. 协同治理、技术创新与智慧防疫——基于"健康码"的案例研究 [J]. 党政研究（4）：107 - 116.

史晨辰，朱小平，王辰星，等，2023. 韧性城市研究综述——基于城市复杂系统视角 [J]. 生态学报（4）：1726 - 1737.

隋玉杰，2014. 城市社区治理结构：三种理论视角的探讨 [J]. 探索（4）：131 - 134.

孙莉莉，王其源，2019. 城市居民社会保障满意度的影响因素研究——基于有序 Logistic-ISM 模型的实证分析 [J]. 调研世界（4）：37 - 44.

孙文凯，2015. 中国城市规模效应检验 [J]. 经济与管理评论（2）：11 - 18.

孙晓莉，宋雄伟，雷强，2018. 改革开放 40 年来我国基本公共服务发展研究 [J]. 理论探索（5）：5 - 14.

孙瑜康，李国平，袁薇薇，2017. 创新活动空间聚集及其影响机制研究评述与展望 [J]. 人文地理（5）：17 - 24.

孙忠，运迎霞，耿红生，2021. 智慧技术导向下的大城市内涝减缓方法研究 [J]. 天津大学学报（社会科学版）（6）：525 - 530.

谭荣辉，徐晓林，傅利平，等，2021. 城市管理的智能化转型：研究框架与展望 [J]. 管理科学学报（8）：48 - 57.

汤文仙，2018. 精细化管理视角下的城市治理理论构建与探索 [J]. 新视野（6）：74 - 80.

唐钧，朱耀垠，等，1999. 城市贫困家庭的社会保障和社会支持网络——上海市个案研究 [J]. 社会学研究（5）：14.

田军，杨海林，刘阳，2023. 城市灾害应急能力成熟度评估模型研究 [J]. 科技管理研究（3）：60 - 65.

田俊峰，王彬燕，王士君，2023. 土地利用冲突研究的逻辑主线与内容框架 [J]. 资源科学（3）：465 - 479.

田艳平, 2014. 国外城市公共服务均等化的研究领域及进展 [J]. 中南财经政法大学学报 (1): 50-59.

田艳平, 冯国帅, 2019. 城市公共服务对就业质量影响的空间差异 [J]. 城市发展研究 (12): 122-129.

铁永波, 唐川, 2005. 城市灾害应急能力评价指标体系建构 [J]. 城市问题 (6): 78-81.

童星, 2018. 中国应急管理的演化历程与当前趋势 [J]. 公共管理与政策评论 (6): 11-20.

涂文学, 2022. 论邑制城市传统对中国城市基本格局的影响 [J]. 江汉学术 (1): 92-102.

王佃利, 王玉龙, 2020. 情境变迁、理论沿革与价值承继: 城市管理的发展逻辑 [J]. 陕西师范大学学报 (哲学社会科学版) (4): 156-164.

王东杰, 谢川豫, 王旭东, 2020. 韧性治理: 城市社区应急管理新向度 [J]. 江淮论坛 (6): 33-38+197.

王京春, 高斌, 类延旭, 等, 2012. 浅析智慧社区的相关概念及其应用实践——以北京市海淀区清华园街道为例 [J]. 理论导刊 (11): 13-15.

王静远, 李超, 熊璋, 等, 2014. 以数据为中心的智慧城市研究综述 [J]. 计算机研究与发展 (2): 239-259.

王立胜, 朱鹏华, 2023. 以县城为重要载体的城镇化建设的内涵、挑战与路径 [J]. 中央财经大学学报 (6): 3-11.

王洛忠, 李建呈, 2021. 中国共产党建立健全公共服务体系的百年实践与经验 [J]. 中国高校社会科学 (5): 74-81+158.

王新哲, 2009. 城市化演进规律辨析 [J]. 商业时代 (31): 10-11.

王垚, 2022. 中国城市行政管理体制改革的方向与路径探讨 [J]. 当代经济管理 (3): 22-32.

魏泳博, 2022. 供给侧结构性视角下的城市公共服务效率测度 [J]. 统计与决策 (21): 93-97.

吴晓林, 侯雨佳, 2017. 城市治理理论的"双重流变"与融合趋向 [J]. 天津社会科学 (1): 69-74+80.

吴煜, 2018. 转型时期的城市化建设: 中国的实践——从城市化作用于经济增长的角度出发 [J]. 南京财经大学学报 (1): 28-35.

武中哲, 2021. 从单位到社区: 住房保障进程中的治理结构转型 [J]. 山东社会科学 (6): 66-71.

席广亮, 甄峰, 钱欣彤, 等, 2022. 2021年智慧城市建设与研究热点回眸 [J]. 科技导报 (1): 196-203.

夏书章, 2018. 行政管理学 (第六版) [M]. 广州: 中山大学出版社.

夏晓忠, 周永利, 侯艳玲, 等, 2020. 新型智慧城市建设中利益分配影响因素的演化博弈分析与仿真 [J]. 技术经济 (4): 59-65+85.

夏志强, 陈佩娇, 2021. 城市治理中的空间正义: 理论探索与议题更新 [J]. 四川大学学报 (哲学社会科学版) (6): 189-198.

徐龙顺, 佘超, 2021. 新时代应急管理体系创新: 情景变迁、发生逻辑与实践指向 [J]. 中国公共政策评论 (2): 94-112.

徐显明, 2021. 习近平法治思想的核心要义 [N]. 人民日报, 09-27 (09).

徐小靓, 田相辉, 2014. 基于阶层线性模型的聚集经济实证分析 [J]. 技术经济 (10): 92-97+105.

闫萍, 尹德挺, 2019. 新中国70年北京人口发展回顾及思考 [J]. 社会治理 (9): 47-59.

燕继荣, 2009. 服务型政府建设: 政府再造七项战略 [M]. 北京: 中国人民大学出版社.

杨博旭, 2022. 城市化、工业化、创新极化与中国创新的未来 [J]. 科学学与科学技术管理 (4): 3-20.

杨宏山, 2019. 城市管理学 (第三版) [M]. 北京: 中国人民大学出版社.

杨宏山, 2021. 赋权+整合: 构建首都城市基层治理新格局 [J]. 城市管理与科技 (4): 26-29.

杨宏山, 2022. 新时代城市管理的新理念与新模式 [J]. 城市管理与科技 (5): 9-12.

杨宏山, 黄文浩, 2016. 论城市的性质与治理使命 [J]. 中共中央党校学报 (6): 64-69.

杨宏山, 邱鹏, 2022. 城市运行管理的行动逻辑与组织模式 [J]. 北京航空航天大学学报 (社会科学版) (6): 81-89.

杨开忠, 2019. 新中国70年城市规划理论与方法演进 [J]. 管理世界 (12): 17-27.

杨开忠, 2023. 中国自主生态文明知识体系建构 [J]. 城市与环境研究 (2): 3-6.

杨坤峰, 刘诚, 2016. 官员的激励变迁与适度有为: 以雾霾治理为例 [J]. 财经问题研究 (12): 82-87.

杨旎, 2020. 城市精细化管理与基层治理创新互嵌: 实践模式与理论探讨 [J]. 新视野 (3): 73-79.

杨武, 童小华, 刘妙龙, 2007. 土地利用结构熵变化分析 [J]. 同济大学学报 (自然科学版) (3): 422-426.

杨兴坤, 2023. 城市管理机构职能优化研究——以四个直辖市为例 [J]. 行政科学论坛 (2): 56-64.

杨勇, 2017. 城市社区治理结构研究——流动人口管理的利益分析 [J]. 北方民族大学学报 (哲学社会科学版) (3): 16-19.

叶林, 2012. 转型过程中的中国城市管理创新: 内容、体制及目标 [J]. 中国行政管理 (10): 73-77.

叶林, 宋星洲, 邓利芳, 2018. 从管理到服务: 我国城市治理的转型逻辑及发展趋势 [J]. 天津社会科学 (6): 77-81.

叶南客, 李芸, 2000. 现代城市管理理论的诞生与演进 [J]. 南京社会科学 (3): 50-55.

叶裕民, 王晨跃, 2022. 城市治理研究范式转移与一般分析框架创新 [J]. 城市规划 (2): 42-52+99.

易承志, 2016. 城市性质与城乡治理的再认识——兼与杨宏山教授商榷 [J]. 探索与争鸣 (10): 91-94.

易承志, 2023. 从刚性应对到弹性治理: 韧性视角下城市应急管理的转型分析 [J]. 南京社会科学 (5): 63-71.

易星同, 2021. 困境纾解: 新时代城市管理绩效评价的四维向度体系 [J]. 广西社会科学 (3): 130-136.

尹德挺, 2016. 超大城市人口调控困境的再思考 [J]. 中国人口科学 (4): 61-73+127.

游宇, 耿曙, 李妍, 等, 2020. 财政重整与地方政府债务管控制度化——基于一个市辖区的案例研究 [J]. 公共管理学报 (2): 40-52+167.

于法稳, 林珊, 王广梁, 2023. 黄河流域县域生态治理的重点领域及对策研究 [J]. 中国软科学 (2): 104-114.

余运江, 任会明, 高向东, 2022. 中国城市人口空间格局演化的新特征——基于2000—2020年人口

普查数据的分析 [J]. 人口与经济 (5): 65-79.

俞荣根, 2022. 现代法治非法家之治 [J]. 湖湘法律评论 (3): 5-18.

虞华君, 霍荣棉, 等, 2021. 公共服务质量管理理论与实践 [M]. 杭州: 浙江大学出版社.

约翰·罗尔斯, 2001. 正义论 [M]. 何怀宏, 何包钢, 廖申白, 译. 北京: 中国社会科学出版社.

张本效, 夏晶, 2016. 城市管理体制改革的余杭路径 [J]. 城市问题 (11): 77-82.

张兵, 林永新, 刘宛, 等, 2014. "城市开发边界" 政策与国家的空间治理 [J]. 城市规划学刊 (3): 20-27.

张成林, 2011. 城市管理——社区途径与模式建构 [J]. 理论导刊 (3): 28-29+37.

张楠迪扬, 2018. 中国城市基层基本公共服务供给模式: 特点、趋势与反思 [J]. 公共管理与政策评论 (1): 49-59.

张平, 隋永强, 2015. 一核多元: 元治理视域下的中国城市社区治理主体结构 [J]. 江苏行政学院学报 (5): 49-55.

张文武, 欧习, 徐嘉婕, 2018. 城市规模、社会保障与农业转移人口市民化意愿 [J]. 农业经济问题 (9): 128-140.

张序, 2010. 与 "公共服务" 相关概念的辨析 [J]. 管理学刊 (2): 57-61.

张洋杰, 张方舟, 李迪等, 2022. 城市安全发展状态评估: 研究现状与未来展望 [J]. 中国应急管理科学 (2): 38-47.

张引, 陈敏, 廖小飞, 2013. 大数据应用的现状与展望 [J]. 计算机研究与发展 (S2): 216-233.

张展新, 高文书, 侯慧丽, 2007. 城乡分割、区域分割与城市外来人口社会保障缺失——来自上海等五城市的证据 [J]. 中国人口科学 (6): 33-41+95.

张铮, 李政华, 2022. 中国特色应急管理制度体系构建: 现实基础、存在问题与发展策略 [J]. 管理世界 (1): 138-144.

珍妮特·V. 登哈特, 罗伯特·B. 登哈特, 2016. 新公共服务: 服务, 而不是掌舵 (第3版) [M]. 丁煌, 译. 北京: 中国人民大学出版社.

郑国, 2010. 城市发展阶段理论研究进展与展望 [J]. 城市发展研究 (2): 83-87.

郑焕庸, 2015. 城市管理学 [M]. 杨开忠, 李顺成, 宋映炫, 译. 北京: 科学出版社.

中国社会科学院政治学研究所课题组, 2023. 坚持人民至上 共创美好生活——北京党建引领接诉即办改革发展报告 [J]. 管理世界 (1): 15-28.

周红云, 2009. 治理单位的重构与社区改革 [J]. 中共宁波市委党校学报 (1): 15-22.

周三多, 陈传明, 刘子馨, 等, 2018. 管理学——原理与方法 (第七版) [M]. 上海: 复旦大学出版社.

周文, 彭炜剑, 2007. 最佳城市规模理论的三种研究方法 [J]. 城市问题 (8): 16-19.

周毅, 李京文, 2009. 城市化发展阶段、规律和模式及趋势 [J]. 经济与管理研究 (12): 89-94.

朱琳, 万远英, 戴小文, 2017. 大数据时代的城市社区治理创新研究 [J]. 长白学刊 (6): 118-124.

朱正威, 吴佳, 2020. 适应风险社会的治理文明: 观念、制度与技术 [J]. 暨南学报 (哲学社会科学版) (10): 67-77.

邹波, 王沁, 刘学敏, 2016. 构建可持续城市下新型人口管理体系 [J]. 经济研究参考 (25): 63-70+90.

李娣, 2017. 我国城市群治理创新研究 [J]. 城市发展研究 (7): 103-108+124.

赖世刚, 2018. 时间压缩下的城市发展与管理 [J]. 城市发展研究 (3): 1-5+20.

孙粤文, 2017. 大数据: 现代城市公共安全治理的新策略 [J]. 城市发展研究 (2): 79-83.

庞娟, 2017. 融合视角下城市非正规空间的包容性治理研究 [J]. 探索 (6): 146-152.

邬伦, 宋刚, 吴强华, 等, 2017. 从数字城管到智慧城管: 平台实现与关键技术 [J]. 城市发展研究 (6): 99-107.

孙粤文, 2017. 大数据: 现代城市公共安全治理的新策略 [J]. 城市发展研究 (2): 79-83.

王连峰, 宋刚, 张楠, 2017. "五位一体" 智慧城管核心要素与互动关系: 基于创新2.0视角的分析 [J]. 城市发展研究 (3): 67-73.

教辅申请说明

北京大学出版社本着"教材优先、学术为本"的出版宗旨，竭诚为广大高等院校师生服务。为更有针对性地提供服务，请您按照以下步骤在微信后台提交教辅申请，我们会在1~2个工作日内将配套教辅资料，发送到您的邮箱。

◎ 手机扫描下方二维码，或直接微信搜索公众号"北京大学经管书苑"，进行关注；

◎ 点击菜单栏"在线申请"—"教辅申请"，出现如右下界面：
◎ 将表格上的信息填写准确、完整后，点击提交；

◎ 信息核对无误后，教辅资源会及时发送给您；如果填写有问题，工作人员会同您联系。

温馨提示：如果您不使用微信，您可以通过下方的联系方式（任选其一），将您的姓名、院校、邮箱及教材使用信息反馈给我们，工作人员会同您进一步联系。

我们的联系方式：

北京大学出版社经济与管理图书事业部
通信地址：北京市海淀区成府路205号，100871
电子邮件：em@pup.cn
电　　话：010-62767312 / 62757146
微　　信：北京大学经管书苑（pupembook）
网　　址：www.pup.cn